JA   NÃO
      NO
ORACLE

HIJKLM
UVWXYZ

7890

BYE

LEM, MASS. U.S.A.

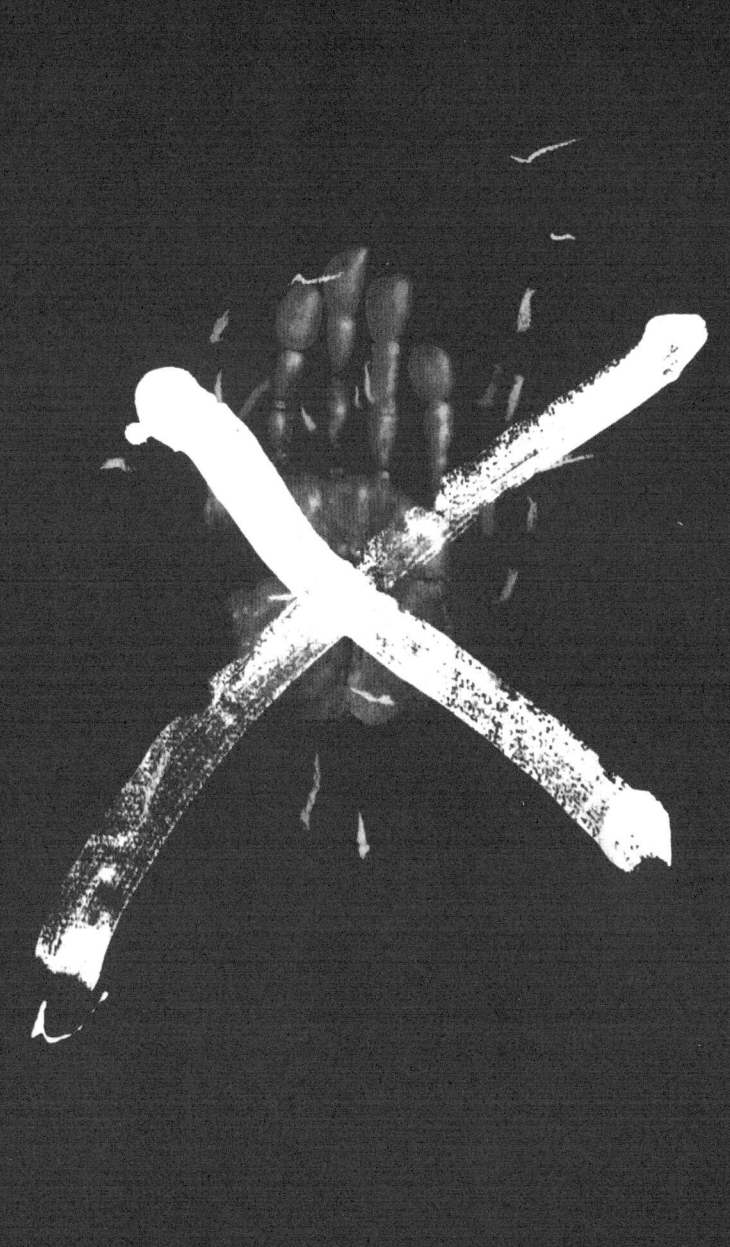

POSSESSED by Thomas B. Allen.
Copyright © 1994, 2000 by Thomas B. Allen.
By arrangement with the author.
All rights reserved.
Publicado mediante acordo com o autor.
Todos os direitos reservados.
Título original: Possessed
Tradução para a língua portuguesa
© Eduardo Alves, 2016

Diretor Editorial
Christiano Menezes

Diretor Comercial
Chico de Assis

Editor Assistente
Bruno Dorigatti

Design e Capa
Retina 78

Designer Assistente
Pauline Qui

Revisão
Felipe Pontes
Ulisses Teixeira

Impressão e acabamento
Gráfica Geográfica

DADOS INTERNACIONAIS DE CATALOGAÇÃO NA PUBLICAÇÃO (CIP)
Angélica Ilacqua CRB-8/7057

Allen, Thomas B.
  Exorcismo / Thomas B. Allen ; tradução de Eduardo Alves.
  — 2. ed. — Rio de Janeiro : DarkSide Books, 2016.
  272 p.

  ISBN 978-85-66636-98-7
  Título original: *Possessed*

  1. Exorcismo 2. Possessão diabólica 3. Sobrenatural
  I. Título II. Alves, Eduardo

16-0286   CDD 265.94

            Índices para catálogo sistemático:
                    1. Exorcismo

DarkSide® *Entretenimento LTDA.*
Rua do Russel, 450/501 - 22210-010
Glória - Rio de Janeiro - RJ - Brasil
www.darksidebooks.com

THOMAS B. ALLEN
EXORCISMO

TRADUÇÃO
EDUARDO ALVES

DARKSIDE

EXORCISMO
THOMAS B. ALLEN

009	PREFÁCIO
015	"QUEM ESTÁ AÍ?"
025	A CASA VIVA
034	"LIVRAI-NOS DO MAL"
044	ARRANHÕES
051	UMA BÊNÇÃO
061	NOITES ETERNAS
075	A EXISTÊNCIA DO MAL
085	"EU TE ESCONJURO"
103	O RITUAL
110	O SINAL DO X
128	AS MENSAGENS
143	UM LUGAR DE PAZ
155	A CAVERNA
179	O SEGREDO
201	O DIÁRIO DO EXORCISTA
251	NOTA DO AUTOR
254	BIBLIOGRAFIA
255	FONTES
257	NOTAS DOS CAPÍTULOS

THOMAS B. ALLEN

EXORCISMO

PREFÁCIO

Em 1973, a máquina de criar estardalhaços de Hollywood começou a gerar publicidade ao redor de *O Exorcista*, um filme de terror adaptado do livro best-seller homônimo. O livro e o filme relatavam o exorcismo de uma garota de 12 anos que fora possuída por demônios. O livro reavivara o interesse em antigos mistérios sobre possessão demoníaca. O filme, com seus efeitos especiais vívidos, foi além. Havia muito mais na película do que mero terror bobo. De algum modo, *O Exorcista* penetrou fundo no inconsciente e incitou medos inomináveis.

Os espectadores de *O Exorcista* fizeram mais do que gritar e ofegar, como poderiam ter feito em um típico filme de terror. As pessoas tiveram pesadelos e sentiram a presença aterrorizante e irracional de demônios. Homens e mulheres que queriam sair do cinema permaneciam grudados aos assentos. "Não gosto de filmes de terror, mas fiquei completamente fascinado", relatou um homem ainda abalado pelo que vira na tela. "Aqui temos uma garotinha mudando de cor e dizendo coisas horríveis e repulsivas. Mas não consegui desviar o olhar e não consegui abandonar o filme." Uma jovem saiu do cinema e ficou ali parada, tremendo. "Não me lembro de ter ficado tão abalada assim antes", disse ela. "Mesmo em plena luz do dia, vejo os olhos das pessoas e eles me assustam." O filme quebrou recordes de público e causou tantos surtos de histeria que, em alguns cinemas, havia enfermeiras e ambulâncias de plantão. Espectadores desmaiavam ou vomitavam. Muitos recorreram à terapia para se livrar de medos que não conseguiam explicar. Psiquiatras escreviam sobre casos de "neurose cinematográfica".

Entre os espectadores havia dois sacerdotes: o padre William S. Bowdern e o padre Walter Halloran, membros da comunidade jesuíta da Saint Louis University. Eles foram assistir a O Exorcista em um cinema em Saint Louis, Missouri, uma cidade pacata do Meio-Oeste dos Estados Unidos mais conhecida pela fabricação de cerveja e por beisebol do que pelo misticismo. Foi nessa cidade que Bowdern realizara um exorcismo real, com Halloran como assistente. Aquele exorcismo fora a inspiração para o filme.

Bowdern e Halloran não gostaram da obra. "Billy saiu balançando a cabeça por causa da garotinha pulando na cama e urinando no crucifixo", lembra Halloran. "Ele ficou um pouco irritado. 'Existe uma boa mensagem que pode ser passada por essa coisa', disse ele. A mensagem era o fato de que espíritos malignos operam no nosso mundo."

O padre Bowdern sempre acreditara que tinha expulsado um demônio de uma alma atormentada. Também acreditava que revelações sobre o ato poderiam ajudar as pessoas a compreender a realidade do mal. No entanto, ele prometeu aos seus superiores que manteria o exorcismo em segredo.

Embora relatórios sobre o exorcismo tenham circulado logo depois de Bowdern realizá-lo em 1949, oficiais da Igreja Católica Romana ordenaram que o padre permanecesse em silêncio. Seu papel continuou desconhecido e Bowdern presumiu que o exorcismo nunca seria revelado. Então, por volta de vinte anos depois de ter gritado "*Exorcizo te!* — Eu te esconjuro", ele recebeu uma carta que lhe perguntava a respeito do ritual.

A carta foi enviada por William Peter Blatty, que lera um relato no jornal sobre um exorcismo realizado em 1949, quando ainda era aluno na Georgetown University em Washington, D.C. Assim como a Saint Louis University, a Georgetown era uma instituição jesuíta. Através de amigos jesuítas em comum, Blatty escreveu, ele ficara sabendo sobre o papel de Bowdern como exorcista. Blatty disse que queria escrever um livro sobre o exorcismo e pediu a ajuda do padre.

"Como você afirmou em sua carta", o sacerdote respondeu no dia 17 de outubro de 1968, "é muito difícil encontrar qualquer literatura autêntica sobre casos de possessão demoníaca; eu, pelo menos, não consegui encontrar nenhuma quando estive envolvido no caso em questão. Portanto, nós (havia um padre comigo) mantivemos um detalhado relato diário sobre os acontecimentos dos dias e das noites anteriores [...] Esses escritos seriam de grande ajuda para qualquer um que, no futuro, se visse em uma situação parecida como exorcista."

Bowdern, porém, se recusou de forma educada a dar qualquer ajuda a Blatty, porque, segundo ele, fora orientado pelo arcebispo Joseph E. Ritter (depois cardeal) a manter "o caso", como ele o chamava, longe dos olhos do público. O padre também temia que a revelação sobre o exorcismo "fosse muito embaraçosa e possivelmente dolorosa e perturbadora para o jovem" que foi o centro do exorcismo.

A falta de cooperação de Bowdern não impediu que Blatty escrevesse *O Exorcista*. No entanto, a pedido do padre, para proteger ainda mais a identidade do garoto, o autor transformou a vítima fictícia em uma menina. *O Exorcista*, que foi publicado em maio de 1971, se transformou em um best-seller instantâneo. O jornal *The New York Times* o chamou de "uma mistura aterrorizante de fato e fantasia", e a revista *Life* o saudou como "entretenimento de arrepiar". Na Inglaterra, o jornal *The Sunday Express* disse que o romance era "uma combinação hipnótica de uma narrativa sobre moralidade e uma história de investigação sobrenatural". O filme, lançado nessa onda de superlativos, foi ainda mais bem-sucedido do que o livro.

Regan MacNeil, a menina afligida pelo diabo no livro e no filme, tornou-se a imagem de um ser humano nas garras de demônios. Quando se menciona possessão, o que vem à mente são as cenas do filme: o corpo de Regan se contorcendo e a cabeça girando, seu rosto monstruoso expelindo vômito verde, um padre pulando para a morte através de uma janela quebrada.

Pairando sobre a personagem fictícia de Regan MacNeil havia o garoto que inspirou o livro e o filme. A camada superficial de ficção encobria uma realidade terrível. Um menino foi possuído. Um exorcismo de verdade foi feito. Uma criança real vivenciou o terror verdadeiro. A história de sua possessão nunca fora contada até a primeira edição do meu livro, *Exorcismo*, ter sido publicada em 1993. Agora, nesta nova edição, acrescentei o diário do padre Bowdern, que nunca fora publicado antes.

O diário original e uma cópia em carbono foram mantidos em segredo nos arquivos católicos — um guardado pelos jesuítas, o outro pela arquidiocese de Saint Louis. Uma terceira cópia foi dada ao reitor do hospital católico onde o exorcismo teve seu fim. Essa terceira cópia, como as outras duas, deveria ter permanecido secreta para sempre. Porém, o destino interveio.

Quando me interessei por esse exorcismo pela primeira vez, não sabia que o diário existia. Tudo o que eu sabia era o que tinha lido no artigo do jornal que aguçara minha curiosidade: havia uma testemunha viva do exorcismo de 1949 que inspirara o livro e o filme de ficção. O artigo, em uma coluna de fofocas no *Washington Post*, dizia que um padre que participara do caso dera uma entrevista a um repórter em Lincoln, Nebraska. Curioso, pedi uma cópia do artigo ao jornal. O sacerdote que dera a entrevista, o padre Walter Halloran, fornecera alguns detalhes surpreendentes sobre o exorcismo. Eu queria descobrir se ele tinha mais informações. Entretanto, quando liguei para a Nebraska University, onde ele estivera lecionando, me disseram que o padre não estava mais lá. E ninguém quis me falar para onde tinha ido.

Usando conhecimentos acumulados em seis anos como estudante dos jesuítas, comecei a ligar para jesuítas em universidades e bibliotecas ao redor dos Estados Unidos. Enfim encontrei o padre Halloran em uma cidadezinha do Minnesota, onde ele era o guia espiritual de uma igreja. Depois de me apresentar ao telefone e dizer a ele por que estava ligando, eu, de repente, me dei conta de que aquele dia era Halloween. Nós dois demos boas risadas por causa disso. Percebemos que compartilhávamos de um senso de humor parecido e, de alguma maneira, isso foi tudo de que precisávamos. Logo estávamos conversando como se nos conhecêssemos há muito tempo.

Não conseguimos nos encontrar tão rápido, mas, até nos encontrarmos, frequentemente conversávamos ao telefone. Em uma dessas conversas, o padre Halloran mencionou de modo casual que um jesuíta que ajudou no exorcismo tinha mantido um diário. A novidade me surpreendeu. Eu nunca ouvira falar sobre um relato de um exorcismo contemporâneo. Um diário mantido por um jesuíta seria uma descrição confiável e em primeira mão de um ritual misterioso, há muito envolto em superstição.

Será que eu poderia ver o diário? O padre Halloran hesitou antes de responder. A Igreja Católica Romana costumava manter os arquivos de exorcismos bem guardados. Talvez eu o tivesse pressionado demais. No entanto, nunca subestime um jesuíta. "Acho", disse ele, "que posso conseguir uma cópia." Alguns dias depois, recebi um pacote do padre Halloran.

Minhas mãos tremiam enquanto abriam o pacote que continha 24 páginas datilografadas com espaçamento simples. Comecei a ler: *Satã... diabólico... um enorme demônio vermelho.* Estava lendo as palavras de uma testemunha — uma dentre quatorze, incluindo nove jesuítas, que podia "atestar e comprovar diferentes fenômenos" do exorcismo. Depois, autentiquei o diário através de outras fontes, incluindo uma não jesuíta que providenciou as páginas 25 e 26 que estavam faltando. Eu então tinha a descrição mais completa e confiável de um exorcismo contemporâneo escrito em tempos modernos.

A odisseia da minha cópia do diário é quase tão incrível quanto a narrativa dia a dia do próprio exorcismo. Minha cópia fora guardada em uma sala de um prédio prestes a ser demolido. Por acaso, essas 24 páginas do diário foram tiradas do prédio condenado. Por um acaso ainda maior, as páginas chegaram ao padre Halloran. E, por causa de uma amizade iniciada por um telefonema no dia do Halloween, as 24 páginas chegaram a mim.

Contar nesse espaço que o diário esteve escondido em uma sala trancada e como ele foi encontrado graças ao destino seria adiantar a história.

De maneira apropriada, tudo começa exatamente como o diário, com o que o autor chamou de "estudo do caso", o caso de um garoto possuído.

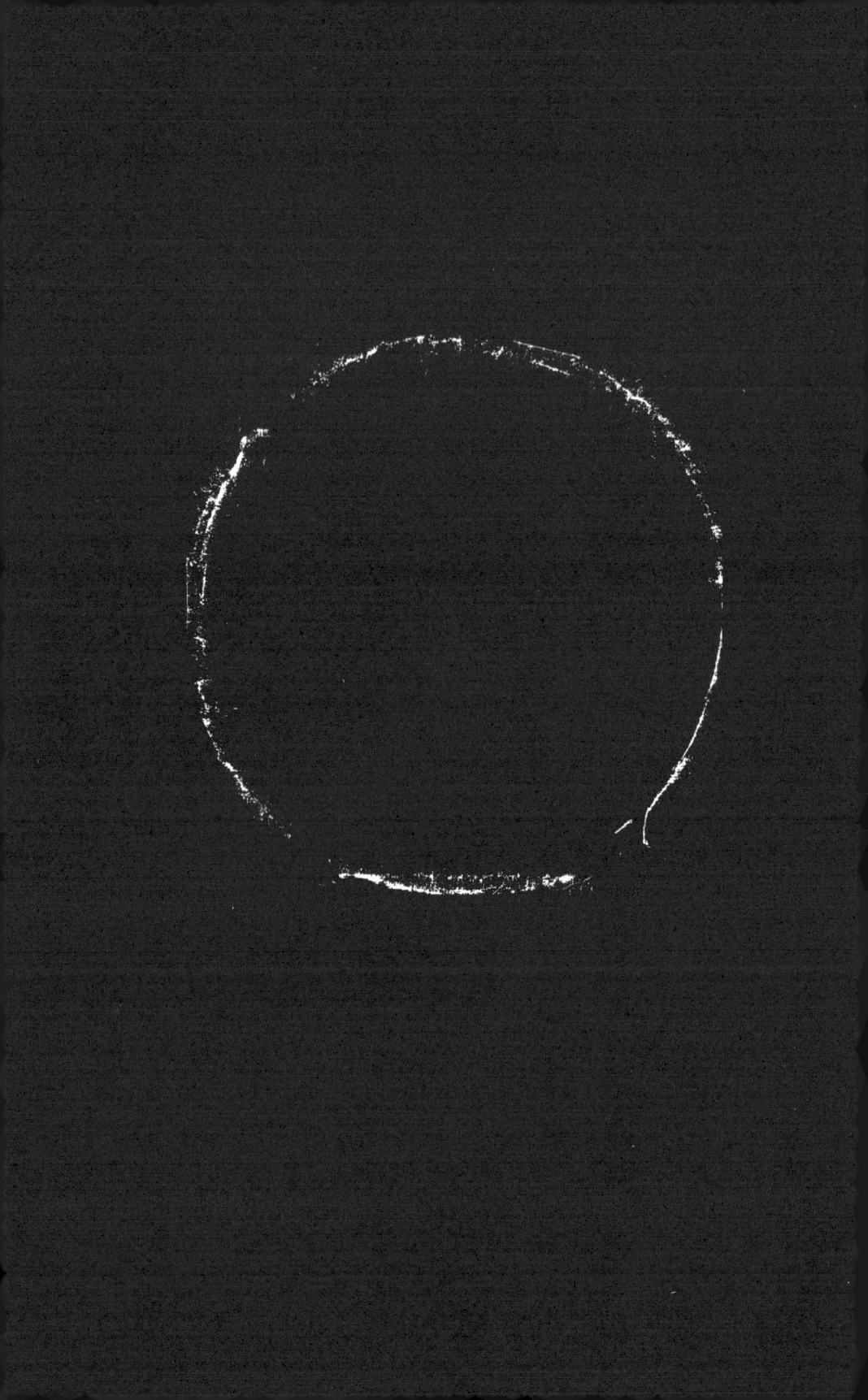

THOMAS B. ALLEN

EXORCISMO

Capítulo 1

"QUEM ESTÁ AÍ?"

Robert Mannheim[1] nasceu em 1935 em uma família que passava por dificuldades durante a Grande Depressão. O pai dele, Karl Mannheim, como muitos pais nos subúrbios de Maryland, onde os Mannheim viviam, trabalhava para o governo federal. O salário era baixo, mas o trabalho era estável. A vida foi ficando cada vez mais dura conforme a Depressão avançava, e logo a vovó Wagner se mudou para a casa deles. Lares com três gerações não eram incomuns na época, pois, como as pessoas costumavam dizer, quando os tempos ficavam difíceis, tudo em que se podia confiar era na família. Essa seria uma lição que Robbie ouviria inúmeras vezes enquanto crescia.

Em janeiro de 1949, quando Robbie estava a poucos meses de fazer 14 anos, a vida cotidiana era a mais comum possível. Ele se levantava, tomava café da manhã, ia para a escola, voltava para casa, ouvia seus programas de rádio favoritos, fazia a lição de casa, jantava e ia para a cama. Era um garoto franzino, pesando por volta de 43 quilos, sem nenhum problema mental ou físico. Não era muito chegado a esportes, preferindo jogar jogos de tabuleiro na mesa da cozinha.

Como era filho único, ele dependia dos adultos da casa para brincar com ele. Um desses adultos era a tia Harriet, a irmã de Karl Mannheim, que vivia em Saint Louis, mas que visitava os Mannheim com

---

[1] Robert Mannheim não é o nome verdadeiro. Também foram usados pseudônimos para todos os membros da família, incluindo a tia Harriet e outros parentes que serão apresentados depois. [Nota do Autor, de agora em diante, NA.]

frequência. Quando ficava na casa do irmão, Harriet retribuía o interesse de Robbie por jogos de tabuleiro ao apresentá-lo a um novo jogo — o tabuleiro Ouija.

Ela o ensinou a colocar os dedos de leve sobre a *planchette*, uma plataforma que se movia sobre pequenos roletes através da superfície de madeira polida do tabuleiro Ouija. Arrumados ao redor do tabuleiro havia as letras do alfabeto, os números de 0 a 9 e as palavras *sim* e *não*. Robbie ficou fascinado com o tabuleiro Ouija. Gostava do movimento escorregadio da *planchette* conforme ela deslizava ao redor da tábua, indo de uma letra a outra, soletrando as respostas às perguntas que ele ou a tia Harriet faziam.

O tabuleiro Ouija — cujo nome (que é marca registrada) é a fusão do francês *oui* e do alemão *ja* — era um jogo e algo mais. Por ser espiritualista, a tia Harriet via o tabuleiro como uma maneira de conectar este mundo e o além. A *planchette*, ela explicou a Robbie, às vezes se movia graças às respostas dadas pelos espíritos dos mortos. Eles se comunicavam ao entrar na consciência das pessoas ao redor do tabuleiro. Os espíritos, dizia a tia Harriet, geravam impulsos que viajavam do médium até a *planchette*, que se movia obedientemente para soletrar as respostas ou apontar *sim* ou *não*.

A tia Harriet parece ter tratado Robbie mais como um amigo especial do que como um sobrinho. Ela tinha uma personalidade exótica, em especial quando falava sobre espiritualismo. Entre as visitas dela, Robbie eventualmente brincava sozinho com o tabuleiro Ouija. Ele estava acostumado a encontrar modos solitários de entretenimento.

Harriet dedicava grande parte do seu tempo e da sua energia em tentativas de se comunicar com os espíritos dos mortos. Ela não apenas acreditava que havia vida após a morte — ela também achava que podia se comunicar com os espíritos daqueles que tinham morrido. Durante anos, a mãe de Robbie, Phyllis, ouvira a cunhada falar sobre espiritualismo. Phyllis não se dizia espiritualista, mas acreditava em algumas coisas que Harriet afirmava. O pai de Robbie, Karl, não dava muito crédito àquela conversa. Assim como a vovó Wagner.

A tia Harriet disse a Robbie e a Phyllis que, sem um tabuleiro Ouija, os espíritos podiam tentar se comunicar com este mundo batendo nas paredes. O fenômeno era bem conhecido entre os espiritualistas, que podiam citar muitos casos nos quais o contato foi estabelecido através de batidas. Ao contar as batidas e ao responder com o mesmo número, uma pessoa viva podia iniciar um sistema de comunicação e então desenvolver um código. As batidas eram mais lentas e menos eficazes do que o tabuleiro Ouija, mas era outra maneira de um espírito se comunicar.

O melhor meio de comunicação com o mundo espiritual, segundo a tia Harriet, era através de uma sessão espírita, na qual os crentes se davam as mãos acompanhados de um médium, unindo suas energias psíquicas. Se a sessão desse certo, um espírito dominava todo o corpo do médium em vez de apenas os dedos e as mãos. O registro das atividades de Harriet em Maryland não inclui uma sessão espírita. Porém, como mostram os eventos subsequentes, a família Mannheim tinha pleno conhecimento de diversos métodos para tentar entrar em contato com os mortos.

Forças poderosas começavam agora a se concentrar no lar dos Mannheim, uma casa assobradada de madeira em Mount Rainier, Maryland, um subúrbio de Washington, D.C. Podemos chamá-las de forças psicológicas, mas esse é um termo débil para designar o terror opressivo que se seguiu. Outros, naquela época ou hoje, podem querer chamar essas forças de diabólicas, sobrenaturais ou paranormais. Qualquer que seja a origem, algo poderoso estava prestes a invadir a mente de Robbie — e possivelmente sua alma.

Uma autoridade em forças psicológicas naquela época e naquele lugar era a tia Harriet. Para uma espiritualista como ela, tentativas de lidar com os mortos não eram nem pagãs, nem perigosas. Muitos espiritualistas consideravam-se bons cristãos, seguidores de Jesus Cristo, que tinha provado, através de sua ressurreição, a existência de vida após a morte. Espiritualistas, porém, não davam ouvidos às advertências bíblicas contra se relacionar com espíritos. Deuteronômio chama tais ligações de "uma abominação contra o Senhor", e Levítico diz que "algum homem ou mulher que tem em si um espírito de necromancia ou espírito de adivinhação certamente morrerá; serão apedrejados; o seu sangue cairá sobre eles".

As palavras agourentas da Bíblia mostram como o medo dos mortos é profundo na psique humana. Ainda assim, na história bíblica de Saul, até mesmo um rei, uma vez abençoado por Deus, recorre ao uso de um médium. O rei Saul, disfarçado, vai até "uma mulher que tem em si um espírito de necromancia" — a bruxa de Endor. Ele pede a ela para evocar o profeta Samuel, que pergunta: "Por que me inquietaste, fazendo-me subir?". Samuel, que consegue ver o futuro sombrio de Saul, diz que ele vai morrer em batalha, o que logo acontece.

Muitas pessoas antes e depois de Saul almejaram tal poder — a habilidade de ver o futuro. A visita do rei à bruxa demonstrou uma crença que os mortos, habitando algum lugar do além, podem ver eventos futuros e prever o comportamento humano. A crença persistiu, assim como os temores em relação às tentativas de se comunicar com os mortos. No entanto, as recompensas por vezes pareciam se sobrepor aos riscos: clarividência, poder e conhecimento.

Tradicionalmente, tentativas de se comunicar com os mortos são conduzidas através de um médium. Ele ou ela evocam um espírito, o qual domina o médium. Essa é uma forma de possessão. Espiritualistas como a tia Harriet não encaravam suas crenças como sendo uma aceitação do fenômeno da possessão. Porém, fosse através de uma sessão espírita ou de um tabuleiro Ouija, espiritualistas de fato se envolviam com o mesmo fenômeno que a Bíblia condenava com tanta veemência.

No sábado, 15 de janeiro de 1949, Karl e Phyllis Mannheim saíram à noite, deixando Robbie e a vovó Wagner sozinhos em casa. Pouco depois de Karl e Phyllis saírem, a vovó Wagner ouviu o som de pingos. Ela e Robbie verificaram cada torneira na casa arrumada e bem-cuidada. Não conseguiram encontrar a fonte do barulho.

Entraram em todos os cômodos, pararam e prestaram atenção, esforçando-se para encontrar a localização do som persistente e rítmico. Decidiram afinal que os pingos vinham do quarto da vovó Wagner, sob o teto inclinado do segundo andar. Entraram e, enquanto ouviam os pingos ruidosos, viram um quadro de Cristo começar a chacoalhar, como se alguém estivesse batendo na parede atrás do quadro.

Quando Karl e Phyllis Mannheim voltaram para casa, o som de pingos tinha parado. No entanto, outro som, mais estranho, começara: arranhões, como se garras estivessem raspando madeira. Todos os quatro ficaram parados no quarto da vovó Wagner e escutaram. Karl se agachou e olhou embaixo da cama. Os arranhões pareciam vir dali. Ele sorriu e disse que um camundongo ou um rato tinha decidido entrar para fugir do frio do inverno e construir um ninho sob a cama da vovó. Os arranhões finalmente pararam e todos foram dormir, cada um com um assombro ou medo particular.

Por volta das 19 horas da noite seguinte, os arranhões embaixo da cama da vovó Wagner recomeçaram. Mais uma vez, Karl Mannheim culpou um camundongo ou um rato. Chamou um dedetizador, que retirou uma tábua do chão à procura de sinais de roedores. Não encontrou nenhum, mas aplicou o veneno caso o bicho tivesse desaparecido apenas temporariamente.

Ao longo das noites seguintes, os arranhões continuaram, começando sempre perto das 19 horas e desvanecendo por volta da meia-noite. Entre os membros da família, havia pouca conversa sobre o barulho noturno. Na superfície, todos concordavam com Karl: um rato ou um camundongo estava fazendo o barulho e eventualmente iria parar. Os arranhões eram um incômodo, só isso. Mesmo assim, havia um certo grau de desespero em sua procura. Ele arrancou mais tábuas do chão e tirou painéis da parede.

De acordo com relatos posteriores, ninguém especulava muito a respeito da causa dos arranhões naquela época. Porém, pelo menos Phyllis começava a pensar que os pingos e arranhões estavam de alguma forma ligados à tia Harriet e suas tentativas de se comunicar com os mortos.

No dia 26 de janeiro, onze dias depois da ocorrência dos primeiros arranhões, a tia Harriet morreu em Saint Louis, onde a família Mannheim tinha muitos parentes. Robbie, que pareceu ter se sentido devastado pela morte, voltou a usar o tabuleiro Ouija. Ele passava horas com o tabuleiro. Nem seus pais, nem sua avó se interessavam pelas perguntas que ele fazia e pelas respostas que poderia estar lendo conforme a *planchette* se movia pela madeira. É quase certo que ele usava o tabuleiro Ouija para tentar entrar em contato com a tia Harriet. Qualquer que tenha sido o resultado, ela com certeza permaneceu parte da casa, ao menos em memória.

Por volta da época da morte da tia Harriet, o barulho de arranhões no quarto da vovó parou. Karl anunciou que o roedor barulhento devia ter morrido ou ido embora. Entretanto, no quarto de Robbie, no andar de cima, novos sons começaram, sons que a princípio apenas ele conseguia escutar. Ele os descrevia como rangidos de sapatos. Era, segundo o menino, como se alguém com sapatos que chiavam estivesse andando ao lado da cama dele. Robbie não parecia estar assustado com o barulho, que começava assim que ele colocava o pijama e se enfiava na cama.

Depois de seis noites com os rangidos de sapatos, Phyllis e a vovó Wagner foram até o quarto de Robbie e se deitaram com ele. Todos ouviram o som de pés se movendo, mas eles pareciam marchar ao ritmo de tambores. Subindo na cama, descendo da cama, subindo na cama, descendo...

Phyllis não conseguiu mais aguentar. "É você, tia Harriet?", perguntou ela de repente.

Não houve resposta.

A mulher esperou um pouco e disse: "Se você for Harriet, bata três vezes".

Algo que se assemelhava a uma onda de pressão comprimiu os três indivíduos deitados na cama. A pressão pareceu atravessá-los e atingir o chão embaixo deles. O som de uma batida reverberou do chão. Outra onda. Outra batida. Uma terceira onda. Uma terceira batida.

Phyllis esperou outra vez, depois disse: "Se você for Harriet, me dê uma resposta positiva batendo quatro vezes".

Uma onda de pressão e, então, uma batida. Uma onda. Uma batida. Uma onda. Uma batida... Uma onda e a quarta batida.

Agora, embaixo deles, dentro do colchão sobre o qual estavam deitados, ouviram o que pareciam ser arranhões de uma garra. Ela não os tocou, mas eles sentiram o som ondulando através do colchão. Depois, ao comparar reações, Phyllis e a vovó lembraram que, assustadas, cada uma tinha feito a mesma coisa: tentar fingir que não ouviam os arranhões. Foi naquele momento, ambas perceberam posteriormente, que o colchão começou a tremer, a princípio com suavidade, depois com violência.

Quando os tremores pararam, as bordas da coberta foram afastadas do colchão. Como as mulheres contaram mais tarde, as bordas "ficaram acima da superfície da cama, em uma forma curvada, como se estivessem sendo sustentadas por goma".

Sem dizer palavra, Robbie, sua mãe e sua avó saíram da cama que tinha ficado quieta de repente e tocaram a coberta endurecida. Os lados caíram e a cama voltou a parecer normal. Porém, os arranhões no colchão não pararam naquela noite, nem na seguinte, nem na outra. Eles continuaram, noite após noite, por mais de três semanas.

Tampouco esses fenômenos alarmantes ficaram confinados ao lar dos Mannheim. As carteiras na escola de Robbie eram unidades móveis, com o assento e o apoio unificados, com um único braço atuando como superfície para escrever. Em diversas ocasiões entre janeiro e fevereiro, a carteira de Robbie se lançou para o corredor e começou a deslizar, se chocando com outras carteiras e causando tumultos na sala de aula. Apesar de o professor naturalmente presumir que os pés do aluno impulsionavam a carteira indócil, o garoto jurou que não a tinha feito se mover. Ela se mexia sozinha, segundo ele. Mais tarde, ao descrever a carteira móvel para a mãe, Robbie disse que ela deslizava pelo chão como uma *planchette*.

Há uma vasta coleção de literatura mundial a respeito de eventos como esse — acontecimentos bizarros e inexplicáveis que as pessoas vivenciam e tentam descrever. Os relatos irradiam em círculos concêntricos, com as testemunhas aterrorizadas e gaguejantes no núcleo. Ao redor do núcleo, no primeiro círculo estreito, estão os parentes e amigos aturdidos, ouvindo e pensando, confiando mas desacreditando. No segundo círculo, além daqueles primeiros ouvintes que conhecem as testemunhas, estão os vizinhos e os criadores de boatos, contando aquilo que ouviram ou que imaginaram ouvir, embelezando o acontecimento distante com detalhes errôneos tirados de outras histórias ou das suas próprias imaginações. A partir desse círculo enfraquecido e cada vez mais amplo costumam sair os relatos que chegam às últimas páginas dos jornais para serem lidas pelos céticos com sorrisos desdenhosos. Em algum momento, os relatos encontram um caminho até as revistas e os livros daqueles que realmente acreditam, os fanáticos cuja fé no inexplicável não se equipara com a exigência de fatos.

No entanto, algo diferente estava para acontecer com os relatos sobre os acontecimentos na casa dos Mannheim. O primeiro círculo seria habitado não só por parentes e amigos, mas também por pastores, psicólogos e padres que escreveriam o que ouviram e viram. Através de seus testamentos, os eventos que giravam em volta de Robbie seriam registrados com seriedade.

Ao longo dos poucos dias seguintes, porém, haveria apenas o núcleo. Não haveria intruso algum para vivenciar as noites que começavam com pavor. Na casa, ninguém a não ser Robbie e sua família estaria ali para ouvir e ver o que quer que eles acreditavam estar ouvindo e vendo.

Em casa, o menino estava em cena sempre que algo misterioso acontecia. Um casaco em um cabide voava para fora do armário e atravessava um cômodo. Uma Bíblia se erguia de uma estante e aterrissava aos pés de Robbie. Ele estava perto quando os outros viram uma laranja e uma pera voarem através de um cômodo. Um dia, na cozinha, a mesa tombou. Em outro, a bandeja de pães deslizou pelo balcão da cozinha e despencou no chão. Certa manhã, Phyllis ralhou com o filho por ele ter espalhado suas roupas pela cozinha. O rapaz jurou que, quando tinha ido para a cama, havia colocado as roupas em uma cadeira no seu quarto.

Em um domingo, eles receberam a visita de parentes. Estavam todos na sala de estar quando a grande poltrona estofada na qual Robbie estava sentado se ergueu um pouco acima do chão e depois tombou. O menino deu uma cambalhota no chão. Aturdidos, os membros da família se reuniram em torno da pesada poltrona. O pai e o tio de Robbie se sentaram nela e tentaram virá-la. Os dois falharam.

Enquanto os membros da família ainda conversavam sobre a poltrona virada, um deles apontou para uma mesinha. Um vaso se erguia devagar acima da mesa. Ele pareceu ficar suspenso por alguns instantes, então voou pela sala e se estilhaçou contra uma parede.

A princípio, os pais de Robbie tentaram manter uma vida normal. O menino até brincava sobre as coisas engraçadas que aconteciam ao seu redor. Um dia, os membros da família se apinharam no carro de Karl Mannheim e saíram para visitar amigos em Boonesboro, Maryland, a aproximadamente sessenta quilômetros de distância. A viagem foi calma. Os Mannheim, gratos pelo descanso dos problemas em casa, se juntaram aos amigos na sala de jantar. Enquanto os adultos conversavam, presenciaram algo que, mais tarde, todos concordaram terem visto: a cadeira de balanço na qual Robbie estava sentado começou a girar como um pião. Os pés dele não tocavam o chão. Parecia impossível uma cadeira de balanço estar girando em círculos. No entanto, eles tinham visto aquilo com os próprios olhos.

Algo estava acontecendo a Robbie. Mas o quê? Os pais, frustrados, tentaram explicar o fenômeno como sendo travessuras, truques que ele aprendeu em algum livro de mágica. Repetidas vezes Robbie disse: *Não fui eu! Não fui eu!*[2] No entanto, ninguém na escola acreditou nele quando o garoto disse isso, e agora estava acontecendo em casa e na casa de amigos. Robbie falou que estava muito envergonhado para ir à escola. Seus pais o deixaram ficar em casa enquanto tentavam decidir o que fazer a seguir.

Os incidentes daquelas semanas entraram nas lembranças de testemunhas não apenas como narrativa, mas como pedaços de um mosaico. Quando recontaram os eventos posteriormente, os pais disseram várias vezes: "Nós tentamos de tudo". A sequência de seus atos não foi registrada. O que é conhecido é o desespero deles. Pegos em um redemoinho de eventos assustadores, eles procuraram um médico, um psicólogo, um psiquiatra, um vidente e um pastor.

O médico, o psiquiatra e o psicólogo não deixaram nenhum registro conhecido de suas descobertas — exceto por um comentário do psiquiatra. Ele "declarou que não acreditava nos fenômenos".

---

2   Aqui, assim como ao longo do livro, citações em itálico são reconstituições feitas a partir dos registros. (Veja *Fontes*). Citações entre aspas estão nos registros palavra por palavra ou vêm dos relatórios das testemunhas. [NA]

E informou que, na opinião dele, Robbie era "normal". O médico também disse que não encontrou nada de errado com o garoto; contudo, em um notável menosprezo pela condição do menino na época, o médico falou que Robbie parecia "um tanto temperamental". O vidente declarou que nada podia ser feito, insinuando, talvez, que a provação teria que passar sozinha.

O psicólogo, que era membro do corpo docente da Maryland University, atendia na County Mental Hygiene Clinic. Robbie, de acordo com uma fonte, visitou a clínica duas vezes e faltou à terceira consulta. Não existe nenhum registro disponível sobre o que aconteceu na clínica. Em uma sequência típica de exames da época, o Quociente de Inteligência (QI) teria sido medido, as memórias visual e auditiva teriam sido testadas e ele teria movido peças de madeira e colocado cavilhas em buracos enquanto um cronômetro tiquetaqueava em um teste desenvolvido para mensurar a precisão e a velocidade dos movimentos das mãos.

É provável que também tenham avaliado sua saúde mental através de dois outros testes básicos: associações de palavras e respostas a uma série de ilustrações. Para cada ilustração teriam lhe pedido que criasse uma história simples. Essa variação do teste de borrão de tinta de Rorschach era considerada uma maneira confiável de avaliar a saúde imaginativa de uma pessoa.

Uma psiquiatra que estudou as práticas daquela época refletiu sobre a qual tipo de exame Robbie teria sido submetido. "Perguntas específicas não seriam feitas", disse ela. "É duvidoso, por exemplo, que um psiquiatra em uma clínica fizesse uma pergunta como: 'Há quanto tempo você se sente assim?'. Profissionais da saúde mental daqueles dias tinham a tendência de se satisfazer com a descrição feita pelo próprio paciente."

Ela acredita que Robbie não teria dito muita coisa sobre o que estivera acontecendo ao seu redor. "Alguns pacientes", disse ela, "são muito bons em esconder os sintomas e manter segredos de estranhos, já que isso implicaria em suas internações e os deixariam longe dos pais."

O tratamento psiquiátrico daquela época favorecia choques elétricos e de insulina para tratamento de formas graves de doenças mentais, rotuladas como esquizofrenia ou demência precoce, ou para o que era descrito de modo vago como depressão. Lobotomias frontais eram comuns, realizadas em pessoas que agiam de modo agressivo ou mostravam sintomas de paranoia extrema.

É muito provável que Robbie tenha evitado o tratamento porque ninguém conseguia compreender o que estava acontecendo com ele. Entretanto, o pastor luterano que os Mannheim procuraram logo desenvolveu sua própria teoria.

Ele era o reverendo Luther Miles Schulze, o pastor de 43 anos da Saint Stephen's Evangelical Lutheran Church, ao norte de Maryland, em Washington, D.C. Schulze conversou com Robbie e seus pais, e ouviu com educação o que eles disseram sobre o que estivera acontecendo na casa deles. Phyllis e Karl Mannheim contaram a Schulze que o tinham procurado porque agora estavam convencidos de que o filho deles era vítima de um fantasma maligno. Phyllis se perguntava se poderia ser a tia Harriet.

Ao longo de inúmeras visitas à casa dos Mannheim, Schulze viu a mobília se mexer, aparentemente sem ser puxada por ninguém. Viu a louça voar e observou a cama de Robbie chacoalhar. Ele manteve para si a crença de que o menino de algum modo estava causando aqueles eventos estranhos. Eram truques inteligentes, não fenômenos místicos, Schulze acreditava. Porém, eram reais e assustadores o bastante para ameaçar o bem-estar de uma família que ele admirava e prometera ajudar. Assim, ele chamou outro pastor luterano, e juntos planejaram uma abordagem religiosa para resolver, ou pelo menos tratar, o problema da família. Ele também tinha outra coisa em mente, algo que não dizia respeito à religião.

THOMAS B. ALLEN

EXORCISMO

Capítulo 2

A CASA VIVA

Os relatos dos acontecimentos na casa de Robbie Mannheim não constituem uma narrativa coerente e consistente. Os pontos de vista diferem. O próprio Robbie, naquele momento, é apenas uma figura difusa, o núcleo turvo de eventos que passam de estranhos a horripilantes com grande rapidez. Os detalhes costumam ser nebulosos e vêm de pais exaltados e uma avó aterrorizada. A chegada de Schulze acrescenta novos testemunhos aos relatos diários do que acontecia na casa. O pastor foi a primeira pessoa de fora da família a fazer parte da provação e deixar um registro do que viu. Ele foi atender a um pedido de ajuda, um pedido inspirado pela crença de que ele, de alguma forma, iria empunhar a religião como uma arma contra o que quer que estivesse sitiando o lar dos Mannheim.

Os pais de Robbie disseram a Schulze que, no início, eles tinham acreditado que alguém fosse sonâmbulo e estivesse fazendo os barulhos sem querer, movendo os objetos de alguma maneira. Outra possibilidade era que uma pessoa estivesse causando os fenômenos por malícia. O que quer que fosse, Robbie tinha sido o suspeito. Mas agora, disseram, eles ouviam e viam coisas que não poderiam ser causadas pelo filho. Houve uma noite especialmente assustadora.

A casa estivera quieta. Robbie dormia no seu quarto. De repente, ele começou a gritar. Seus pais e a avó correram para lá. Enquanto o garoto gritava deitado na cama, eles assistiram a uma cômoda pesada deslizar através do quarto até a porta, bloqueando a saída. Então, uma a uma, gavetas cheias se abriram e se fecharam.

E, eles disseram a Schulze, o próprio Robbie começou a mudar. Ele ficou taciturno e solitário. Certa noite, durante o sono, eles o ouviram xingá-los, usando obscenidades que não tiveram coragem de repetir para o pastor. Sequer achavam que o menino conhecia palavras como aquelas.

Todas as ideias sobre sonambulismo e travessuras foram esquecidas. Agora, disseram, estavam convencidos de que algum espírito — talvez o da tia Harriet — tinha entrado na casa e podia estar tentando dominar Robbie. De acordo com os relatos do pastor, nesse ponto a mãe e o pai de Robbie começaram a considerar a possibilidade de possessão demoníaca. Tinham, então, apenas uma compreensão nebulosa sobre possessão. E o próprio Schulze não podia acrescentar muita coisa.

Como pastor luterano, ele sabia muito bem que Martinho Lutero considerara todas as doenças mentais como sendo casos de possessão demoníaca. Pastores luteranos esclarecidos como Schulze não acreditavam mais nisso, é claro. Uma de suas primeiras recomendações foi que a família procurasse ajuda psiquiátrica; foi ele quem recomendou a visita à County Mental Hygiene Clinic. Ele, porém, não pôde fazer nada quanto aos temores da família sobre possessão.

De um ponto de vista teológico, a Igreja Luterana não tinha meios para lidar com possessão demoníaca. Lutero removera diversos rituais há muito respeitados do catolicismo — incluindo o exorcismo, a expulsão de demônios. Ele acreditava que o rito do exorcismo era uma mera "exibição" do diabo. Ele preferia confrontar o diabo com "oração e desprezo".

Schulze parece não ter sido convencido intelectual e espiritualmente da possibilidade de possessão. Então, seguiu o exemplo de Lutero. "A princípio, tentei orações", contou depois a um entrevistador. "Rezei com os pais e o garoto na casa deles e com o garoto na minha casa. E houve orações para o menino na igreja." Ele também estimulou os Mannheim a receber a comunhão todos os domingos. O mais perto que Schulze chegou do exorcismo, disse ele, foi quando "ordenou que o que quer que estivesse perturbando-o, em nome do Pai, do Filho e do Espírito Santo, saísse e o deixasse em paz".

De acordo com os relatos do pastor, a família não seguiu seu conselho de levar Robbie para ser examinado por um psiquiatra. No entanto, os Mannheim disseram às pessoas que um psiquiatra fora consultado e declarara que o garoto era normal.

Schulze, trabalhando com outro pastor luterano, tentou ajudar a família ao organizar círculos de orações na igreja. É provável que esses círculos tenham sido uma das maneiras que fez com que a história de Robbie começasse a se espalhar pela comunidade. Sua casa se transformou na casa assombrada, e ele, no menino assombrado.

Mount Rainier se estende ao longo da borda nordeste do Distrito de Colúmbia, a aproximadamente dez quilômetros da Casa Branca, mas poderia ser uma cidadezinha a centenas de quilômetros de Washington. Suas casinhas de madeira e estuque ficam próximas umas das outras e a maioria delas tem telhados inclinados sobre varandas que deixam as portas da frente mergulhadas em sombras. Os quintais dos fundos são pequenos e rodeados por cercas. Ao longo das ruas ladeadas por árvores, há uma sensação de pessoas que querem viver em privacidade e quietude. Mount Rainier é o tipo de lugar onde o prefeito conhece todos os residentes antigos, a maioria dos novos e fica de olho nos estranhos. Não demorou muito para que diversas pessoas soubessem que algo muito estranho estava acontecendo na casa dos Mannheim, na Bunker Hill Road, 3210. (Há controvérsias quanto ao endereço de Robbie. Vide a discussão em *Notas dos Capítulos*, Capítulo 2, página 258.)

Os pastores não aderiram aos boatos sobre a casa assombrada. Nem concordaram com as suspeitas dos pais de que o mal estava de alguma forma ligado às experiências de Robbie. O que eles viram era um jovem e sua família sofrendo. Rezavam para que Deus libertasse os Mannheim daquele tormento.

Schulze não se sentia confortável com a ideia de possessão demoníaca. Para ele, o conceito de possessão de uma pessoa por Satã teria sido uma crença católica romana. Desde a antiguidade, o pensamento cristão defendera que o Diabo, como líder dos anjos caídos do Paraíso, era um adversário poderoso. Dentre seus poderes astutos, de acordo com a teologia cristã, estava a habilidade de possuir um ser humano.

Do ponto de vista protestante de Schulze, a possessão era uma relíquia medieval, algo que fora deixado para os católicos quando a reforma liderada por Lutero dividiu o mundo cristão. No entanto, havia outras duas reservas de crenças, ambas conhecidas pelo pastor. Alguns protestantes conservadores, incluindo os luteranos, acreditavam em um Diabo verdadeiro, um ser que podia infligir o mal. Schulze se desviou desse ponto de vista fundamentalista e se virou para outra crença, uma amálgama do espiritualismo praticado pela tia Harriet e um dos seus próprios interesses: a parapsicologia.

O espiritualismo nos Estados Unidos remonta a um caso de tiptologia[1] em uma casa de fazenda em Hydesville, Nova York, ocorrido em 1848. Duas irmãs, Kate Fox, de 12 anos, e Margaretta Fox, de 14, ouviram batidas durante diversas noites. Em uma dessas noites, Kate, em uma atitude infantil, estalou os dedos como resposta ao som e, de acordo com relatos posteriores, cada estalo foi ecoado por uma batida. Ela desenvolveu um código com o batedor que, segundo ela, se identificou como um homem que fora assassinado na casa.

A partir de histórias sensacionalistas sobre as irmãs Fox e suas habilidades subsequentes como médiuns surgiu uma crença renovada na comunicação com os mortos, e isso inspirou a fundação da Igreja Espiritualista nos Estados Unidos. Como membro dessa religião, de acordo com o *Manual Espiritualista*, a tia Harriet teria acreditado "na comunicação entre este mundo e o espiritual por meios da mediunidade". Essa mediunidade é uma forma de possessão benigna.

Espiritualistas não acreditam em possessão demoníaca, pois não acreditam em espíritos malignos. "Nenhum ser é 'mau' por natureza", diz o *Manual*. Porém, há espíritos que "passaram por este mundo e o atravessaram para o mundo espiritual em completa ignorância sobre as leis espirituais". Espiritualistas também acreditam que nenhum mal pode acontecer a uma pessoa que atua como médium.

Então, se a tia Harriet de fato apresentou Robbie ao espiritualismo, e se ele realmente teve experiências como médium, ela agiu como uma mentora bem-intencionada, como alguém que poderia estar ajudando-o com o crescimento intelectual e espiritual. "Assim como o mestre músico aprimora o instrumento que toca", diz o *Manual*, "também um espírito que controla um organismo humano para o propósito de expressar pensamentos completos transmite grande poder tanto para o cérebro quanto para o espírito do médium."

O conhecimento de Schulze sobre o espiritualismo não veio por meios diretos, mas através da parapsicologia, o estudo de eventos que não parecem ser explicáveis pela ciência convencional. Ele compartilhava com os parapsicólogos a crença de que a percepção extrassensorial (PES) existia nas pessoas, nos mais diversos graus. Experiências PES, tanto naquela época quanto agora, se concentram em três fenômenos: telepatia (a habilidade de transmitir pensamentos de uma mente para outra sem o uso dos sentidos normais), clarividência (a percepção de

---

[1] Forma de comunicação entre os vivos e os espíritos dos mortos através de pancadas ou batidas em superfícies rígidas. [Nota do Tradutor, de agora em diante, NT.]

eventos ou coisas que estão a grandes distâncias ou que estão de outra maneira escondidas da visão) e psicocinese (o movimento ou controle de objetos apenas pelo uso do pensamento — uma manifestação da mente sobre a matéria).

A diferença entre espiritualismo e parapsicologia é uma diferença distinta entre a fé e a ciência. Espiritualistas aceitam de forma intuitiva os fenômenos PES, juntamente com a concepção de médiuns e de comunicação com os mortos; parapsicólogos querem provar a PES e encontrar uma explicação científica para ela.

Schulze se interessava principalmente em psicocinese, também conhecida como telecinesia pelos parapsicólogos. Durante os primeiros encontros com os pais de Robbie, ele ouviu histórias sobre objetos em movimento e pode ter visto alguns exemplos de telecinesia com os próprios olhos. No entanto, o pastor ponderou, aquela era a casa de Robbie. Ele poderia estar forjando os fenômenos, de maneira consciente ou inconsciente.

Por volta do início de fevereiro, Karl e Phyllis Mannheim sentiam que estavam perto de perder o controle. Noite após noite, Robbie se debatia por horas, meio adormecido ou completamente desperto. Quando enfim dormia, gritava enquanto tinha pesadelos ou murmurava palavras e frases, como se conversasse com alguém. Algo o estava torturando. Se essa agonia desconhecida continuasse, os pais disseram a Schulze, Robbie enlouqueceria. Será que o pastor tinha algo a oferecer além de orações?

Ele hesitou em contar o que tinha em mente. Estivera desenvolvendo uma teoria. Sem contar aos Mannheim, começara a pensar nos eventos na casa como um fenômeno originado no próprio Robbie. Sua teoria parecia estar de acordo com o que vizinhos e amigos da família diziam entre si: os estranhos acontecimentos eram travessuras de um garoto entrando na adolescência.

A explicação é bem conhecida. Ela aparece repetidas vezes em relatórios sobre o fenômeno chamado de poltergeist, da palavra alemã para "fantasma barulhento". A maioria dos casos contém dois elementos invariáveis: um adolescente e eventos ruidosos e inexplicáveis ao redor dele. Relatórios sobre poltergeists costumam ser repletos de referências a barulhos — pancadas, marteladas, batidas, arranhões, golpes, baques — e objetos em movimento. Em milhares de casos registrados, que remontam a oito séculos, os detalhes das histórias são incrivelmente consistentes: camas que se mexem, pratos que voam, cadeiras que se movem, roupas de cama arrancadas. Poltergeists, como o poeta britânico Robert Graves escreveu certa vez, "demonstram uma similaridade espantosa em comportamento: sem graça, sem sentido e sem coordenação".

Os sons na casa dos Mannheim lembravam aqueles relatos em inúmeros outros lares, onde, por falta de explicação ou rótulo melhores, poltergeists levaram a culpa. De modo espantoso, muitos desses eventos são semelhantes ao que acontecia ao redor de Robbie em janeiro de 1949. Em 1862, por exemplo, um advogado suíço começou a ouvir, em um cômodo da sua casa, "repetidas batidas peculiares, entre dez e doze pancadas que ficavam muito rápidas ao se aproximarem do fim [...] eu procurei e encontrei, com o ouvido grudado na parede, o lugar exato dos sons que, no entanto, se movia com frequência. Achando que pudesse ser uma criatura viva — um rato, por exemplo — bati na parede para assustá-la. No entanto, mais de uma vez a resposta foi o mesmo som, eventualmente seguido por um ou dois golpes mais fortes, como se fossem dados por um punho".

O registro mostra que três adolescentes e uma criança de 11 anos viviam com o advogado. A família fugiu da casa, deixando para trás o que quer que os estivera perturbando. Isso, para Schulze, era um padrão conhecido: a maior parte dos tais poltergeists não acompanhava suas vítimas de lugar em lugar. O fenômeno parecia ter como base um certo local ocupado pelo adolescente, apesar de Robbie ter relatado incidentes na escola. É provável que Schulze tenha especulado que em um lugar completamente desconhecido, o menino não conseguiria realizar nenhum truque que implicasse que um poltergeist o estivesse incomodando.

O pastor sugeriu que Robbie passasse uma noite na casa dele. Os pais do menino concordaram, nem que fosse apenas para proporcionar ao filho um boa noite de sono. Na quinta-feira, 17 de fevereiro, Karl levou Robbie à casa de Schulze. Houve uma conversa cautelosa sobre o que estivera acontecendo na casa dos Mannheim. "Você vai ter uma bela noite de sono", disse Schulze a Robbie. "Nada disso acontece nesta casa."

Assim que Karl Mannheim foi embora, Schulze, um homem amigável e sensível, se sentou para conversar com Robbie. O pastor tentou encontrar uma abertura, uma maneira de fazer com que o garoto dissesse com as próprias palavras o que seus pais estiveram contando a Schulze. Quando ele não mostrou nenhum sinal de querer compartilhar confidências, o pastor foi sábio o bastante para desistir sem contrariar o garoto. Finalmente, Schulze anunciou que era hora de ir para cama.

A sra. Schulze se retirou para o quarto de hóspedes ao lado do quarto principal, onde o pastor e Robbie iriam dormir. Eles vestiram os pijamas, fizeram suas preces e desejaram boa-noite um ao outro. Subiram nas duas camas de dossel.

Por volta da meia-noite, Schulze acordou com um barulho. A cama de Robbie estava tremendo. O pastor esticou a mão e tocou a cama. Tremia, disse ele depois, "como uma daquelas camas vibrantes de motel, só que muito mais rápida". Robbie estava acordado e imóvel. "Seus membros, sua cabeça e seu corpo estavam perfeitamente imóveis."

Schulze quis sair e tirar o garoto do quarto naquele instante. Ele se levantou e, falando calmamente, disse que os dois deviam se levantar e tomar um pouco de leite com chocolate. Ele preparou o achocolatado e o levou para o escritório. Com educação, Robbie agradeceu o pastor pela bebida, mas disse pouco além disso. Ele estava quieto e parecia imperturbado. É provável que estivesse tão acostumado com eventos como camas que chacoalhavam e cômodas que se moviam que já não demonstrava nenhuma reação exterior. Tomaram os achocolatados e voltaram ao quarto de Schulze.

O pastor levou Robbie até uma poltrona e sugeriu que ele tentasse dormir ali em vez de na cama. Schulze decidiu deixar a luz acesa. Robbie se sentou na poltrona. Instantes depois, ela começou a se mover. De acordo com a descrição do pastor sobre o que aconteceu em seguida, Robbie "colocou os joelhos sob o queixo, com os pés na beirada da poltrona. Ela recuou oito centímetros até a parede. Quando não conseguiu mais se mover naquela direção, ela tombou devagar..."

Schulze calculou que a poltrona demorou mais de um minuto para tombar devagar e jogar o menino no chão com delicadeza. Ele não saiu da poltrona durante o movimento vagaroso. Parecia estar em algum tipo de transe.

O pastor estivera em pé na frente da poltrona. Quando Robbie se levantou devagar e se afastou, Schulze sentou-se na poltrona e tentou virá-la. A poltrona pesada tinha "um centro de gravidade muito baixo". Ele não conseguiu tombá-la.

Então, o pastor decidiu que o lugar mais seguro para o rapaz seria o chão. Colocou-o entre dois cobertores ao pé de uma das camas e voltou para a sua. Deixou a luz acesa.

Por volta das 3 horas da manhã, Schulze acordou e viu Robbie e os cobertores se movendo ao redor do quarto. "O menino e a roupa de cama se moviam devagar, como se fossem um só, por baixo das duas camas", relembrou Schulze. "As quatro bordas dos cobertores, que não tinham dobras, permaneceram perfeitamente retas, sem nenhum amassado." Cansado e atordoado, o pastor não conseguiu aguentar mais. "Pare com isso!", gritou ele, pulando da cama.

"Eu não estou fazendo isso!", respondeu Robbie.

O garoto e os cobertores deslizaram para debaixo de uma cama. Schulze se agachou e viu Robbie pulando para cima e para baixo contra as molas que sustentavam o colchão. Rígido e parecendo estar outra vez em transe, o garoto não se esquivava conforme seu rosto batia nas molas. O pastor o puxou de debaixo da cama. O rosto de Robbie estava cortado em diversos lugares.

Se Schulze pensara que Robbie estava fingindo, ou mesmo que tenha sido da opinião de que o menino era vítima de um poltergeist, ele agora precisava considerar a possibilidade de Robbie estar possuído, que algo estava controlando aquele menino de 13 anos que aceitava seu destino de modo tão frio e indiferente. No dia seguinte, Schulze levou Robbie para casa. Ele não tinha como explicar o que vira.

Nos arquivos de casos de poltergeists existem histórias sobre incidentes muito mais sinistros do que pratos voadores e colchões saltitantes. Qualquer que fosse o motivo dos ataques, as vítimas sofriam. Um caso bem documentado envolve Eleonora Zugun, uma garota romena de 12 anos que, em 1925, reclamou que um demônio chamado Dracu a estava perturbando. Primeiro vieram as habituais batidas e objetos em movimento. Depois arranhões e marcas de mordidas apareceram no rosto, nos braços, no pescoço e no peito da menina. Ela afirmava que Dracu a furava com agulhas e a mordia.

Independente do que pudesse saber sobre parapsicologia e lendas relativamente benignas sobre poltergeists, depois daquela noite aterrorizante de fevereiro, Schulze acreditara que estivera na presença de alguma força colossal. Não importava se essa força tenha sido uma alucinação, uma explosão de poderes sobrenaturais, uma prova de atividade parapsicológica ou uma erupção de alguma fissura psicológica dentro de Robbie. Ele estava sofrendo de uma agonia inimaginável. Calado e distraído, o menino parecia estar afundando ainda mais em algo que Schulze não conseguia compreender.

Durante o dia, o garoto parecia normal, apesar de cansado e apático. À noite, ele não tinha paz. Os pesadelos ainda o arrancavam do sono. Os arranhões no colchão eram contínuos, noite após noite. Então, no sábado, 26 de fevereiro, arranhões começaram a aparecer no seu corpo.

Eles se pareciam com arranhões feitos por gatos, longos e superficiais, marcas de garras. Surgiram nos braços, nas pernas e no peito de Robbie. Alguns arranhões pareciam formar letras do alfabeto, mas as letras não formavam palavras. Ainda não.

Schulze agora via que o que quer que estivera tentando fazer não era forte o bastante para impedir a agonia de Robbie. Anteriormente, uma força estivera atormentando o menino de fora, mas, agora, a força parecia estar dentro dele, se manifestando ao emergir do seu corpo em linhas sangrentas. Possuindo-o. O pastor admitiu derrota. Como um dos pais de Robbie relembrou, Schulze disse em voz baixa: "Vocês precisam ver um padre católico. Eles sabem o que fazer em casos assim".

THOMAS B. ALLEN

EXORCISMO

Capítulo 3

"LIVRAI-NOS DO MAL"

A princípio, Schulze acreditou que tinha visto as travessuras de um poltergeist. Porém, os arranhões significavam algo mais, algo além do seu conhecimento ou da sua experiência. Sua observação sobre os católicos conhecerem "casos assim" era uma confissão dupla. Como testemunha do tormento de Robbie, ele agora pode ter suspeitado que uma força maligna estava presente. Todavia, como um luterano modernista, o pastor tinha que admitir uma realidade teológica: Satã não obtinha muita atenção das principais igrejas protestantes. A Igreja Católica Romana, no entanto, acreditava que o Diabo era parte integral da fé cristã. Daí vem a crença de que a possessão demoníaca é real e que o exorcismo pode curá-la.

A maioria dos grupos protestantes acreditava que a possessão e o exorcismo eram legados da Idade Média que não tinham lugar em um mundo cientificamente esclarecido. Quando os pais de Robbie sugeriram que seu filho poderia estar possuído por um demônio, estavam se voltando para uma ideia mais antiga do que o cristianismo e praticamente abandonada por ele. Possessão demoníaca era uma crença dos povos primitivos. Missionários cristãos confrontaram tais ideias em vilarejos da Malásia à África, da Índia ao Nepal, do Brasil a Trinidad e Tobago. Contudo, a possessão demoníaca não era uma coisa que um pastor esperaria encontrar a alguns quilômetros de Washington, D.C., em 1949.

Toda a cristandade chegou a tratar Satã como um ser real e acreditar que ele podia dominar um ser humano. Toda a cristandade chegou a ter um ritual para expulsá-lo de um ser humano. Esse ritual era o exorcismo, o qual era praticado com rigorosidade e frequência desde o nascimento do cristianismo até as profundezas da Idade Média. A fonte da crença cristã no exorcismo foram as descrições de Satã em uma luta titânica contra Jesus no Novo Testamento. Sob essa teologia, uma maneira que Satã tinha de demonstrar o seu poder era possuir pessoas, e uma maneira que o Messias tinha de demonstrar o seu poder era exorcizá-lo.

Mateus, Marcos e Lucas descrevem exorcismos feitos por Jesus. A vítima da história bíblica de possessão mais conhecida é um mendigo nu no país dos gadarenos. Preso por correntes por causa do demônio que se debatia dentro dele, o homem se arrasta diante de Jesus. Quando Cristo pergunta ao demônio seu nome, ele responde: "Meu nome é Legião, porque somos muitos". Jesus ordena que os demônios deixem o homem e eles se lançam em uma vara de porcos que "atirou-se precipício abaixo, em direção ao mar, e nele se afogou".

Em outro exorcismo, Jesus, enquanto ensinava em uma sinagoga em Cafarnaum, vê um homem possuído por um espírito imundo, o qual ordena que saia do homem. Gritando com uma voz ribombante, o espírito desaparece. Os Evangelhos também contam histórias sobre Cristo expulsando sete demônios de Maria Madalena e forçando um diabo para fora da jovem filha de uma mulher grega. Jesus expulsa um demônio de um menino que espumava pela boca e rangia os dentes. Depois do exorcismo, o menino pareceu estar morto. "No entanto, Jesus tomou-o pela mão e o levantou, e ele ficou de pé." (Hoje em dia, médicos acreditam que o garoto sofria de epilepsia.)

Os exorcismos feitos por Jesus foram ignorados ou evitados pela maioria dos protestantes, especialmente os luteranos. A teologia protestante os descarta como atos que mostravam que o Messias aceitava crenças locais predominantes. As pessoas naquela época, especularam os teólogos modernistas, acreditavam em possessão assim como acreditavam que o Sol circulava a Terra. A missão de Jesus não incluía corrigir crenças locais ou conceitos errôneos sobre o mundo natural.

O catolicismo, embora preserve a crença dogmática em possessão, raramente reconheceu a existência de possessão no mundo contemporâneo. Tanto em Roma quanto em outros lugares, os poucos padres que foram designados como exorcistas devotaram grande parte das suas vidas à oração e ao estudo sobre possessão demoníaca. E, em raras ocasiões, eram chamados por superiores eclesiásticos para consultas acerca de casos de possíveis possessões. Todo padre católico sabia, em teoria, que poderia ser chamado para colocar sua alma à prova contra Satã. Porém, em tempos modernos, nenhum padre — em particular um jovem padre paroquiano norte-americano — jamais esperou se tornar um exorcista.

Em um entardecer no final de fevereiro, pouco tempo depois de Schulze dizer que os católicos sabiam o que fazer em casos assim, Karl ligou para o presbitério de Saint James, uma igreja católica não muito longe da casa dos Mannheim. Ele disse que queria conversar com um padre. A governanta chamou o padre E. Albert Hughes ao telefone. Hughes conversou com o pai de Robbie por pouco tempo e disse-lhe para visitar o presbitério na manhã seguinte.

Os protestantes não costumavam se encontrar com padres naquela época. Por uma longa tradição cristã, os católicos não entravam em igrejas protestantes. Os católicos que levavam a tradição ao extremo sequer colocavam os pés em uma igreja protestante para participar de um funeral ou casamento de um amigo. Casamentos com pessoas de outras religiões eram raros para os católicos, e aqueles que se casavam fora de suas fés quase sempre encontravam grande resistência por parte dos padres e da família.

Os Mannheim eram luteranos desesperados procurando a ajuda de um padre católico, um pai e uma mãe tentando salvar o filho de algo que conseguiam descrever, mas não compreender. Eles levaram Robbie ao presbitério, onde os três se encontraram com o padre Hughes pela primeira vez. Sem dúvida os Mannheim se sentiram desconfortáveis ao conversar com o padre e, certamente, o sentimento era o mesmo por parte dele.

Hughes, um homem audacioso e bonito de 29 anos, não conhecera muitos protestantes e tinha pouco conhecimento acerca de possessões e exorcismos. Não era um intelectual. Acreditava em sua fé e ensinava e praticava sua doutrina com afinco, mas não dedicava muito tempo a assuntos profundos. Muitos dos paroquianos de Hughes, em especial os mais velhos, o comparavam com o padre indolente e piadista interpretado por Bing Crosby no filme *O Bom Pastor* (*Going My Way*, 1944). Uma mulher de sua paróquia chegaria a dizer que "ele era jovem e mimado — um verdadeiro irlandês, sabe, cheio de lisonjas. Não entendia as pessoas comuns, a vida real. Mesmo assim, achava que sabia de tudo".

Como Hughes relembrou a visita anos depois, o menino, por não ter gostado da ida ao presbitério, repreendeu o padre com uma linguagem sórdida. De acordo com as lembranças do sacerdote, a sala ficou fria quando o garoto, aparentemente querendo demonstrar seus poderes, fez com que o telefone sobre a mesa de Hughes se mexesse. O que quer que tenha acontecido de verdade, o padre ficou assustado, sentiu que estava na presença do mal, pensou que Robbie estava possuído e se perguntou se um exorcismo seria autorizado.

Hughes prometeu rezar pelo menino e deu aos Mannheim uma garrafa de água benta e velas abençoadas. Água benta é água comum abençoada por um padre através de uma oração. A oração para abençoar a água, que remonta ao século IV, exorciza quaisquer demônios que possam estar no líquido. As velas, feitas de cera de abelha (e nunca de sebo), eram de uma reserva especialmente abençoada e colocada no altar, onde eram acesas para missas e outras cerimônias.

De volta à sua casa, Phyllis Mannheim abriu a garrafa de água benta e andou pela casa, borrifando o líquido em cada cômodo. Ela então colocou a garrafa sobre uma cômoda. Acendeu as velas e as colocou no quarto de Robbie.

Na manhã seguinte, Phyllis ligou para Hughes. *A garrafa foi erguida por alguma coisa e se quebrou. Quando acendi uma das velas, a chama pulou até o teto e tive que apagá-la com medo de que a casa pegasse fogo.*

O que aconteceu em seguida não está muito claro. Aparentemente, Hughes a instruiu a tentar mais uma vez. Ela voltou a ligar. O padre ouviu um estrondo. *A mesa do telefone acabou de quebrar em centenas de pedaços.*

Aparentemente, Hughes decidiu ir à casa dos Mannheim e conversar com Robbie para ter uma ideia melhor do que estava acontecendo com o garoto. A confusão quanto à sequência das ações do padre pode vir da confusão iminente do próprio. O que aconteceu a Hughes pouco depois afetou tanto sua mente e memória que, por um longo tempo, ele esteve fora de fornecer um relato coerente sobre suas relações com Robbie.

Em uma versão dada por Hughes, ele ouviu o garoto falar latim, embora o menino nunca tivesse aprendido o idioma. De acordo com o sacerdote, Robbie disse: "*O sacerdós Christi, tu scis esse diabólum. Cur me derógas?*", que significa: "Ó padre de Cristo, você sabe que eu sou o diabo. Por que continua me incomodando?".

Tamanha fluência em latim deixaria Hughes chocado e o teria feito começar a pensar em possessão. Quaisquer que tenham sido os detalhes, se o padre acreditava na possibilidade de possessão, ele teria aberto seu *Rituale Romanum*, o livro oficial dos rituais católicos, conhecido como *O Ritual Romano*. Baseado em rituais que remontam ao século I e publicado pela primeira vez em 1614, ele mudara pouco desde então. Todo padre tem um, embora sejam raras as vezes em que seja necessário pegá-lo para procurar "Exorcismo de possuído". O livro dedica 58 páginas ao exorcismo. As páginas desta seção, como nas outras do *Ritual* naquela época, alternavam entre a língua materna do padre e o latim. "Exorcismo de possuído" começava com 21 instruções detalhadas. A terceira instrução para um futuro exorcista dizia:

> Principalmente, ele não deve acreditar de prontidão que uma pessoa esteja possuída por um espírito maligno; antes, deve averiguar os sinais pelos quais uma pessoa possuída pode ser diferenciada de uma que esteja sofrendo de melancolia ou de alguma outra doença. Os sinais de possessão são os seguintes: habilidade de falar com alguma facilidade em uma língua estranha ou entendê-la quando falada por outro, a capacidade de prever o futuro e eventos secretos, demonstração de poderes que estejam além da idade e condições naturais do indivíduo e diversas outras indicações que, quando consideradas juntas, acumulam provas.

A habilidade de falar em um idioma desconhecido era, tradicionalmente, esse tipo de prova. As regras no *Ritual* diziam que a prova devia ser levada para o que era chamado no livro de "o Ordinário". Esse é o termo eclesiástico para as pessoas que têm, por direito, e não por deputação, jurisdição imediata em assuntos da igreja. O Ordinário avalia as provas e então decide se dará permissão para um exorcismo. Ele também escolhe o exorcista. Para Hughes, o Ordinário era o arcebispo de Washington, o reverendíssimo Patrick A. O'Boyle.

O'Boyle era um protegido do prelado católico mais poderoso dos Estados Unidos, o cardeal Francis Spellman, arcebispo de Nova York. O'Boyle, nascido em 1896 e filho de imigrantes irlandeses, tinha 10 anos quando seu pai morreu. A mãe encontrou um emprego típico de viúvas católicas irlandesas. Ela se tornou uma governanta para padres. O'Boyle cresceu desejando ser como eles e entrou para o seminário assim que atingiu a idade necessária.

Quando foi ordenado, O'Boyle foi designado para a arquidiocese de Nova York e por um tempo lecionou em uma instituição para crianças em Staten Island. Spellman, então um bispo, via O'Boyle como um padre jovem e energético. Em 1939, quando Spellman se tornou arcebispo de Nova York — a arquidiocese mais importante do país —, ele colocou O'Boyle sob suas asas. Depois da eclosão da Segunda Guerra Mundial, Spellman foi nomeado pelo papa como vicário do exército norte-americano. Ele então nomeou O'Boyle diretor da Catholic War Relief e o manteve no caminho para uma carreira como administrador.

Em maio de 1947, quando o arcebispo de Baltimore e Washington morreu, o Vaticano dividiu a jurisdição, criando a arquidiocese de Baltimore e a arquidiocese de Washington. O'Boyle, na época em Nova York como diretor executivo da Catholic Charities, foi nomeado arcebispo da nova arquidiocese de Washington. Foi a primeira vez que um monsenhor — o título eclesiástico que O'Boyle detinha — foi nomeado arcebispo nos Estados Unidos sem ter servido antes como bispo. No dia 14 de janeiro de 1948, Spellman consagrou O'Boyle arcebispo da Saint Patrick's Cathedral, em Nova York e, poucos dias depois, O'Boyle foi a Washington para assumir o novo cargo.

Portanto, em fevereiro de 1949, quando Hughes pensava em procurar O'Boyle para discutir um possível exorcismo, o Ordinário era um arcebispo que não tivera nenhuma experiência pastoral, nenhum treinamento teológico especializado e cuja carreira fora dedicada muito mais à administração do que a assuntos arcanos como a possessão demoníaca. De acordo com o relato de Hughes, ele procurou primeiro um dos assessores de O'Boyle, o chanceler da arquidiocese, que disse para o padre ir devagar. O impetuoso Hughes respondeu: *Passei duas semanas pensando no assunto e isso é devagar o bastante*. O chanceler cedeu e marcou uma reunião para que Hughes conversasse com O'Boyle.

Qualquer coisa ligada aos encontros entre Hughes e o Ordinário está nos arquivos secretos da arquidiocese e pode ser lida e distribuída apenas pelo arcebispo em exercício. No entanto, eclesiásticos que procuram informações sobre exorcismos podem aprender algo sobre o caso nos arquivos de O'Boyle. Isso indica que o arcebispo demonstrou pouco interesse no que Hughes apresentou a ele. O'Boyle era o tipo de prelado que, certa vez, ao ver um jovem padre usando apenas camisa, imediatamente mandou que todo os padres na sua arquidiocese usassem chapéus fedora, ternos pretos e colarinho romano independente de onde se encontravam e do que estivessem fazendo. Ele não era o tipo de prelado que prestaria muita atenção à primeira instrução sobre exorcismos em *O Ritual Romano*:

> Um padre — um que esteja autorizado de forma expressa e especial pelo Ordinário —, quando pretende realizar um exorcismo em pessoas atormentadas pelo demônio, deve ser apropriadamente distinto em religiosidade, prudência e integridade na vida. Ele deve realizar este empreendimento

devoto com toda firmeza e humildade, sendo completamente imune a qualquer engrandecimento humano e dependendo não apenas de si, mas também do poder divino. Além disso, ele deve ter idade madura e ser reverenciado não apenas por seu ofício, mas também por suas qualidades morais.

O padre Hughes, jovem, precipitado e despreocupado em projetar uma aura de santidade, era um candidato improvável para o exorcismo. Também não há nenhuma indicação de que ele ou O'Boyle seguiram a instrução seguinte:

> A fim de exercer seu sacerdócio apropriadamente, ele deve recorrer a uma grande quantidade de estudos sobre o assunto [...] ao examinar autores e casos provados pela experiência.

Um relato em terceira pessoa não publicado sobre o encontro com Hughes diz apenas: "O arcebispo [...] autorizou o padre [Hughes] a iniciar o exorcismo. O padre [Hughes] compreendeu que isso devia ser feito por um homem muito santo, porque o diabo tende a expor os pecados do padre; portanto, ele foi a Baltimore e fez uma confissão geral". Não é incomum ir para outra jurisdição para fazer uma confissão geral, diferente de uma confissão comum. Hughes teria examinado sua vida em profundidade e encontrado suas fraquezas e as confessado a um padre designado a ouvir confissões de padres. Uma confissão geral anterior a um exorcismo, como explica um sacerdote, é como a vigília de um cavaleiro na véspera da batalha.

Hughes sustentava uma teoria teológica que dizia que Satã, durante o exorcismo, não podia explorar ou citar os pecados que tivessem sido perdoados em confissão. Portanto, se o padre fizesse uma confissão bem-sucedida, ele pelo menos assegurava que Satã não o insultaria com pecados do passado. Hughes, contudo, fez pouco mais do que isso para se preparar para a provação do exorcismo.

Parece incrível que O'Boyle não tenha dado essa tarefa para um dos muitos teólogos que ele tinha à mão na Catholic University ou na Trinity College de Washington. Ele também poderia ter recorrido às faculdades de teologia ou psicologia da Georgetown University, uma instituição jesuíta.

Hughes teria em seu poder apenas um conhecimento superficial sobre demonologia, a ramificação formal da teologia católica a respeito de Satã e seus demônios. A demonologia, uma matéria que costuma estar ligada à angelologia nos cursos de teologia, não recebia muita dedicação nem atenção. Esperava-se que jovens seminaristas aprendessem a ser padres, não exorcistas. Eles estavam sendo preparados para trabalhar como curas ou pastores assistentes em paróquias. Os cursos de seminários focavam nas doutrinas da teologia católica que os futuros padres mais precisavam aprender. Como padres, eles lidariam com problemas de fé e moralidade levados a eles por católicos comuns. Instrutores de seminários corretamente acreditavam que havia pouca chance de um padre, em especial um padre jovem como Hughes, ser confrontado com a necessidade de realizar um exorcismo.

Todavia, lá estava Hughes, e lá estava O'Boyle, e lá estava Robbie. Em uma noite de inverno em 1949, todos eles estavam envolvidos em um exorcismo. Acredita-se que O'Boyle tenha dito a Hughes para não escrever nada a respeito do assunto e nunca falar sobre ele. Ele parece não ter dado mais nenhuma outra instrução ao jovem padre.

Robbie, enquanto isso, piorava. Ele não ia mais à escola nem fazia qualquer outra coisa. Os arranhões apareciam todas as noites. O pouco sono que conseguia era por estar exausto e ainda perturbado e agitado. Era comum ele aparentar estar em transe ou sob algum feitiço, e, às vezes, parecia necessitar de tratamento psiquiátrico.

A regras para o exorcismo diziam: "Se puder ser feito convenientemente, a pessoa possuída deve ser levada à igreja ou para algum outro lugar sagrado ou digno onde o exorcismo será realizado longe do público. Porém, se a pessoa estiver doente, ou por qualquer outra razão válida, o exorcismo pode ser realizado em uma casa particular".

Hughes decidiu que o lugar de Robbie era em um hospital, amarrado. Talvez o padre tenha se sentido desesperado. Não tinha ninguém a quem confidenciar, nenhum lugar para ir. Um membro da paróquia, então na escola primária, se lembra de "um padre frágil e velho de cabelo branco" perambulando pelo local naquela época. Mas Hughes, em seu próprio relato conciso e evasivo, não menciona ter consultado outro padre.

O mesmo jovem paroquiano, na época um coroinha, tem outra lembrança de Hughes: "Ele chegou uma manhã e estava com uma aparência horrível. Tinha o rosto todo marcado. Parecia urticária. Ele estava exausto, desalinhado. Parecia envolvido em alguma coisa".

Robbie foi internado no Georgetown Hospital, parte do complexo da Georgetown University Medical School, da Georgetown University, administrada por jesuítas em Washington. Hughes parece ter feito isso por conta própria, em segredo, e sem um médico presente.

Um relatório diz que um psiquiatra cuidou da internação e, quando Robbie ficou agitado, chamou o padre. Outro relatório diz que o hospital tinha pleno conhecimento de que um exorcismo seria realizado ali. Isso parece ser o mais provável, já que era um hospital católico e tinha a atmosfera de um. Freiras, a maioria delas enfermeiras, caminhavam pelos corredores em hábitos e toucas brancas. Havia crucifixos nas paredes, e a missa era realizada todos os dias na capela.

Em algum dia entre o domingo de 27 de fevereiro e o outro domingo, 6 de março, Robbie foi levado ao Georgetown Hospital e internado com um nome falso. A madre superiora emitiu ordens rigorosas de que nenhum registro deveria ser mantido sobre o exorcismo. Sob as ordens do padre Hughes, correias foram presas à maca e passadas pelas roupas de cama que cobriam o corpo delgado de Robbie. (As instruções para exorcismos dizem que o endemoniado deveria ser preso "com grilhões, se houver qualquer perigo".) O garoto ficou deitado de costas, os olhos fechados. Neste ponto, há pouco mais do que relatos de segunda e terceira mãos. Um diz que Hughes entrou usando uniforme cirúrgico de médico por cima da sobrepeliz e da batina, e que Robbie, com uma voz poderosa, ordenou que o padre removesse uma cruz que estava ali, ainda que não pudesse ser vista. Outra história — que remonta a um padre que visitava o hospital com frequência — diz que uma bandeja, levada para o quarto por uma freira, saiu voando das mãos dela e se quebrou contra uma parede.

Um terceiro relatório, feito anos depois, descreve a cena com estas palavras: "Havia crucifixos na parede e freiras que eram enfermeiras. E a maca disparou por todo o quarto, sozinha. Marcas de arranhões apareciam de repente no peito do menino enquanto as freiras observavam. Elas não conseguiam manter a maca parada". Outro relatório, baseado em um dos relatos do próprio Hughes, diz que Robbie explodiu em xingamentos num idioma estranho — depois descrito como sendo aramaico, uma língua semita falada nos tempos bíblicos. (Um registro posterior e bem documentado sobre o caso de Robbie não menciona nenhuma competência linguística.)

Hughes, seguindo as regras, teria rezado a missa naquele dia e oferecido orações especiais para ser bem-sucedido. Por cima da batina usava uma sobrepeliz branca engomada. Na cabeça — provavelmente erguida de forma rígida, em vez de no ângulo jovial costumeiro — assentava-se o barrete preto. Em volta do pescoço havia uma estola roxa cujas pontas largas desciam pela frente da sobrepeliz. Ele entrou no quarto carregando um brilhante aspersório dourado cheio até a metade com água benta. Ele começou a borrifar a água benta pelo quarto. Colocou o aspersório em uma mesa e se aproximou da maca. Robbie ainda estava deitado com os olhos fechados. É provável que uma freira e talvez uma enfermeira assistente estivessem no quarto.

Hughes se ajoelhou ao lado da maca, *O Ritual Romano* nas mãos. Começou a recitar a Ladainha de Todos os Santos — a "Quem é quem do Paraíso", como piadistas devotos como ele costumavam chamá-la: "Santa Mãe de Deus [...] São Miguel, São Gabriel [...] Todos os santos anjos e arcanjos [...] Todas as santas virgens e viúvas, todos os santos e santas de Deus..." Ele pediu a Deus para "livrar-nos do mal, de todos os pecados, de Sua ira, da morte repentina e imprevista, das ciladas do Demônio". Teria dito isso em latim, assim como teria dito a oração que começava com "*Ne reminiscaris, Domine...*" — "Perdoai nossas ofensas, Senhor, e as de nossos pais: não nos castigue por nossos pecados..." Finalmente, preparando-se para as orações de exorcismo, Hughes começou a recitar o Pai-Nosso. "*Paster Noster...*"

As instruções diziam ao exorcista que fizesse a oração de modo "inaudível" até que chegasse à frase "*Et ne nos indúcas in tentatiónem*", que significa: "E não nos deixe cair em tentação". Neste ponto, as outras pessoas no quarto — provavelmente a freira e a enfermeira assistente — tinham que terminar a prece, em voz alta, com Hughes: "*Sed líbera nos a malo*", que significa: "Mas livrai-nos do mal". Hughes então tinha que recitar um salmo e começar as primeiras orações de exorcismo.

Um dos braços de Robbie se moveu quase imperceptivelmente sob a correia. Ele deslizou a mão para fora da amarra. Ninguém percebeu quando o garoto estendeu a mão pela lateral da maca e, de alguma forma, soltou uma das molas.

Hughes gritou e lutou para se levantar, o braço esquerdo pendendo flácido. Sangue manchava a sobrepeliz e a estola. O garoto tinha cortado o braço de Hughes do ombro ao pulso. Foram necessários mais de cem pontos para fechar o ferimento.

Em seu relato, o padre não menciona esse incidente. Ele não deu continuidade ao exorcismo. Desapareceu da Saint James Church logo depois de ser ferido e acredita-se que tenha sofrido um colapso. Muito tempo depois, alguns dos seus antigos paroquianos o viram pregando em igrejas católicas em outros lugares da arquidiocese. No altar, ele conseguia levantar apenas uma mão, quando, durante o momento mais sagrado da missa, segurava a hóstia consagrada no alto. As pessoas que o viram na época disseram que ele parecia ausente e retraído, como se estivesse sempre olhando para dentro de si.

THOMAS B. ALLEN

EXORCISMO

Capítulo 4

ARRANHÕES

Depois de Robbie ferir o padre Hughes, o garoto rapidamente recebeu alta do hospital, o que abafou o incidente tão bem que poucas pessoas da equipe médica sabiam que algo tinha acontecido. Em Mount Rainier, os paroquianos em Saint James foram informados que o padre sofrera um acidente e ficaria afastado por algum tempo. Os boatos, no entanto, varreram a paróquia. *O garoto Mannheim! Esfaqueou o padre Hughes! Dizem que ele mal conseguiu escapar com vida.* As pessoas afirmaram terem ouvido gritos maníacos e visto luzes irradiando da casa. Robbie voltou a ser o núcleo do medo e do turbilhão. Vizinhos que inicialmente tinham feito piadas sobre a casa assombrada e seu garoto enfeitiçado agora evitavam os Mannheim. A polícia recebia ligações anônimas pedindo que investigasse os acontecimentos na casa.

Há alguns indícios que mostram que a família se mudou discretamente nessa época, para uma casa parecida à oitocentos metros de distância. Entretanto, nenhuma mudança de endereço colocaria fim à provação. Depois do ataque, Robbie pareceu mergulhar mais fundo nos seus "episódios", como a mãe e o pai os chamavam. Phyllis Mannheim estava mais convencida do que nunca de que o filho jazia nas garras de algo maligno, algo que não era deste mundo. A princípio, o reverendo Schulze desdenhara da ideia de possessão demoníaca. Depois, se convencera o suficiente para chamar um padre. E o padre Hughes estivera convencido o bastante para começar um exorcismo. Agora ele desistira, e Phyllis pensava em fazer o mesmo. "Eles estavam prontos para jogar a toalha", disse um padre que mais tarde se envolveu com a possessão.

No entanto, Phyllis tinha apenas que olhar para o filho para saber que precisava ir até o fim daquilo, independente do que fosse. Ele era, os médicos haviam dito, o único filho que ela conseguiria gerar.

Ela e Karl conversaram sobre fazer outra mudança; dessa vez, uma temporária. Phyllis era nativa de Saint Louis, Missouri, onde tanto ela quanto Karl tinham parentes. Eles poderiam levar Robbie para a casa de parentes lá. Talvez em um novo cenário, longe de Mount Rainier, o menino conseguisse se desvencilhar do que quer que parecia tê-lo em seu poder.

Os pais de Robbie ainda discutiam o plano sobre Saint Louis quando algo aconteceu que os convenceu a ir. Certa noite, enquanto o menino se preparava para ir para a cama, ele olhou para o espelho do banheiro e gritou. A mãe correu até lá. A blusa do pijama de Robbie pendia aberta. Ele tremia. Rabiscado em seu peito magro havia arranhões que soletravam em sangue uma única palavra: *Louis*.

Phyllis Mannheim tentou ficar calma. Abraçou o filho, sentiu o coração acelerado dele perto do dela. Ela o levou de volta ao quarto. *Nós vamos para Saint Louis*, Phyllis disse a Robbie. *Nós vamos para Saint Louis*. A mãe começou a falar depressa, dizendo-lhe que começaria a trabalhar nisso naquele mesmo instante. Contudo, ainda levaria tempo. Karl Mannheim tinha que conseguir alguns dias de folga do trabalho. Havia parentes para ligar, passagens de trem para comprar... Robbie se dobrou de dor e soltou um gemido. Ele abaixou as calças do pijama. No quadril do garoto, a mãe viu sangue exsudar através da pele. Era como se arranhões estivessem emergindo dele, como se algo o estivesse arranhando por dentro. Os arranhões reluzentes formaram uma palavra: *sábado*.

Phyllis Mannheim estava aturdida demais para perceber que o corpo de Robbie agia como um tabuleiro Ouija. Ela questionou: *Quanto tempo?* Enquanto o menino gritava e fazia uma careta de dor, a mãe percebeu, para seu horror, que a pergunta o levava a sentir dor, fazendo com que outra resposta em sangue aparecesse. Agora no peito dele surgiram arranhões que ela acreditou significarem que a família ficaria lá por: *três semanas e meia*.

Schulze depois escreveu que ele e o médico "não viram nenhuma palavra", mas ambos viram "erupções cutâneas causadas por reações nervosas que se pareciam com arranhões". Ao relembrar o que foi dito pela família na época, o padre escreveu: "Agora ele tem visões do diabo, entra em transe e fala em línguas, eles me disseram. Eu insisto que a família volte para casa e internem o menino em um hospital sob os cuidados de um médico complacente com o caso. Meu médico é complacente. O deles foi à clínica de saúde mental só depois de muita insistência e teimou em tentar tratar o menino com Barbitol [um barbitúrico usado essencialmente para sedar pessoas]".

A mãe de Robbie desconsiderou o conselho de Schulze. Mais tarde, ela disse que se sentiu compelida a obedecer às mensagens. O bom senso dizia que ela deveria ter resistido, já que a força responsável pelo tormento do filho parecia ter escrito as terríveis mensagens em sangue. Contudo, a lógica mundana tinha há muito abandonado esta família. O corpo de Robbie deu os sinais — e eles os seguiriam.

No sábado, 5 de março, Robbie, Phyllis e Karl Mannheim foram à Union Station, em Washington, onde embarcaram em um trem noturno para Saint Louis. Enquanto observava a paisagem na janela, Phyllis Mannheim teve a oportunidade de repassar as últimas sete semanas turbulentas e tentar compreender o que vira e vivenciara.

A tia Harriet estivera viva quando tudo começou no dia 15 de janeiro, quando os arranhões surgiram. Quando ela morreu, no dia 26 de janeiro, parece ter havido uma mudança: foi quase como se algo estivesse crescendo e se aproximando de Robbie. Agora estava dentro dele. Phyllis não conseguia descrever o que sentia — aquela presença à espreita. Ela não escrevera nada sobre o que estava acontecendo. Não tinha como comparar um dia com o seguinte. Entretanto, não havia dúvidas de que as coisas estavam mudando. Os arranhões que estiveram em uma parede em janeiro agora apareciam no corpo do filho.

Será que estivera imaginando tudo aquilo? Phyllis começou a contar quantas pessoas ela conhecia que tinham visto o que ela e Karl viram: parentes, amigos, pastores, um padre, enfermeiras, freiras. E os professores e alunos da escola. E os vizinhos. Os vizinhos que foram amigáveis e se ofereceram para ajudar. Alguns tinham ouvido os boatos e insinuado que acreditavam que Robbie estivera fazendo truques. Outros presenciaram objetos se movendo, aparentemente por conta própria. Phyllis completou sua contagem com eles. Quatorze. Havia agora quatorze pessoas que tinham testemunhado eventos para os quais não havia uma explicação mundana.

O que estava acontecendo na mente de Robbie? Onde conseguira a força — e a astúcia — para deslizar sua mãozinha até as molas sob a maca e soltar uma arma rudimentar? Será que sentira raiva quando cortou o padre Hughes? O que estivera guiando aquele corpo frágil? E para onde estava sendo guiado?

Enraizado em nosso folclore há uma frase antiga que proferimos, sem nos darmos conta do que dizemos: *Que diabo o possuiu para fazer aquilo?* Possessão: a ideia de que alguma força pode invadir uma alma e subjugá-la. Enterramos esse temor primitivo sob camadas de lógica e ciência. Em nosso mundo, no mundo de Phyllis Mannheim, a possessão é coisa de pesadelos. Porém, em outras culturas, é uma realidade diária, uma crença compartilhada por todos na comunidade.

Phyllis e Karl Mannheim não tinham nenhuma crença cultural em possessão e, com o final violento da tentativa no Georgetown Hospital, nenhuma fé em exorcismo. Eram pais que, embora vivessem em um mundo sofisticado demais para a possessão, viram, através de um abismo, um filho se contorcendo em um mundo estranho onde a possessão existia. Como alcançá-lo, como salvá-lo, se tornou o objetivo deles. Aquela seria uma jornada sem guias, mas não sem conhecimento. Para trazer Robbie de volta, eles teriam que se aventurar nos domínios da superstição e do sobrenatural. Eles iriam aonde poucos tinham ido em tempos modernos.

A religião dividia a família Mannheim em Saint Louis. Alguns eram católicos e outros luteranos. Todos os parentes amavam Robbie e condoíam-se pelos Mannheim. Todos ofereceram ajuda. Quando chegaram a Saint Louis, Phyllis e Karl Mannheim se defrontaram com uma escolha que refletia o conflito entre a abordagem católica e não católica à possessão. Na esteira da experiência devastadora com o padre Hughes, eles decidiram procurar outra vez um pastor luterano — e, por incrível que pareça, uma nova forma de tabuleiro Ouija.

Na segunda-feira, 7 de março, na casa de parentes luteranos em Saint Louis, a tia e o tio de Robbie se reuniram com outros dois ou três parentes ao redor de uma mesa de porcelana na cozinha. Um deles escreveu o alfabeto em uma folha de papel e segurou um lápis acima dela. Todos ficaram em silêncio absoluto, procurando pelo que chamavam de médium alfabético. A mesa se mexeu e a pessoa que segurava o lápis sublinhou uma letra. Outra pessoa à mesa escreveu a letra em outra folha de papel. A mesa se mexeu de novo e, mais uma vez, a pessoa com o lápis sublinhou uma letra, e a outra pessoa a escreveu ao lado da primeira.

E assim por diante — movimento da mesa, uma letra sublinhada, movimento da mesa, uma letra sublinhada —, até as pessoas receberem a mensagem. Era da tia Harriet: ela era o espírito por trás dos fenômenos inexplicáveis. Não era um demônio.

Os familiares então foram até um quarto para ver a tia Harriet provar que estava pairando por ali. Enquanto permaneciam no cômodo, uma cama pesada se moveu por quase noventa centímetros. Não havia ninguém perto dela.

Robbie estivera em um canto lendo uma revista em quadrinhos. De repente, ele gritou e se dobrou de dor. Phyllis, pressentindo o que acontecera, abriu a camisa do filho e viu os arranhões, agora familiares, exsudando sangue fresco. Ao aparecerem logo depois da mensagem da mesa em movimento, era provável que as palavras, pensou ela, fossem da tia Harriet. Em geral, aqueles que viam as mensagens em sangue relatavam posteriormente o lugar no corpo de Robbie onde os escritos apareciam e o que as palavras formavam. Entretanto, nenhuma informação a respeito dessa mensagem em particular foi relatada.

Robbie foi para a cama e após uma série de boas-noites, seus parentes o deixaram sozinho. Pouco depois, ouviram barulhos vindo do quarto e correram para lá. A cama chacoalhava com violência. Robbie estava deitado, imóvel. Phyllis se aproximou da cama e se inclinou para ouvir. Ela podia ouvir os arranhões, para cima e para baixo do colchão, como se algum animal dentro dele estivesse tentando sair. Alguns parentes se aproximaram da cama e permaneceram perto de Phyllis. Depois, eles também disseram que ouviram os arranhões. Durante toda a noite, pessoas entraram e saíram do quarto para ver a cama tremer e ouvir os arranhões. Robbie dormiu irrequieto, mas, quando estava desperto, parecia estranhamente calmo.

No dia seguinte, terça-feira, 8 de março, os Mannheim se mudaram para a casa de outros familiares — a tia católica de Robbie, Catherine, que era casada com o irmão de Karl Mannheim, George. Assim como Karl, George fora criado como católico, mas não era praticante. Casara-se em uma igreja católica para satisfazer a vontade da família da esposa. Como condição para esse "casamento misto", como a Igreja Católica se referia a ele, George Mannheim concordara que ele e Catherine criariam seus filhos como católicos. Tinham dois filhos e uma filha. Billy era mais novo do que Robbie. Marty tinha aproximadamente a mesma idade do primo. Elizabeth frequentava a Saint Louis University, uma instituição jesuíta.

Como todos os parentes dos Mannheim em Saint Louis, George e Catherine tinham ouvido falar sobre os detalhes da provação do sobrinho. Também sabiam que a família, através de Phyllis, procurara a ajuda de um pastor luterano. A chegada e a partida dele foram muito mais rápidas do que as do reverendo Schulze. Em uma reprise do que acontecera em Maryland, o pastor luterano em Saint Louis suspeitou de possessão demoníaca e insistiu que um padre católico visse Robbie. Depois dessa recomendação, o pastor partiu depressa.

Karl e Phyllis — principalmente Phyllis — foram contra a ideia de chamar outro padre. A mãe ainda se apegava à crença, comprovada pela misteriosa sessão espírita com a mesa que se movia sozinha, que a tia Harriet, por alguma razão desconhecida, estava assombrando Robbie. Phyllis preferia ter uma tia fantasmagórica possuindo o filho do que um demônio aliado a Satã. E o ataque ao padre Hughes a perturbara. O menino podia gritar e se contorcer, camas podiam se mover e vasos podiam voar, mas não houvera violência até o exorcismo católico ter começado. Essa era a associação na mente dela: exorcismo e violência.

Durante toda a terça-feira, Robbie pareceu contente. Quando seu primo Marty voltou da escola, os dois garotos brincaram. A hora do jantar passou sem nenhum incidente. Mais tarde, entre eles, os quatro adultos se parabenizaram por terem arrancado Robbie do que o estivera importunando. Phyllis começou a pensar na mensagem que dizia *três semanas e meia* e decidiu que seu filho, que já tinha perdido muitos dias letivos, deveria ser matriculado na escola de Marty.

Ela chamou Robbie e lhe contou sua decisão. O garoto lhe lançou um olhar frio, fez uma careta por um instante e abriu a camisa. Os arranhões diziam: *Nada de escola.* Em outra oportunidade, quando ela mencionou a escola novamente, Robbie levantou os punhos. Arranhões delineavam um NÃO vermelho em cada pulso. Ele depois ergueu as calças. Em cada perna havia uma enorme N. Ela estremeceu. Aquele não era Robbie. Havia alguma força nova dentro dele. Mais tarde, Phyllis relatou que sentiu como se estivesse lendo uma ordem de alguém. Ela estava com medo. Não haveria mais conversa alguma sobre escola.

Na noite de terça-feira, Robbie foi para a cama junto com Marty. Os adultos fizeram fila no quarto para uma rodada de boas-noites apreensivos. Os garotos pareciam bem. Pareciam os mesmos de visitas anteriores, dois primos dormindo juntos, prontos para caírem na farra assim que os pais se afastassem. Poucos minutos depois, ruídos começaram a vir do quarto.

Para Phyllis e Karl, os barulhos eram enlouquecedoramente familiares. Para George e Catherine, eram novos de uma maneira aterrorizante. Todos os quatro correram para o quarto. Sons de arranhões vinham de todos os cantos, mas pareciam se originar dentro do colchão. Enquanto os adultos observavam, o colchão pulou para cima e para baixo com violência. Depois começou a se mover para a frente, pressionando as colunas ao pé da cama de dossel. Os dois meninos estavam deitados de costas, perfeitamente imóveis.

Agora era a vez de os pais de Marty conhecerem o medo. Seu próprio filho se encontrava naquela ameaça que vibrava e arranhava e que tomara conta do quarto. Seu lar fora invadido. Algo tinha que ser feito. Catherine sentiu uma profunda necessidade de um padre.

Elizabeth Mannheim, depois de terem lhe contado sobre o que acontecera no quarto de Marty, sugeriu que ela conversasse com um dos professores jesuítas na Saint Louis University. Talvez ele soubesse o que fazer. Para os pais de Robbie, em especial para Phyllis, um padre significava mais violência, mais loucura. Porém, eles não podiam contestar. Aquela não era a casa deles. E se Catherine estivesse certa? E se Marty estivesse em perigo agora? Concordaram em deixar Elizabeth conversar com um jesuíta.

THOMAS B. ALLEN

EXORCISMO

Capítulo 5

UMA BÊNÇÃO

No dia seguinte, Elizabeth abordou seu professor favorito, o padre Raymond J. Bishop, S.J.,[1] o chefe de 43 anos de idade do Departamento de Educação e um esplêndido professor para futuros magistrados. Bishop era um bom ouvinte e sempre tinha tempo para os seus alunos. Ele também possuía uma característica que era comum a muitos outros membros da Companhia de Jesus: era um padre devoto, mas não agia como um beato.

Bishop viu a preocupação no rosto de Elizabeth e imediatamente fez malabarismos para mudar sua agenda e se encontrar com ela. Como quase todos os jesuítas, Bishop dedicara a carreira a ensinar garotos e homens. A Saint Louis University fora uma instituição exclusivamente masculina até começar a aceitar mulheres depois da guerra. A coeducação ainda era uma novidade no campus em 1949, assim como dar conselhos a estudantes do sexo feminino sobre assuntos pessoais. Bishop se preparou para a reunião.

Ele sentiu grande alívio quando Elizabeth começou a lhe dizer que o assunto era seu jovem primo de fora da cidade. Então, ela contou a Bishop o que tinha acontecido nas duas casas na área de Saint Louis que Robbie visitara — a mobília em movimento, os arranhões no corpo do garoto, a sensação de perigo. Em grande parte, ela contou o que

---

[1] Os padres jesuítas membros da Companhia de Jesus (*Society of Jesus* em inglês, *Societas Iesu* em latim), ao terminarem o noviciado e após fazerem os votos de obediência, castidade e pobreza, recebem o direito de acrescentar S.J. ao nome. [NT]

tinha visto na própria casa e como seu irmãozinho fora pego naquilo que, a princípio, confundira e depois aterrorizara os dois lares.

Posteriormente, Bishop contaria que sentira desde o começo que Robbie era vítima de possessão. No entanto, não compartilhou suas suspeitas com Elizabeth. Manteve seu instinto de padre para si mesmo, enquanto pensava sobre o que era possessão e como ela poderia ser provada. Se Robbie estivesse possuído, haveria certos sinais que o padre teria que ver com os próprios olhos. Ele precisava descobrir mais coisas sobre o rapaz. Mas, antes de fazer isso, decidiu conversar com outros jesuítas. Disse a Elizabeth que lhe daria uma resposta assim que possível.

Bishop então procurou o padre Laurence J. Kenny, S.J., um homem conhecido por sua cordialidade e sabedoria. Kenny, que estava na casa dos 90 anos, se aposentara fazia pouco tempo do cargo de professor de história. Ele era um confessor para muitos dos padres na comunidade jesuíta da universidade e já tinha vivido tempo suficiente para ter visto e ouvido uma variedade mais ampla de vícios e virtudes humanas do que qualquer outro na comunidade. (Depois, ele se lembrou de ter encontrado um pastor luterano que fora até a universidade por parte de Robbie. Conforme Bishop contou a história, Elizabeth o procurou primeiro. Os dois eventos podem ter acontecido. A família, com ramificações católicas e luteranas, buscava as duas religiões à procura de alívio.)

Após ouvir o que Elizabeth dissera a Bishop, Kenny também suspeitou que aquele era um caso de possessão. Ele, então, insistiu em ter uma reunião com o padre Paul Reinert, S.J., presidente da universidade.

Há uma uniformidade superficial nos jesuítas em suas batinas pretas. Todos eles recebem o mesmo treinamento longo e rigoroso. A maior parte deles desenvolve suas carreiras na mesma província, que é como uma região administrativa jesuíta é chamada. Aqueles que têm aproximadamente a mesma idade tiveram os mesmos professores, frequentaram os mesmos seminários e as mesmas universidades, leram os mesmos livros didáticos, ouviram as mesmas histórias e contaram as mesmas piadas. A disciplina cria um clima de uniformidade. Eles são controlados por regras e regulamentos tão rígidos quanto os de uma organização militar — que, na verdade, era o modelo da Companhia de Jesus. Contudo, dentro dessa sociedade de mantos negros, existem indivíduos tão diferentes quanto soldados da Legião Estrangeira Francesa. Um jesuíta típico é com certeza um indivíduo com opiniões próprias e cheio de manias orgulhosamente afiadas.

Cada um dos três padres que deliberou sobre Robbie falou a partir de experiências e facetas diferentes da ética jesuíta. Bishop, inteligente e lógico, sabia que tinha deixado a intuição eclipsar a razão. Ele estava permitindo que a crença medieval em possessão surgisse em uma universidade contemporânea. No entanto, pressentiu algo profundamente errado e precisava de um conselho. Kenny, velho e sábio, acreditava que o que quer que tivesse perambulado pelo mundo na Idade Média ainda podia estar espreitando das sombras do século xx. Reinert, administrando a universidade em uma época crucial, não precisava de mais um fardo. Ele era um acadêmico na pele de um administrador relutante. "Há algo insidioso", disse certa vez, "sobre o efeito da administração na mentalidade de um homem." Ele fizera votos de obediência, no entanto, e já que recebera ordens para ser presidente de uma universidade, tornara-se um.

Reinert tinha orgulho da universidade e se dedicava a ela. Não queria que Bishop mergulhasse de cabeça em algo que poderia ser um episódio vergonhoso para a Saint Louis University. Ele acreditava que a universidade, centro intelectual da província do Missouri, tinha um papel importante no esforço por parte de muitos jesuítas norte-americanos para levar a Companhia de Jesus — e o catolicismo do país — a uma nova era. O campus de Reinert alojava o controverso Instituto da Ordem Social, um *think tank* liberal fundado por jesuítas norte-americanos contra o conselho de críticos em Roma e dentro de suas próprias fileiras norte-americanas. Os jesuítas da comunidade universitária estiveram nas linhas de frente na guerra contra a segregação em Saint Louis.

O Instituto da Ordem Social foi o precursor dos esforços jesuítas para acabar com a segregação na cidade. Os jesuítas administravam quatro paróquias negras e também algumas instituições voltadas apenas para negros, como escolas, agências de empregos, acampamentos de veraneio e uma casa de retiro. Houve tensões a respeito do assunto e, irado, o predecessor de Reinert expulsara o jesuíta mais clamoroso da comunidade. Porém, em 1944, a universidade se tornou a primeira instituição educacional do Missouri a permitir a integração racial. Três anos depois, o reverendíssimo Joseph E. Ritter, arcebispo de Saint Louis, dessegregou a arquidiocese.

Os jesuítas estão acostumados a operar fora da hierarquia católica "de papa para bispo, de bispo para padre". A hierarquia jesuíta é composta de jesuítas. Cada província opera sob um padre provincial, que responde ao superior geral em Roma, que, por sua vez, está sob a autoridade do papa. Ao longo da história, os jesuítas frequentemente entraram em conflitos com o Vaticano e, nesses conflitos, o poder do superior geral de manto negro lhe rendeu o epíteto de papa negro.

Em 1949, os jesuítas e o Vaticano estavam em paz. Porém, como sempre, os jesuítas eram um grupo à parte. Quando escreviam uns aos outros sobre assuntos jesuítas, costumavam se referir à Companhia como *Nossa*, como em: "Quando a Nossa veio para Saint Louis..." Muitos jesuítas norte-americanos tinham mais fé neles mesmos do que na autoridade central de Roma, mais interesse neste mundo do que naquele que talvez exista no além. Quando um jesuíta do Instituto escrevia um artigo, o assunto era mais frequentemente sobre justiça social do que devoções espirituais.

O catolicismo norte-americano é formado ao redor da paróquia, uma vizinhança eclesiástica que costuma coincidir com a vizinhança secular. Cada padre está sob a supervisão de um bispo ou, em áreas metropolitanas, de um arcebispo. Comunidades jesuítas em instituições como a da Saint Louis University estão sob controle duplo. O padre provincial governa os jesuítas e suas atividades na sua província; o bispo ou arcebispo governa algumas das atividades espirituais dos padres jesuítas. Sem sua permissão, eles não podem realizar a missa, oficializar casamentos, distribuir a comunhão e nem mesmo presidir um funeral e enterro de um católico na sua jurisdição.

Isso apresentou outro problema a Reinert. Se a estranha história do padre Bishop acabasse sendo um possível caso de possessão demoníaca, então a universidade teria que lidar com a arquidiocese de Ritter na questão da realização de um exorcismo. Assim como o padre Hughes tivera que conseguir a permissão do arcebispo O'Boyle para realizar o exorcismo, o padre Bishop teria que conseguir o consentimento do arcebispo Ritter. As relações entre a universidade e a arquidiocese eram boas. Ritter, como Reinert, adotava pensamentos modernistas sobre a religião, e era óbvio que ambos tinham a mesma opinião sobre a moralidade da dessegregação. No entanto, como, pensou Reinert, ele poderia entregar este enigma medieval para Ritter? Qual seria o efeito de um exorcismo na relação entre os jesuítas e Ritter? O que o público não católico pensaria sobre a universidade que ressuscitara tal superstição?

Pouco tempo antes, a Companhia de Jesus modificara as obrigações dos presidentes das universidades jesuítas, que no passado também tinham sido reitores, responsáveis pelo bem-estar espiritual tanto da universidade quanto da comunidade jesuíta. Agora, outro jesuíta era o reitor, e Reinert não tinha nenhuma responsabilidade direta para resolver o que era, em essência, um problema espiritual. Todavia, ele conversou com Bishop assim mesmo.

Bishop mais tarde relatou que conversou com Kenny e Reinert. Não mencionou nenhuma conversa com o reitor. Um fato é certo, no entanto: naquela discussão inicial sobre o pedido de ajuda de Elizabeth, a comunidade jesuíta decidiu que era seu dever resolver o problema. O presidente poderia ter simplesmente mandado que Bishop dissesse a Elizabeth, uma católica praticante, para procurar um padre na sua própria paróquia. Contudo, ao fazer isso, ele estaria rejeitando Elizabeth e ignorando as responsabilidades espirituais reconhecidas por Bishop e Kenny. E, se Elizabeth procurasse o conselho de um padre de sua paróquia, este teria que procurar Ritter para receber permissão para realizar o exorcismo — e Ritter descobriria que os jesuítas da Saint Louis University tinham sido pusilânimes.

Qualquer um que tenha aprendido latim com um professor jesuíta já ouviu essa palavra. Transmitindo uma lição sobre etimologia e ética ao mesmo tempo, os professores jesuítas destacavam que *pusillus* significava "muito pequeno" e *animus* significava "alma". A covardia não é apenas uma questão de medo ignóbil, ela encolhe a alma. E essa não é a conduta de um jesuíta.

Bishop não registrou as palavras exatas de Reinert. Entretanto, é óbvio que ele não queria mergulhar às cegas em nada. Reinert aconselhou Bishop: *Vá até a casa, lhe dê a bênção sacerdotal e veja com os próprios olhos o que está acontecendo. Então, decidiremos o que fazer em seguida.*

Elizabeth escolhera bem. Bishop foi acolhedor e compreensivo com ela, como era com todos os seus alunos. "Ele era uma pessoa muito gentil", disse um jesuíta que o conheceu bem. "Era um homem sensível." Também era um homem que estivera a serviço das pessoas durante grande parte da vida. Nascido de imigrantes alemães em Glencoe, Minnesota, ele frequentou uma escola paroquial em sua cidade natal, depois foi para um colégio secular. Queria ser professor, então se matriculou na Normal Training Department of Glencoe Public High School.[2] Após um ano de treinamento, passou outro lecionando em escolas rurais de Minnesota. Depois disso entrou na

---

2   *Normal Training Department* era uma escola preparatória para a formação de professores. Costumavam ser conhecidas no Brasil como Escolas Normais. [NT]

University of Minnesota para se tornar farmacêutico. Lá decidiu mudar de vida e se tornou um jesuíta.

Seu treinamento, como o de todo jesuíta, seguiu tradições que remontam à fundação da Companhia de Jesus, em 1540, por Inácio de Loyola, um nobre e soldado basco. Enquanto se convalescia de um ferimento de batalha, Inácio leu um livro sobre as vidas dos santos e foi inspirado a pendurar a espada e começar uma vida dedicada a Deus. Fundou uma ordem religiosa diferente de qualquer outra que existia. Membros da Companhia de Jesus não deveriam ser monges contemplativos. Deveriam ser soldados de Cristo, homens "prontos para viver em qualquer parte do mundo onde houvesse esperança para uma glória maior de Deus e da bondade das almas".

Bishop entrou para a Companhia em 1927 e se dedicou a um sistema de disciplina e estudos — *Ratio Studiorum* — que mudou pouco desde o século XVI. Após alguns meses de estágio probatório, ele iniciou um noviciado de dois anos devotados à oração e à meditação, entremeados com tarefas servis com o objetivo de se tornar humilde. Movendo-se em silêncio ao longo de um dia com horários apertados, ele andava ao passo dos sinos. Havia, como um jesuíta da época escreveu, "sinos para levantar, sinos para meditar, sinos para a missa, sinos para o desjejum, sinos para as aulas…" Ao final do noviciado, Bishop fez os votos de obediência, castidade e pobreza. Pôde acrescentar *S.J.* ao nome e usar um barrete na cabeça. Durante os onze anos seguintes foi conhecido como um escolástico, um jesuíta a caminho do sacerdócio.

Para Bishop, o silêncio e os dias governados pelos sinos continuaram no Saint Stanislaus Seminary no interior de Florissant, Missouri, nos arredores de Saint Louis. Lá, ele estudou grego e latim durante dois anos, depois estudou filosofia por três. Todas as aulas eram em latim, assim como os debates encenados para testar tanto o conhecimento acadêmico quanto a habilidade de raciocinar e falar sob pressão. Os escolásticos levam uma vida de estudo, isolamento e submissão. Recebem uma lista de 25 *culpas*, ou falhas — entre elas "obediência com relutância", "falta de pontualidade" e "falar com outros em um tom severo, peremptório ou sarcástico". Qualquer um que sucumbisse a uma falha teria que admitir isso em público.

No sétimo ano, um escolástico recebe uma tarefa que interrompe seus estudos no seminário. Ele geralmente recebe a função de lecionar em um colégio jesuíta durante dois ou três anos. A tarefa de Bishop foi lecionar em um colégio administrado pela Saint Louis University.

Em seguida, vieram quatro anos de teologia. Ao final do terceiro, o jesuíta é ordenado sacerdote e não é mais um escolástico. Ele é afinal tratado como *padre*, em vez de *senhor*. Quando é ordenado, ele já faz parte da Companhia há treze anos. Então se inicia um ano da terceira provação, que é o terceiro período de provas (o primeiro sendo o breve estágio probatório e o segundo, o noviciado). Ao menos uma parte da terceira provação costuma ser dedicada ao sacerdócio, em vez de aos trabalhos acadêmicos.

Todos esses quatorze ou quinze anos totalizam o que a Companhia chama de "formação" de um jesuíta. Quando a formação de Bishop chegou ao fim, ele foi designado ao Rockhurst College, em Kansas City, onde deveria se tornar reitor da Faculdade de Artes e Ciências. Porém, sua carreira mudou de modo abrupto pela súbita doença do diretor do Departamento de Educação da Saint Louis University. Bishop foi enviado a Saint Louis para auxiliar o diretor que estava enfermo. Quando este morreu, Bishop assumiu o cargo. Ele era chefe do departamento há quase sete anos quando Elizabeth pediu para conversar com ele sobre Robbie.

Depois de consultar Reinert, Bishop ligou para Elizabeth e lhe disse que gostaria de ver Robbie assim que possível. Naquela noite de 9 de março, uma quarta-feira, um membro da família foi buscar o padre na universidade e o levou para casa. O carro encostou na frente de um sobrado de tijolos posicionado nos fundos de um jardim frontal, em uma rua calma de subúrbio a poucos quilômetros a noroeste de Saint Louis. Elizabeth apresentou Bishop aos seus pais e então o guiou até outro cômodo para conhecer os pais de Robbie. Ao lidarem com um padre outra vez, Karl e Phyllis Mannheim se sentiram tímidos e desconfortáveis a princípio. Até onde sabiam, aquele tal de padre Bishop, um homem gentil e de poucas palavras, era apenas outro sacerdote como o padre Hughes. Eles não teriam notado que havia uma enorme diferença entre Hughes, um padre jovem de paróquia agindo sozinho, e Bishop, um padre que poderia recorrer aos recursos da Companhia de Jesus.

Os Mannheim logo se afeiçoaram ao padre Bishop e repassaram o que estivera acontecendo com eles e com o seu filho desde o dia 15 de janeiro.

Bishop os questionou com delicadeza, procurando inconsistências na história, juntando detalhes e fazendo anotações. *Onde Robbie estava quando a fruta saiu voando pela cozinha? Sobre aquele incidente com a cadeira: você mesmo se sentou nela, sr. Mannheim? E você diz, sra. Mannheim, que listou quatorze testemunhas? E o que exatamente cada uma delas viu?* O padre estava tentando manter a entrevista longe de emoções e da religião. Era um exercício de lógica e raciocínio, uma procura por fatos.

Os Mannheim lhe contaram sobre o tabuleiro Ouija, a sessão espírita à mesa da cozinha, a morte da tia Harriet. Contaram que tinham conversado com um psiquiatra em Saint Louis, mas, assim como o psiquiatra em Maryland, ele não fora de grande ajuda. É curioso notar como os pais ficaram reticentes em conversar sobre a experiência com o padre Hughes. Por alguma razão conhecida apenas por eles, contaram a Bishop que Hughes não conhecera Robbie pessoalmente. Também disseram que sabiam que o padre tomara providências para a realização de um exorcismo, mas que não o fizera. Talvez não quisessem contar a Bishop sobre o ataque a Hughes no Georgetown Hospital. Qualquer que tenha sido a razão, Bishop não soube nada a respeito do exorcismo abortado no hospital.

O padre Bishop em seguida conversou com Robbie e o considerou igual a muitos calouros aos quais, como escolástico, ele ensinara na Saint Louis University High School: quieto, não muito atlético, entediado por livros, mas pronto para aprender. Não era o tipo de garoto que dava trabalho aos pais. Ainda assim, os Mannheim tinham lhe contado que Robbie se tornara indisciplinado, ameaçara fugir de casa e parecia estar à beira da violência. Era como se algo estivesse tentando dominá-lo, disseram a Bishop. Eles tinham um conhecimento limitado sobre o fenômeno chamado possessão, mas o que contaram alarmou o padre. Ele ficou muito perturbado pelo que estava ouvindo, mas tentou não demonstrar.

Bishop foi de cômodo em cômodo, abençoando cada um ao murmurar em voz baixa orações em latim e fazendo o sinal da cruz com a mão direita erguida. Ele levara consigo água benta abençoada em nome de Santo Inácio, que dizem ter realizado um exorcismo. Bishop aspergia água benta conforme dava as bênçãos. No quarto em que Robbie dormia, Bishop deu uma bênção que mais tarde chamou de "uma bênção especial", repetindo-a sobre a cama do menino.

A "bênção sacerdotal" que Reinert tinha aconselhado era um exorcismo de nível inferior contra o que os teólogos chamam de infestação, a forma mais moderada de atividade demoníaca. Os fenômenos que os Mannheim relataram a Bishop — arranhões na parede e no chão, barulhos, objetos voadores — podem ter indicado que demônios espreitavam os locais ao redor de Robbie. Tal forma de presença diabólica, de acordo com a crença antiga, podia ser enfrentada com uma forma moderada de exorcismo: o exorcismo de lugar.

Bishop, seguindo essa antiga tradição cristã, estava tentando livrar aquele ambiente de forças malignas. "Locais — igrejas, casas, cidades, zonais rurais — podem estar sob tensão e influenciados por uma variedade de causas, e com frequência por mais de uma delas de cada vez", explica um tratado católico sobre exorcismos. Segundo esse mesmo tratado, um lugar pode estar infestado por fantasmas, por mágicos mexendo com o oculto, por repetidas atividades pecaminosas (tais como em antigas áreas de rituais de fertilidade), por "memórias locais" de pecados ou violência e por poltergeists. Essas causas não são necessariamente demoníacas e não estão sujeitas a um exorcismo. Porém, caso uma interferência demoníaca esteja envolvida, "é prudente, em geral, conduzir um exorcismo".

Em 1599, o jesuíta Martin Del Rio registrou descrições de dezoito tipos de demônios ou aparições demoníacas. O décimo sexto tipo incluía "espectros que em certas horas e determinados lugares ou lares têm o hábito de causar inúmeras comoções e perturbações", espíritos que podem perturbar o sono do adormecido "com panelas que se chocam e pedras arremessadas e, após arrancar o colchão, o jogar para fora da cama". Essa descrição, tão típica do comportamento de um poltergeist, também inclui o tipo de perturbação suportada por uma vítima aparente durante o estágio de infestação da possessão.

Bishop teria sabido então que já não parecia importar em que lugar Robbie estava; ele era afligido onde quer que se encontrasse. Havia grandes chances de que "o caso", como o padre o chamou depois, já tivesse progredido da infestação para o estágio seguinte, a obsessão. Nesse estágio, de acordo com uma definição teológica publicada em 1906, "o demônio nunca faz com que ele [o possuído] perca a consciência, mas, não obstante, o atormenta de tal maneira que suas ações [as do demônio] se tornam manifestas".

Os arranhões e as batidas na casa de Robbie, em Maryland, teriam sido sinais do estágio de infestação. Os arranhões no corpo do garoto, que Bishop ainda não tinha visto com os próprios olhos, indicavam obsessão. O que ainda não surgira eram indicações do terceiro estágio: a possessão em si, definida na mesma fonte de 1906 como o estado manifestado quando um demônio faz com que a vítima "perca a consciência e, então, parece fazer o papel da alma no seu corpo: ele usa, pelo menos em aparência, os olhos para ver, os ouvidos para escutar, a boca para falar [...] É ele [o possuído] quem sofre, como se afligido por uma queimadura, caso a pele seja tocada com um objeto que foi abençoado".

Bishop levara também uma relíquia, que ele prendeu, com um alfinete, na ponta de um travesseiro na cama de Robbie. A bolsinha de pano continha um pedacinho de material, encerrado em um pequeno estojo de vidro. O fragmento, muito velho e infinitesimal para ser identificado de imediato, era uma relíquia de segunda classe de Santa Margarida Maria. Uma relíquia de segunda classe é uma sobra de algo supostamente tocado por um santo — uma tira de tecido, uma lasca de madeira. Uma relíquia de primeira classe vem do corpo do santo; costuma ser uma lasca de osso ou uma mecha de cabelo.

Os jesuítas tinham uma devoção especial à Santa Margarida Maria Alacoque, uma freira francesa do século XVII, porque seu conselheiro espiritual foi um jesuíta. Ele a encorajou quando, contra a oposição inicial dentro da Igreja, ela deu início ao que se tornou um culto universal devotado ao Sagrado Coração de Jesus. Ao prender a relíquia da santa no travesseiro do garoto, o padre estava invocando a intervenção de uma mulher que afirmara ter vivenciado um momento de união mística com Cristo. Ela disse que o Messias aparecera diante dela, colocara o coração dela dentro do seu e "me fez ver que o meu era como um minúsculo átomo que foi consumido naquela fornalha ardente. Então ele o retirou como uma chama ardente no formato de um coração e o devolveu ao local de onde o tirara". Imigrantes católicos levaram a prática de reverenciar o Sagrado Coração para os Estados Unidos — uma devoção focada em uma imagem encontrada em incontáveis igrejas e lares católicos norte-americanos: Jesus olhando de uma pintura ou litografia e revelando seu coração sangrando e chamejante, circundado por uma coroa de espinhos. Sem dúvida, Bishop crescera vendo aquela imagem na própria casa.

Quando chegou a hora de Robbie ir para a cama, o garoto subiu para o segundo andar. Alguns minutos depois, Bishop foi até o quarto dele e lhe desejou boa noite. Bishop, então, voltou para o primeiro andar para trocar mais algumas palavras com os pais e tios do menino antes de ser levado de volta à...

De repente, todos ouviram algo. Pararam de conversar e prestaram atenção. Os barulhos — batidas, pancadas — vinham do segundo andar. Então, Robbie gritou e todos correram para a escada.

THOMAS B. ALLEN

EXORCISMO

Capítulo 6

NOITES ETERNAS

À porta do quarto de Robbie, os outros abriram caminho para o padre Bishop. Ele viu o colchão do garoto se movendo para a frente e para trás. "O menino estava deitado perfeitamente imóvel", relatou Bishop depois, "e não fazia esforço físico algum. O movimento em cada direção não excedia sete centímetros, a ação era intermitente e parou por completo depois de um período de aproximadamente quinze minutos."

Bishop pegou a garrafinha de água benta abençoada em nome de Santo Inácio e a aspergiu na cama com o sinal da cruz. "O movimento cessou de modo abrupto, mas recomeçou quando o padre saiu do quarto", escreveu o sacerdote em seu estilo imperturbável e em terceira pessoa.

Robbie berrou — "uma dor aguda pareceu atingir R. na barriga", como o padre descreveu. A sra. Mannheim correu até a cama e puxou as cobertas. Levantou a blusa do pijama o bastante "para revelar arranhões em zigue-zague em linhas vermelhas e grossas no abdômen do menino". Bishop anotou de modo exato que "ao longo de quinze minutos, o garoto não ficou fora da vista dos seis espectadores" — a saber, o próprio padre, os pais de Robbie, o tio e a tia e, provavelmente, a prima Elizabeth.

O colchão logo parou de tremer e todos deixaram o quarto. Robbie parecia estar prestes a pegar no sono. Eram 23h15.

No dia seguinte, quinta-feira, 10 de março, o padre Bishop começou a conversar com um amigo íntimo, o padre William S. Bowdern, S.J. Os gritos de Robbie ecoavam na mente de Bishop enquanto ele relatava o que vira e ouvira. Bowdern, tragando o inevitável cigarro Camel, ouvia com atenção. Aquela não era uma simples discussão jesuíta sobre os detalhes da teologia agostiniana. Tratava-se de um menino, um garoto de 13 anos, com algum tipo de problema espiritual, e Bowdern se interessou de imediato. Ele passava muito mais tempo lidando com pessoas problemáticas do que com teologia.

Diferente da grande maioria dos jesuítas na comunidade, Bowdern não lecionava. Era pastor da Saint Francis Xavier Church, nomeada em homenagem a um jesuíta do século XVI — São Francisco Xavier — que foi um dos seis homens da Companhia de Jesus original de Inácio. A Saint Francis Xavier Church era mais conhecida como Xavier ou College Church. Embora tenha sido construída e administrada para servir essencialmente aos alunos e ao corpo docente da universidade, Xavier também era uma igreja paroquial que servia à grande comunidade católica ao redor da universidade. A igreja em si, projetada no mesmo estilo de uma catedral na Irlanda, foi construída com calcário local e tinha detalhes em calcário de Indiana. Ela tem um ar gótico poderoso e imponente, com uma enorme nave sustentada por pilares e uma alta abóbada em leque. Críticos arquitetônicos a consideram um belo exemplo do Renascimento do Gótico Inglês do século XIX.

Como pastor, Bowdern respondia ao reitor da universidade e ao arcebispo Ritter, que, como Ordinário da arquidiocese, era o superior de todos os padres em sua jurisdição. Porém, na verdade, Bowdern tinha bastante autonomia. Apesar de ser um membro da comunidade jesuíta, ele não fazia parte do corpo docente da universidade e pertencia mais aos seus paroquianos do que à comunidade jesuíta. Dizia-se que ele não perdera uma única vigília em Saint Louis nos últimos dez anos.

Enquanto os jesuítas da comunidade viviam em uma casa comunal e faziam as refeições à mesa do refeitório, Bowdern vivia, como qualquer pastor, em um presbitério, uma pequena casa de madeira aninhada entre a igreja e uma residência jesuíta chamada Verhagen Hall.

Bowdern era o administrador de uma igreja movimentada, com uma agenda cheia de batismos, casamentos, visitas a doentes, funerais e vigílias. Ele estava sempre acessível para qualquer um que batesse à porta do presbitério e nunca parecia se cansar de ouvir as pessoas que o procuravam com seus medos e delitos. Um ou dois novos padres jesuítas eram enviados para ele como pastores assistentes a cada poucos meses. Eles eram jovens, tinham acabado de ser ordenados e estavam a caminho da terceira provação, que durava um ano, uma pausa nos serviços espirituais antes de receberem suas primeiras grandes tarefas acadêmicas ou escolásticas.

Bowdern, com 52 anos e natural de Saint Louis, tinha se juntado à Companhia de Jesus aos 17 anos, após completar o ensino médio na Saint Louis University Academy (mais tarde chamada de Saint Louis University High School). Ele era baixo, robusto, com cabelo preto e queixo quadrado, com uma reputação por tomar ações frias e decisivas. Fumava cigarros Camel sem parar.

Depois de sua ordenação, foi nomeado diretor do ensino médio na Saint Mary's College, no Kansas, onde lecionara durante seus anos como escolástico. Depois, foi transferido para a Saint Louis University High School, e se tornou diretor da instituição. Posteriormente, foi nomeado reitor da Campion Jesuit High em Prairie du Chien, Wisconsin. Em 1942, embarcou em uma viagem de quatro anos como capelão do exército norte-americano, servindo tanto em campos europeus quanto nos teatros de guerra China-Birmânia-Índia. Logo depois de deixar o exército, em 1946, tornou-se pastor da College Church.

Bowdern era um jesuíta professo, uma distinção que não é compreendida de imediato por alguém de fora da Companhia. O processo começa perto do final do período de treinamento filosófico, quando os escolásticos jesuítas recebem uma prova oral fatigante e abrangente em latim. Aqueles que tiram nota maior do que seis de dez são colocados no que era conhecido como curso extenso. Os outros vão para o curso breve.

Apesar de os dois grupos de escolásticos estudarem durante o mesmo período de tempo, o "breve" e "extenso" indicam a intensidade e a profundidade do rumo de estudo que cada um recebeu. Um jesuíta que passa com sucesso pela primeira prova oral e depois por uma em teologia é um professo, desde que seu caráter moral também seja considerado distinto o suficiente. Ele faz um quarto voto: obediência ao papa. Em diversos momentos ao longo de sua história, os jesuítas tiveram problemas com o Vaticano, e esse quarto voto é um gesto que salienta a aceitação da autoridade papal por parte deles.

Jesuítas professos são qualificados para os postos de autoridade, tais como o padre provincial (o líder de uma província) ou o presidente de uma universidade. Em geral, apenas os jesuítas professos podem ensinar filosofia e teologia. Os jesuítas que não são professos são conhecidos como "coadjutores espirituais". Durante os exercícios diários, os membros da Companhia de Jesus não distinguem uns aos outros como professos ou coadjutores. No entanto, a denominação está nos registros dos membros e tem um impacto nas suas carreiras. Como um jesuíta explicou, "em vez de ser o veículo da Companhia que o aceita, você jura obedecer ao papa e nunca fazer nada que deprecie a Companhia. Você aceita a Companhia".

Portanto, Bowdern, como jesuíta professo, estava acima de seu amigo Bishop, que não era professo. Todavia, como um pároco, ele seguiria uma carreira diferente. Para muitos jovens jesuítas da comunidade, Bowdern era mais um mentor do que um colega. Embora Bishop e Bowdern tivessem forjado uma amizade na comunidade jesuíta de Saint Louis, o relacionamento deles naquele dia de março era complexo. Bishop queria (e conseguiu) um conselho de amigo por parte de Bowdern. Também conseguiu um conselho de um homem que, como um jesuíta certa vez o descreveu, era "completamente destemido".

Bishop não registrou sua conversa com Bowdern, e é arriscado especular sobre o que discutiram. Jesuítas, com seu ponto de vista de Nossa da Companhia, não são compreendidos ou analisados com facilidade por alguém de fora. Contudo, é sensato presumir que Bishop via a si mesmo como um professor que fora atraído para algo que estava além de sua experiência ou seu conhecimento. Faria sentido entregar "o caso", como ele o chamava, para alguém que teria mais competência para lidar com o problema — Bowdern, o pastor; Bowdern, o capelão do exército. Dadas as complexidades que os jesuítas conseguem tecer ao redor de questões morais, pode ter havido outra razão: Bishop considerava o amigo um homem santo. Para os jesuítas, havia uma distinção significativa entre piedoso e santo. Piedade pode ser vista ou fingida, mas a santidade vem de dentro, da alma e, se preciso for, é impetuosa.

Um jesuíta que conhecia ambos os sacerdotes acreditava que, dos dois, Bishop era o mais piedoso — uma palavra evitada pela maioria dos jesuítas, que são notoriamente inflexíveis a respeito de sua religião. Os jesuítas defendem sua fé com rigor, fiando-se mais na razão do que na revelação. Bishop, com sua relíquia de segunda classe e água benta de Santo Inácio, parece ter agido de forma piedosa — se a piedade for uma superabundância da fé. Isso cheirava a credulidade, o que era uma ofensa intelectual para um jesuíta.

Um jesuíta menos piedoso teria feito perguntas aprofundadas, investigado o histórico da família e provavelmente hesitaria antes de cruzar tão depressa o limiar da razão e entrar no reino do mistério. E, ainda assim, Bishop testemunhara algo que parecia estar além da razão. Mais tarde, ele escreveria que vira o colchão tremer e os arranhões em zigue-zague aparecerem no corpo de Robbie. O padre logo começou a fazer perguntas e investigar o histórico do caso. Porém, seu instinto inicial fora reagir com piedade e, dessa forma, acabara atravessando o limiar.

Depois do primeiro acesso ao mundo de Robbie, Bishop pode ter sentido a necessidade de não depender apenas do seu senso de piedade. Ele pode ter desejado uma testemunha em que podia confiar, uma testemunha sacerdotal. E seu amigo Bowdern — um padre dedicado e experiente que vira a face da guerra, um jesuíta que outros jesuítas chamavam de homem santo — era um bom candidato para tal.

No momento em que os dois padres terminaram a conversa na noite daquela quinta-feira, Robbie já estava na cama, após um dia calmo. Pouco depois, o colchão começou a tremer outra vez. Ruídos de arranhões encheram o quarto e começaram a bater em um ritmo como o de pés dando passos fortes. Era como se algo estivesse marchando na direção do menino. O alfinete no travesseiro abriu sozinho e a relíquia despencou no chão, como se tivesse sido jogada.

Na sexta-feira, Elizabeth contou a Bishop o que aconteceu na noite anterior. O padre disse que voltaria à casa dela naquela noite com o padre Bowdern. Ela providenciou que seu pai fosse buscar Bishop e Bowdern, que não dirigia, na College Church por volta das 22 horas.

Bowdern se aproximava do final de uma novena exaustiva, nove dias de devoções especiais na College Church. Diariamente, havia serviços de orações ao meio-dia, à tarde, na hora do jantar e às 21 horas. Bowdern oficializava, fazendo uma homilia em cada serviço. Ele não era um grande pregador, com a tendência de repetir palavras para enfatizá-las. No entanto, suas homilias, tiradas do cotidiano, eram sempre bem recebidas. A missa principal, completa com um coral, era às 21 horas da sexta-feira. A igreja estava lotada para o final da novena em homenagem ao santo patrono da igreja, Francisco Xavier.

Bowdern era um homem devoto, e seus três anos como pastor na College Church o deixaram consciente do valor das relíquias, da água benta, das velas votivas e de outros atavios da fé. Essas coisas não eram o assunto de discussões teológicas fundamentadas sobre o bem e o mal — eram legados dos dias medievais da Igreja. Bowdern, contudo, sabia que as relíquias e a água benta costumavam confortar e transmitir calma e até mesmo cura. Portanto, quando foi para a casa onde Robbie estava, levou consigo duas relíquias. Uma era uma relíquia de primeira classe de São Francisco Xavier, um símbolo pertencente ao tipo de catolicismo tradicional que deixava desconcertados os jesuítas que queriam que sua religião se tornasse mais atrativa para católicos modernos.

Xavier, um missionário na Índia e no Japão, morreu em 1552 em uma ilha desolada na costa de Cantão (Guangzhou), na China, e foi enterrado lá. Dois meses depois, sua sepultura e seu caixão foram abertos. Relatos da época dizem que o cadáver não tinha apodrecido, uma declaração conhecida sobre possíveis candidatos à santidade. Ele foi levado para Goa, a capital do enclave português na Índia, e consagrado em uma igreja. O superior geral jesuíta mandou que o braço direito do corpo fosse decepado na altura do cotovelo e levado a Roma, onde foi colocado no altar de uma igreja.

O que o padre Bowdern levou à casa em que Robbie estava era um pedaço do osso do braço direito de Xavier. A relíquia repousava em um forro de veludo, atrás de um vidro, em um relicário de ouro que se parecia com um pequeno ostensório. Bowdern também levou um crucifixo que fora entalhado para alojar duas relíquias de primeira classe. Uma era de São Pedro Canísio, um teólogo jesuíta do século XVI que fundou meia dúzia de faculdades e era um escritor e pregador zeloso da Contrarreforma. A outra relíquia era de um grupo de santos conhecido como Mártires Norte-Americanos, seis jesuítas e dois assistentes leigos assassinados por índios na área de colonização francesa na América do Norte durante o século XVII.

Quando os dois padres foram levados para dentro da casa, já se passava das 22 horas. Bishop apresentou Bowdern, que disse aos pais de Robbie que também iria dar a bênção sacerdotal. Como Bishop, Bowdern pôde recorrer a anos de experiência lidando com garotos da idade de Robbie. Ele conversou com o menino, delicadamente sondando o que estivera acontecendo. Então Robbie foi para o andar de cima para se preparar para dormir. O garoto estava alojado no quarto do primo Marty, que agora dormia em outro cômodo. Os pais de Robbie lhe desejaram uma boa noite por volta das 23 horas. Poucos minutos depois, ele gritou pedindo ajuda.

Os padres, os pais de Robbie, Elizabeth e os pais dela dispararam escada acima e entraram no quarto do menino. Ele estava sentado, o rosto pálido. Em outras noites, quando algo acontecia, Robbie era encontrado passivo e aparentemente desligado do que acontecia ao seu redor. Naquela noite, ele se parecia com uma criança assustada.

Robbie disse que sentira algum tipo de força no quarto. O alfinete na relíquia de Santa Margarida Maria tinha se aberto e a relíquia se erguera acima do travesseiro, flutuara pelo quarto e atingira um espelho. "Soou como o impacto de uma pedra", disse ele. O espelho, porém, não se quebrou.

O garoto levantou o braço esquerdo. Havia dois arranhões na forma de uma cruz na parte externa do antebraço. O padre Bishop se aproximou para examinar os machucados e perguntou se doíam. "A dor", escreveu ele depois, "era parecida com uma causada por esfolamento feito por espinhos. A cruz permaneceu clara durante aproximadamente 45 minutos."

O padre Bowdern, interiormente abalado pelo que vira, leu com calma a oração da novena de São Francisco Xavier e abençoou Robbie ao mover o relicário de Xavier acima da cabeça do menino fazendo o sinal da cruz. Apenas os sacerdotes se deram conta de que um fragmento do osso do antebraço de um santo estava sendo usado para abençoar um garoto que acabara de manifestar uma cruz sangrenta no próprio antebraço.

Bowdern prendeu o relicário em forma de crucifixo embaixo do travesseiro de Robbie com um alfinete, ao lado da relíquia de Santa Margarida Maria. Dessa vez, não houve estremecimento do colchão, arranhões ou pés marchando.

Todos voltaram a desejar uma boa noite a Robbie e foram para o andar de baixo, onde Bishop começou a reunir fatos. Ele decidiu contar com o que fora treinado para fazer: pensamento racional e julgamento. Começou a criar um dossiê sobre o garoto e sua família. Intitulado Estudo de Caso, ele começa com o nome de Robbie, seu endereço, sua data de nascimento e sua religião. E continua:

Avó materna — católica praticante até os 14 anos de idade.
Avô paterno — católico batizado, mas não praticante.
Pai — católico batizado, mas sem instrução ou prática.
Mãe — luterana batizada.

No andar de cima, tudo estava calmo. No pavimento inferior, Bishop coletava essas informações, junto com relatos dos eventos que remontavam a janeiro. Bowdern fazia uma pergunta aqui e ali, mas deixou a maior parte das questões a cargo de Bishop. Os padres estavam prestes a ir embora quando, lá em cima, veio o som alto de um estrondo.

Mais uma vez, todos correram para o quarto de Robbie. O menino disse que estivera cochilando quando a garrafa de água benta deixada pelo padre Bishop na quarta-feira saiu voando de uma mesa, a aproximadamente sessenta centímetros da cama de Robbie, e aterrissou a 1,80 metro dela, em um canto do quarto. Embora tenha atingido o chão com força, ela não se quebrou.

Bowdern, sem dizer nada, tirou seu rosário do bolso e o colocou em volta do pescoço de Robbie. Ele se postou de um lado da cama e gesticulou para que Bishop fosse para o outro. Juntos, começaram a recitar o rosário. Robbie, como luterano, teria reconhecido uma das orações. "Pai nosso, que estais no céu...", o padre começou. Mas terminaram a oração com "livrai-nos do mal" e não acrescentaram a frase "pois Teu é o poder" usada pelos protestantes. O menino não notou — na verdade, quase ninguém jamais notou — que a frase "livrai-nos do mal" do Pai-Nosso é uma forma moderada de exorcismo.

Depois, "Ave Maria, cheia de graça [...] bendito é o fruto do vosso ventre, Jesus [...] rogai por nós pecadores..." Para Robbie, aquelas eram palavras estranhas vindas de desconhecidos de ternos pretos e colarinhos brancos. E essas palavras foram repetidas inúmeras vezes enquanto os dedos do padre Bishop se moviam ao longo das contas pretas, como aquelas em volta do pescoço do menino. Ele olhou para baixo e as tocou... Robbie se acalmou conforme as orações eram feitas, até o décimo Pai-Nosso e a quinquagésima Ave-Maria marcarem o fim do rosário. Então Bowdern, em uma homilia espontânea, contou ao garoto sobre três crianças da idade dele que viram algo que outras pessoas não tinham visto.

A história de Bowdern era sobre Nossa Senhora de Fátima, uma visão que apareceu para três crianças que cuidavam de ovelhas perto de Fátima, em Portugal, em 1917. Bowdern contou a Robbie que aquela linda mulher da visão era a mãe de Jesus — a Maria nas orações de Ave-Maria que os padres tinham acabado de rezar. Ela se chamou de Nossa Senhora do Rosário e disse às crianças para rezarem o rosário, o que os padres tinham acabado de fazer. Bowdern falou um pouco sobre Nossa Senhora de Fátima. As orações feitas a ela, de acordo com o padre, chegavam até Jesus, e Ele as respondia.

Suas palavras acalmaram o garoto, que, sonolento, falou: "Boa noite". Cada padre abençoou Robbie mais uma vez, e então, por volta da meia-noite e meia, os padres foram levados de volta ao campus. A longa noite finalmente chegara ao fim.

No entanto, aproximadamente cinco minutos depois de o pai de Elizabeth sair com os padres, as pessoas exaustas no andar de baixo — Elizabeth, a mãe dela e o pai e a mãe de Robbie — ouviram o barulho de algo pesado sendo arrastado no quarto do menino. Eles se forçaram a subir a escada mais uma vez e se viraram na direção do quarto. Encontraram a entrada para o cômodo bloqueada por uma pesada estante de livros, cuja parte de trás estava virada para a porta. A estante estivera do outro lado da cama. Phyllis Mannheim espiou dentro do quarto. Seu filho estava deitado, outra vez parecendo confuso e amedrontado. Um banquinho que estivera na frente da penteadeira estava agora perto do pé da cama.

Phyllis abriu caminho para entrar no cômodo e se deitou com o filho, confortando-o. A tia de Robbie e Elizabeth conseguiram mover a estante para seu lugar original, ao lado da cama. Colocaram o banquinho de volta na frente da penteadeira. Então todos, exceto Phyllis, saíram. Ela permaneceu na cama com o menino.

Segundo a mãe, eles ainda tentavam dormir quando sentiram uma força entrar no quarto. O banquinho perto da penteadeira tombou. Robbie sentiu algo se agitar embaixo do travesseiro, depois percebeu que o crucifixo contendo as relíquias estava se movendo devagar ao longo do seu corpo até o pé da cama. Ele estendeu o braço para a relíquia de Santa Margarida Maria. O alfinete estava lá, mas a relíquia sumira. Robbie ficou calado, assim como a mãe. Eles esperaram, sabendo antes mesmo de acontecer o que ouviriam e sentiriam em seguida.

Então os arranhões e os estremecimentos do colchão voltaram — suaves a princípio, para depois aumentarem em violência. Os arranhões, cada vez mais altos, em tons mais e mais agudos, os engolfaram. O colchão chacoalhava com violência, se movendo em um ritmo insano e frenético.

Por alguma razão, naquele instante Phyllis Mannheim pensou na tia Harriet.

Ela saiu da cama, levando o filho consigo. O quarto, aos seus olhos e ouvidos, ainda era uma balbúrdia de arranhões e pancadas. Os outros, no andar térreo, ouviram os sons, mas dessa vez não subiram. Eles aguardaram, escutando a porta se abrir e fechar. Depois, escutaram Phyllis e Robbie na escada.

Nunca tinham visto Phyllis daquele jeito. Ela estava tão abalada que parecia à beira da histeria. A mulher falava em palavras ofegantes, sem conseguir completar as frases. O que ela disse e fez em seguida não foi documentado. O registro sobre os eventos subsequentes daquela noite longa e aterrorizante é vago. "As cinco pessoas na casa", diz o diário do padre Bishop, "decidiram então fazer perguntas ao espírito."

Phyllis Mannheim os estava guiando de volta ao começo, às tentativas em contatar Harriet através de batidas, de acordo com seu sentimento de que, de alguma maneira, era ela, e não um demônio desconhecido, que estava *fazendo isso conosco*.

Phyllis os reuniu — aqueles católicos da família do marido — e lhes disse: *Harriet é a causa disso. Temos que entrar em contato com ela. É sobre o dinheiro.*

A mãe de Robbie relembrou os últimos dias de Harriet. Todos conheciam aquela história. Harriet estivera no limiar entre a vida e a morte por algum tempo. Na noite do dia 25 de janeiro, ela disse aos membros da sua família — o marido John, os filhos Danny e Mark e a filha Alice — para irem para suas camas e deixá-la morrer enquanto todos dormiam. Harriet faleceu em alguma momento entre as 2 horas e 2h30 da madrugada do dia 26 de janeiro.

Não estão vendo? O colchão, os arranhões. Ouçam. Eles ouviram. O barulho no andar de cima tinha parado. *Não estão vendo? Olhem a hora. Pouco antes das 3 horas.* Phyllis tentou fazer com que compreendessem por que ela estava pensando na tia Harriet. *Ela sabia quando ia morrer. E voltou para nos contar alguma coisa e está tentando nos contatar na mesma hora em que morreu.*

Eles começaram a fazer perguntas, com Phyllis conduzindo a sessão espírita improvisada. A sessão anterior se dera no dia 7 de março em volta da mesa da cozinha na casa do ramo luterano da família. Já essa sessão, liderada por Phyllis, por incrível que pareça, foi feita no quarto, cercada pelos arranhões e pelo colchão saltitante.

Elizabeth e seus pais ficaram de fora, pois, como católicos, acreditavam que suas almas estariam em perigo perante qualquer tentativa de invocar os espíritos dos mortos. Apesar de Robbie ser o núcleo ou alvo óbvio do turbilhão no quarto, ele não participou do interrogatório da tia Harriet. Phyllis Mannheim parece ter protegido o filho por instinto enquanto ia atrás de Harriet.

O único relato sobre a cena vem do diário do padre Bishop. Os detalhes foram dados a ele em fragmentos enquanto entrevistava cada um dos adultos, tentando manter o foco em Robbie e no que acontecia ao menino. Aqui, como em qualquer outro lugar do diário, Bishop se desliga como indivíduo, anotando apenas o que viu e ouviu ou o que as testemunhas com as quais conversou viram e ouviram. Ele tinha apenas uma missão: salvar Robbie do que quer que estivesse perseguindo-o.

O relato do padre de como essa longa noite termina é frustrante, pois levanta questões cujas respostas já não estão mais disponíveis. Ninguém ligado àquela noite falou sobre o incidente a respeito do dinheiro de Harriet. E, na sua diligência em obter fatos sobre Robbie, Bishop não deu segmento a esse evento fascinante, ainda que secundário.

"As cinco pessoas na casa decidiram então fazer perguntas ao espírito", Bishop escreveu. Imagine aquele grupo reunido no quarto. De um lado da cama, onde um rosário fora rezado poucas horas antes, estava o irmão de Karl Mannheim, George, casado com Catherine, uma católica. Ao lado deles se encontrava Elizabeth, uma universitária, abatida e desnorteada pelo que seu lar tinha se tornado, pelo papel que desempenhara ao levar um padre àquele local. Lá estava ela no quarto do seu irmão Marty, vendo o colchão chacoalhar, ouvindo os arranhões que tinham recomeçado. Marty fora arrastado para aquele... aquele... o que quer que fosse... na primeira noite. Agora ele estava em outro quarto, dormindo tranquilo, ela esperava. Elizabeth ainda assimilava tudo aquilo. Em poucas horas, ela estaria procurando o padre Bishop para lhe contar o que acontecera depois de o próprio Bishop e o padre Bowdern terem ido embora.

Do outro lado da cama, estavam Phyllis e Karl Mannheim, parte da ramificação luterana da família. Eles tinham conhecido Harriet, a espiritualista que acreditava no tabuleiro Ouija. Agora, ao lado do colchão que tremia, iriam apelar para ela de novo.

As perguntas feitas em meio à tempestade no quarto tinham como foco o dinheiro que a tia Harriet escondera em uma caixa de metal pouco antes de morrer. O relato de Bishop não dá nome aos indagadores. Entretanto, parece muito provável que as perguntas foram feitas por Phyllis e Karl Mannheim, tentando contatar a irmã morta.

As questões para tia Harriet, tal como *Onde está o dinheiro?*, foram feitas aos gritos. Em resposta, a cama tremia e pulava. Alguém gritava "Harriet, pare!". Os tremores paravam por alguns instantes, "como se [Harriet] estivesse esperando uma pergunta". Então a indagação era repetida ou elaborada — *Está nesta casa?* — e a cama tremia. Assim, alguém, mais provavelmente Phyllis, interpretava os tremores — *Ela diz que não*. A cama parava de tremer se Harriet concordava com a interpretação ou continuava a tremer se discordava.

Phyllis acreditou que, através desse diálogo bizarro, ela e Karl conseguiram descobrir que a tia Harriet escondera um mapa no sótão da sua casa e que apenas Karl conseguiria encontrá-lo. Esse mapa os levaria até a caixa de metal que continha o dinheiro, que, por sua vez, estava destinado à filha de Harriet, Alice.

Será que Karl deu uma escapulida, encontrou o mapa e depois o dinheiro? Apenas a família sabe e ninguém naquela época (ou agora) quis falar sobre a herança secreta da tia Harriet. Registros no Tribunal de Justiça indicam que ela não deixou um testamento. Dessa forma, não existe nenhum registro público para mostrar sequer se ela tinha algum patrimônio a deixar.

Para Robbie e seu caso, a questão da caixa de metal de Harriet (e se ela foi ou não encontrada) é importante apenas porque mostra que a tia continuava envolvida na vida dele após a morte. Para Robbie e seus pais, ela se tornou uma lembrança insistente e talvez malévola, que, de algum modo, se manifestava como uma presença que batia e arranhava. A mente sensata quer enxergar as batidas e os arranhões como alucinações. No entanto, para Robbie e sua família, o que eles viam e ouviam era real. Eles acreditavam em seus sentidos, embora não entendessem por que vivenciavam aquela situação. Será que a tia Harriet estava causando aquilo? Será que ela era um espírito inquieto vindo do além? Isso a transformava em uma manifestação do mal? Será que alguma coisa aconteceu entre ela e Robbie, algum segredo tão sombrio que agora o assombrava?

Mais tarde naquele sábado, Elizabeth contou a Bishop o que tinha acontecido depois de ele e Bowdern terem ido embora. As perguntas estavam incomodando a ela e ao restante da família. A universitária tinha certeza de que algo perseguia Robbie, onde quer que ele fosse. Começara em Maryland e agora parecia piorar a cada noite. Bowdern, com o fim da novena, podia dedicar mais tempo ao mistério que Bishop lhe trouxera.

Os dois homens sabiam que a possessão demoníaca era uma possibilidade que tinham que encarar. O relatório de Bishop faz com que pareça possível que, naquele estágio, eles sabiam pouco — se é que sabiam de algo — sobre o exorcismo abortado feito pelo padre Hughes em fevereiro. Para eles, o caso era novo. Começaram a examiná-lo com rigor. Se iriam pedir permissão ao arcebispo Ritter para realizar um exorcismo, precisavam de mais coisas além de relatos sobre relíquias que voavam e estantes que se moviam.

Concordaram que Robbie poderia ter causado todos os incidentes que tinham acontecido até então em Saint Louis, incluindo a movimentação da estante — que eles estimavam pesar por volta de 22 quilos

— pelo chão de madeira encerada. Também acreditavam que precisavam tratar os relatos dos pais sobre as ocorrências em Maryland como boatos. A lista de quatorze testemunhas de Phyllis Mannheim era interessante, mas os sacerdotes também tinham que considerá-la um boato.

O próprio Robbie era um enigma. Bowdern e Bishop o compararam com os adolescentes que tinham ensinado. Ele era um menino comum de muitas maneiras: não era muito estudioso, preferia quadrinhos a romances clássicos. Um pouco mimado, talvez, como era de se esperar de um filho único. Um bom garoto, obediente, que respeitava os pais e os mais velhos. Porém, ele era tão calmo e tão desligado. Parecia ao mesmo tempo consciente e abstraído do que estava acontecendo ao seu redor. Considerando o que passara desde janeiro, poderia estar mentalmente doente. Ou, se não estava enfermo, estava à beira de um colapso causado pelas noites de sono interrompido.

Assim como o padre Hughes se voltara para *O Ritual Romano* em fevereiro, Bowdern e Bishop faziam o mesmo agora. A seção sobre exorcismo tinha 21 regras e observações sobre possessão e exorcismo. Uma regra insistia em um estudo de casos de possessão e alertava que um possível exorcista "não deve acreditar prontamente que uma pessoa esteja possuída por um espírito maligno", pois a vítima pode estar sofrendo de uma doença mental. Como Hughes, eles procuraram sinais de possessão demoníaca. Eles não tinham ouvido o garoto falar em línguas, ou o visto prever o futuro e eventos secretos, ou demonstrar poderes extraordinários.

O que temos?, os jesuítas se perguntaram. *Talvez não o suficiente.* Havia um tipo de "demonstração de poderes" — o movimento aparentemente aleatório de tudo, desde frutas e cadeiras a relíquias e crucifixos. No entanto, isso pode não ter sido nada além da exibição consciente ou inconsciente das travessuras de um garoto. Esse tipo de fenômeno era o comportamento típico de um poltergeist, inevitavelmente centrado ao redor de um adolescente. *Perturbador? Sim. Enigmático? Com certeza. Mas demoníaco?*

Talvez. Os dois jesuítas, Bowdern em especial, fizeram um estudo extremamente rápido sobre possessão. "Billy Bowdern mergulhou de cabeça nos livros", um jesuíta relembra. Ele fez buscas em trabalhos teológicos na biblioteca da universidade, traçando a evolução do dogma da Igreja sobre o mal, o diabo, o exorcismo e a possessão. Bowdern teria encontrado os espectros do jesuíta Del Rio, que "têm o hábito de causar inúmeras comoções e perturbações". *Interessante.* Del Rio, sem notar, fundia a tradição folclórica do poltergeist com a possessão demoníaca. Tais modelos históricos de demônios mal definidos fortaleceram a opinião de Bishop e Bowdern. A narrativa da família sobre o caso, registrada com tanto cuidado pelo padre Bishop, mostrava uma progressão clássica de infestação, o cerco parecido com o de um poltergeist ao redor de Robbie em Maryland, até a obsessão — ameaçado, marcado, mas ainda não dominado. Em seguida, viria a possessão em si. *Talvez consigamos fazer com que isso pare por aqui.*

Bishop e Bowdern decidiram pedir ao arcebispo Ritter que encontrasse e designasse um exorcista para realizar o ritual antes que um demônio possuísse Robbie.

THOMAS B. ALLEN

EXORCISMO

Capítulo 7

A EXISTÊNCIA DO MAL

Nem Bowdern, nem Bishop quiseram ser o exorcista de Robbie. Durante a pesquisa apressada que fizeram — entre sexta-feira, 11 de março, e terça-feira, 15 de março —, descobriram o bastante sobre exorcistas para decidir que não eram os padres apropriados para tal tarefa. Dois casos, um na França no século XVII e outro nos Estados Unidos no século XX, os teriam convencido disso.

O caso francês começou como uma epidemia de possessões entre freiras em um convento ursulino em Loudun, uma cidade no oeste da França, onde um padre devasso tinha acabado de ser queimado na fogueira por feitiçaria. Durante o frenesi que se seguiu ao seu julgamento e à sua execução, histórias sobre possessão afloraram no convento. Por fim, dezessete freiras e algumas das estudantes, muitas delas jovens nobres, afirmaram estar possuídas. Exorcistas reuniram-se em Loudun. Então, em dezembro de 1634, com grande relutância, um superior jesuíta se dobrou aos desejos dos oficiais da Igreja e despachou quatro jesuítas para a cidade como reforços.

Bowdern e Bishop sem dúvida teriam ouvido falar sobre esse caso. Era um dos mais famosos nos anais jesuítas, embora pouco conhecido do público em geral. (O best-seller de Aldous Huxley, *Os Demônios de Loudun* (1952), ainda não tinha sido publicado.) Documentos sobre o caso eram extensos e estavam prontamente disponíveis para qualquer pesquisador sério.

Embora feitiçaria e demônios ainda estivessem nas mentes cristãs na França do século XVII, a Europa emergira da Idade Média e estava à beira do Iluminismo. Muitos católicos questionavam a probabilidade de possessão, e os jesuítas estavam entre os principais céticos, em especial sobre a epidemia em Loudun.

Uma razão para suas dúvidas foi o fracasso de qualquer suposta endemoniada em manifestar quaisquer sinais tradicionais de possessão. Nenhuma jovem demonstrou a habilidade de falar ou compreender um idioma previamente desconhecido. Nenhuma delas levitou ou exibiu força sobre-humana, embora pudessem realizar feitos prodigiosos de contorcionismo. Às vezes, "elas passavam o pé esquerdo por cima do ombro até a bochecha. Também passavam os pés por cima da cabeça até os dedões tocarem seus narizes. Outras até conseguiam esticar as pernas para a esquerda e para a direita até se sentarem no chão, sem qualquer espaço visível entre os corpos e o chão".

Muitos jesuítas acreditavam que as freiras que arrotavam, resfolegavam e se contorciam estavam apenas tendo ataques histéricos e fingiam possessão, fosse de modo consciente ou inconsciente. Contudo, um dos jesuítas enviados a Loudun, o padre Jean-Joseph Surin, de 34 anos, acreditou. Ele se concentrou em exorcizar o que parecia ser o pior caso, a prioresa do convento, a irmã Jeanne des Anges. Antes da chegada de Surin, ela resistira de modo extraordinário às tentativas de expulsar os sete demônios que, segundo ela mesma, estavam habitando várias partes do seu corpo. (Ela disse que o demônio em sua barriga fora exorcizado com sucesso com a ajuda de um enema de água benta.)

A prioresa foi observada de perto tanto por testemunhas crentes quanto por céticas. Como Robbie, ela exibia arranhões que surgiam no corpo. Uma cruz sangrenta apareceu na testa dela e ficou ali por três semanas. Em um outro dia, durante uma sessão regular de exorcismo na capela do convento, ela se contorcia "como uma acrobata" quando gritou a palavra *Joseph*. Naquele instante, uma testemunha escreveu, a irmã Jeanne des Anges levantou o braço esquerdo e "eu vi uma cor surgir, uma vermelhidão leve, a correr ao longo da veia por dois centímetros e meio, e nela apareceram muitas outras manchas vermelhas que formaram uma palavra distinta; e foi a mesma palavra que ela falara, *Joseph*". O nome aparece com persistência mesmo depois de a freira se ver livre dos demônios e, por quase trinta anos, ela viajou pela França mostrando a marca de sua possessão.

Sua cura, de acordo com Surin, aconteceu depois de ele rezar para que os demônios saíssem da prioresa e o possuíssem. Por mais nobre que tenha sido o motivo do jesuíta, ele ignorou os avisos teológicos sobre não tratar com leviandade a possessão e o exorcismo. Suas experiências, descritas de modo eloquente nas suas anotações, levaram teólogos posteriores a acreditarem que Surin, um padre um tanto místico, fora levado a rezar para que os demônios se transferissem para ele. Os teólogos chegaram à conclusão de que a vítima de possessão foi apenas um engodo — a pessoa que Satã desejava era o próprio exorcista. Um teólogo jesuíta contemporâneo, avaliando o destino de Surin, escreveu que a possessão e a obsessão são "perigos que somos incapazes de controlar" e que "nunca devemos desejá-los".

Surin logo se viu possuído, e sua descrição daquele estado forneceu aos teólogos e psiquiatras atuais discernimentos sobre os efeitos da possessão. Para Bowdern e Bishop, as bem documentadas possessões de Loudun teriam respondido algumas perguntas. *O que significa estar possuído? Como devia ser para Robbie?* Aqui está a resposta de Surin, em uma carta para um amigo jesuíta:

"Acho quase impossível explicar o que acontece comigo neste período, como este espírito estrangeiro está unido a mim, sem me privar da consciência ou da liberdade interior, e ainda assim fazer parte de um segundo 'eu', como se eu tivesse duas almas [...] Sinto como se fosse perfurado por ferrões de desespero naquela alma forasteira que parece ser minha [...] Sinto até que os gritos proferidos pela minha boca vêm de ambas as almas ao mesmo tempo; e acho difícil determinar se eles são produtos da alegria ou do delírio."

Ele sentiu a si mesmo se transformando em um demônio. Não conseguia suportar ficar perto das hóstias da comunhão. Quando tentava fazer o sinal da cruz, "a outra alma afasta a minha mão, ou prende os dedos entre os dentes e os morde com selvageria". Os demônios de Surin, quer tenham vindo do inferno ou da sua própria mente torturada, o atormentaram durante 25 anos. Apenas pouco antes da morte ele se sentiu em paz. Outros dois exorcistas de Loudun morreram logo após o término dos seus trabalhos lá, e outros padres atribuíram suas mortes à vingança dos demônios exorcizados.

Bishop e Bowdern não acreditavam que poderiam se transformar em um Surin, não porque temiam um destino como o dele ou dos outros exorcistas de Loudun, mas porque eram homens do século XX, e não do século XVII. Acreditavam profundamente em sua fé e nos ensinamentos da sua religião. Incluídos nesses ensinamentos havia os exorcismos realizados por Jesus e também as palavras dos Pais da Igreja e de inúmeros santos, todos atestando a possessão e o exorcismo. No entanto, para um padre em 1949, o exorcismo era uma tarefa extraordinariamente rara, porque a possessão já não era, como uma vez fora, uma questão do cotidiano.

Desde os primeiros séculos da cristandade, através da Idade Média, até o século XVII, a possessão fora tão comum na Europa que a Igreja precisava de uma abundância de exorcistas, a maioria deles leigos. O papel de exorcista era reconhecido como uma ordem menor que podia ser obtido por alguém que não fosse padre. (Outras ordens menores incluíam acólitos, que ajudavam os padres durantes as missas; ostiários, encarregados de guardar as entradas das igrejas; e leitores, que liam as Escrituras e outras passagens durante os cultos). No século XX, os padres tinham coroinhas e zeladores, e os adoradores eram alfabetizados e podiam ler por conta própria. Acólitos, ostiários, leitores — e exorcistas — eram vestígios de outra era da fé.

Embora possuindo a autoridade para agirem como exorcistas, Bishop e Bowdern, como quase todos os padres norte-americanos, nunca foram chamados para usar essa autoridade. Agora questões a esse respeito batiam à porta deles. *E esse padre Hughes em Maryland. Sim, bem, ele pode ter pedido permissão... Mas nada aconteceu.* Até onde Bishop e Bowdern sabiam, o padre Hughes não tinha realizado um exorcismo. Tudo o que tinham para seguir em frente era o que os pais de Robbie lhes contara. Phyllis e Karl Mannheim podem não ter compreendido completamente o que se dera no Georgetown Hospital em fevereiro. E, o que quer que soubessem, não estavam compartilhando esse conhecimento com os padres recém-chegados.

Bishop e Bowdern debateram o problema. Robbie era um garoto atormentado — prestes, talvez, a se tornar possuído e sofrer o que Surin sofreu. *Mas será que Robbie não sofria apenas de uma doença metal? Onde estavam os sinais? Um jovem menino norte-americano que precisava de um exorcismo? Como é possível?* Exorcismos pertenciam ao Velho Mundo. *Nunca nos Estados Unidos...*

Então, Bowdern encontrou um panfleto que descrevia um exorcismo em Earling, Iowa, em 1928. A mulher que estava possuída, não identificada no panfleto, foi conhecida posteriormente como Mary. Era uma interiorana de 40 anos que, desde a infância, em uma fazenda no seu estado natal, fora de tempos em tempos afligida por vozes demoníacas. Médicos e psiquiatras que a examinaram a declararam mental e fisicamente sã. A decisão de exorcizá-la veio devagar e com certa relutância. As autoridades hesitantes da Igreja não estavam ansiosas para dar permissão, mas o pastor de Mary, o padre Joseph Steiger, pressionou o caso e enfim conseguiu a autorização.

Em agosto de 1928, Mary foi levada a um convento em segredo. Um frade franciscano de 60 anos, o padre Theophilus Riesinger, amigo de Steiger, foi nomeado o exorcista. No dia em que o exorcismo deveria começar, Riesinger mandou que Mary fosse amarrada à cama e contida pelas maiores freiras do convento. Ele vestiu uma sobrepeliz sobre o manto marrom amarrado na cintura com uma corda, passou uma estola roxa em volta do pescoço e andou até o lado da cama de Mary. Enquanto fazia o sinal da cruz acima dela, de acordo com o panfleto,

> com a velocidade de um raio a possuída se soltou da cama e das mãos das suas guardiãs; seu corpo, cortando o ar, aterrissou muito acima da porta do quarto e se prendeu à parede com um aperto tenaz. Uma força muito grande teve que ser usada para arrastá-la pelos pés e tirá-la de sua posição no alto da parede.

Ela soltou um grito que soou como "bando de feras selvagens". Durante o longo exorcismo, de sua boca saíram espuma, saliva e vômito "que encheriam um jarro, sim, até mesmo um balde cheio do fedor pútrido..."

O corpo da mulher, o panfleto dizia,

> tornou-se tão terrivelmente desfigurado que o contorno normal desapareceu. A cabeça pálida, emaciada e cadavérica [...] ficou tão vermelha quanto brasas incandescentes. Os olhos se projetaram para fora das cavidades, os lábios incharam até ficarem quase do tamanho de mãos e o corpo magro e fino inchou tanto que o pastor e algumas das irmãs recuaram de medo, achando que a mulher seria rasgada e explodiria em pedaços.

O exorcismo prosseguiu, dia após dia. Mary foi alimentada por via intravenosa na maior parte do tempo. Riesinger ficou com "a aparência de um cadáver ambulante, uma figura que poderia desmoronar a qualquer momento". Ele falou com os demônios em inglês, alemão e latim, e recebeu respostas em cada idioma. Um demônio se identificou como Judas Iscariotes. Outra voz disse que era o pai de Mary e que evocara os demônios para amaldiçoá-la por ter se recusado a se submeter sexualmente a ele.

Por volta das 9 horas no dia 23 de dezembro, "com uma explosão súbita, na velocidade de um raio, a mulher possuída se desvencilhou do aperto das suas protetoras e se levantou ereta perante todos na sala. Apenas os calcanhares tocavam a cama". Riesinger a abençoou e a rigidez do corpo cedeu e ela caiu, exausta. "Então um som penetrante preencheu o quarto fazendo com que todos tremessem violentamente." Vozes gritaram: "Belzebu... Judas... Inferno". Um fedor horrível se espalhou pelo quarto, e Mary berrou: "Meu Jesus, misericórdia! Louvado seja Jesus Cristo!".

O relato sobre a possessão e o exorcismo de Mary proporcionava uma leitura fascinante. Contudo, uma mulher se erguendo até o teto? Vômito aos baldes de alguém sendo alimentado por via intravenosa? Havia absurdos vergonhosos no texto, o qual estava repleto de frases piedosas e afirmações crédulas.

Jesuítas e franciscanos foram rivais por muito tempo. (Um papa franciscano, Clemente XIV, desfez a Companhia de Jesus em 1773. Ela foi restaurada em 1814.) Nem Bishop, nem Bowdern conseguiam se imaginar no lugar do franciscano Riesinger, esticando o pescoço para ver uma endemoniada passar voando por ele. Riesinger tinha morrido, aparentemente de causas naturais, em 1941. Mesmo se estivesse vivo, é improvável que Bowdern e Bishop o tivessem consultado. Eles não precisavam daquele tipo de testemunho disparatado.

Não existe registro disponível da correspondência e das discussões entre a comunidade jesuíta e o arcebispo Ritter a respeito do caso de Robbie. Tudo que sabemos é que Bowdern recebeu a permissão do seu superior para escrever uma carta ao arcebispo pedindo que um exorcismo fosse autorizado e um exorcista escolhido. Bowdern decidira que não era qualificado para realizar tal ato, sobretudo por não se considerar um homem santo. Em vez disso, ele apresentou o caso a Ritter. Fez uma breve descrição do que ele e Bishop tinham visto e o que a família relatara.

Enquanto Bowdern e Bishop planejavam a apresentação do caso, eles ficaram afastados da casa de Robbie. Os pais dele contaram aos padres que o colchão chacoalhou e os arranhões continuaram no domingo, na segunda e na terça-feira. Um banquinho, disseram eles, flutuou de um lado da cama do garoto para o outro e a relíquia de Santa Margarida Maria saíra voando do travesseiro no qual fora presa outra vez. Bishop fez as devidas anotações dos relatos em seu diário.

Antecipando a autorização de Ritter, Bowdern começou a pensar em recrutar um exorcista. Ele acreditava que a pessoa deveria ser um teólogo, de preferência um jesuíta. Uma investigação discreta foi feita entre os teólogos da comunidade e da província. Dois chegaram a ser convidados. No entanto, ambos recusaram o pedido de Bowdern de modo cortês. O padre nunca especificou por que os teólogos o rejeitaram, e Bishop não menciona em seu diário a tentativa de recrutamento por parte de Bowdern. No entanto, outro jesuíta relembrou:

"Aqueles que recusaram alegaram que não tinham forças. Não foi um caso de ceticismo. Eles apenas não se sentiam capazes".

Bowdern aparentemente fez o pedido formal ao arcebispo na segunda-feira, 14 de março, ou no dia seguinte. Ritter, de acordo com um padre que examinou os arquivos, não delegou o pedido dos jesuítas para nenhum dos seus monsenhores. Ao contrário de O'Boyle em Washington, Ritter fez sua própria pesquisa e tomaria uma decisão sem ajuda de terceiros. Sua primeira reação foi recusar o pedido. Como um prelado modernista que estava ganhando uma reputação na ala mais moderna da Igreja, ele temia a repercussão que poderia advir da publicidade em torno de um exorcismo. Poderia ser um revés para a Igreja e o faria parecer ridículo perante seus colegas norte-americanos que o viam como um líder capaz de levar a religião a uma nova era ecumênica.

Ritter tinha 54 anos e era arcebispo de Indianápolis em 1947 quando o papa Pio XII o nomeou arcebispo de Saint Louis. Um ano depois, ele ordenou a dessegregação de todas as igrejas e escolas da arquidiocese. Quando segregacionistas católicos obstinados ameaçaram desafiá-lo, Ritter disse que iria excomungar qualquer um que tentasse impedi-lo. Surpresos, os oponentes desistiram, e a dessegregação foi feita com tranquilidade, como acontecera na Saint Louis University três anos antes. A reação rápida de Ritter contra a segregação serviu como exemplo da sua abordagem agressiva em questões morais. Ele já era um clérigo norte-americano conhecido. Seria nomeado cardeal em 1961 e, no Concílio Vaticano em 1962, lideraria a facção progressista, a qual incluía um bom número de jesuítas.

Ritter não gostou do que Bowdern lhe trouxera. Não se sentiu confortável em expor sua arquidiocese ao tipo de zombaria que viera na esteira do exorcismo em Iowa em 1928. Ele sabia que outros bispos e arcebispos norte-americanos tinham rejeitado solicitações de exorcismos, forçando o suposto endemoniado a se mudar para outra diocese e tentar de novo. Ou a acabar em um hospital para doentes mentais. Ele poderia fazer isso, mas não gostava de passar a bola. Quando substituiu o régio cardeal John J. Glennon como arcebispo de Saint Louis, Ritter foi comparado a Harry Truman, um homem do Missouri que falava de modo direto e disse sobre sua presidência: "A bola para por aqui". Ritter administrava sua arquidiocese do mesmo modo que Truman administrava a Casa Branca.

Para Ritter, que enxergava além da sua arquidiocese para a própria reputação; para Reiter, que se preocupava com sua universidade; para

Bishop e Bowdern, que estavam à procura de uma rota moderna para um fenômeno antigo; e para todo o clero agora envolvido no caso de Robbie, a questão não era o exorcismo. Era o mal.

O trabalho fundamental de todos esses homens era fazer o bem avançar e derrotar o mal. Se o mal estivesse perseguindo Robbie, movendo-se ao longo do caminho típico da infestação-obsessão-possessão, então esses homens não tinham de fato escolha. Eles não podiam dar as costas ao menino, pois, se fizessem isso, estariam negando o trabalho das suas vidas, que juraram realizar.

A possessão é o cativeiro do mal. Tanto culturas primitivas quanto desenvolvidas de todas as eras acreditaram nela. E todas as culturas que acreditavam em possessão encontraram maneiras de aplacá-la. Para os católicos, essa maneira era o ritual do exorcismo. Ritter agora segurava a chave para esse exorcismo.

Como questão de fé, ele precisava acreditar na existência do mal. A crença no diabo, de acordo com alguns teólogos modernistas, não era um dogma que os católicos tinham que aceitar. A Bíblia, em particular o Novo Testamento, declara que Satã existe. Ele é um protagonista em cenas bíblicas, e os evangelhos de Mateus, Marcos, Lucas e João, além dos escritos de Paulo, proclamam sua existência. Visto que os católicos aceitam a Bíblia como sendo de inspiração divina, de acordo com o argumento de teólogos tradicionalistas, o diabo deve ser aceito juntamente com os outros ensinamentos bíblicos. Os modernistas consideram o demônio uma metáfora, e metáforas não são artigos de fé.

Se Ritter não acreditasse na existência de Satã, ele poderia, de consciência limpa, rejeitar o pedido e sugerir que Robbie encontrasse a cura através da psiquiatria. Porém, o arcebispo, como um prelado católico, tinha que ao menos professar uma crença na existência do demônio. O que ele precisava defender, no caso de Robbie, era outra questão: a *presença* do Diabo.

Teólogos há muito ponderam a questão da presença do Diabo dentro de um ser humano, começando com a suposição de que Deus colocou restrições no trabalho de Satã. "Se o Diabo pudesse fazer tudo o que quisesse", escreveu Santo Agostinho, "não restaria um único ser humano na Terra." Ainda assim, mesmo com Deus dificultando o trabalho, a Bíblia diz que o Diabo "anda em derredor, bramando como um leão, buscando a quem possa tragar".

Geralmente, o Diabo das Escrituras não faz nada além de tentar as pessoas, atraindo-as para cometer atos de maldade. Satã se concentra no corpo fraco enquanto a alma temente a Deus o enfrenta. Como o apóstolo

Paulo escreveu a respeito dessa crença: "Porque, segundo o homem interior, tenho prazer na lei de Deus. Porém, vejo nos meus membros outra lei, que batalha contra a lei do meu entendimento, e me prende debaixo da lei do pecado que está nos meus membros [...] Assim eu, com o entendimento, sirvo à lei de Deus, mas com a carne, à lei do pecado".

Esse ponto de vista ambivalente da condição humana — um corpo moralmente fraco e uma alma lutadora — enquadra o conceito de possessão demoníaca, o derradeiro ataque do Diabo ao corpo. A possessão, escreveu um teólogo católico, "consiste na presença do demônio dentro do corpo humano, sobre o qual ele tem controle total e despótico. A vítima se torna um instrumento cego de Satã [...] Visto que a pessoa possuída não tem consciência de seus atos durante a captura diabólica — e ainda menos capaz de exercer qualquer controle —, ela não é responsável por suas ações, por mais ultrajantes, malévolas ou perversas que sejam".

Ritter não tinha nenhum modo conclusivo para provar que Robbie estava possuído ou em perigo iminente de ser possuído. O menino não mostrava nenhum dos sinais tradicionais citados *O Ritual Romano*. Portanto, o arcebispo enfrentava um dilema: se o garoto estivesse sofrendo de uma doença mental em vez de possessão demoníaca, o mal não estava envolvido. Um exorcismo não faria bem e poderia até piorar sua condição. No entanto, se de fato fosse uma possessão, então o mal, uma forma terrível do mal, estava presente, e Ritter teria que mandar um padre para arriscar sua alma a fim de salvar a de Robbie.

Se o mal fosse reconhecido, o arcebispo não poderia descartar a petição. Era sua obrigação desafiar o mal e lutar contra ele. No entanto, ele lutaria como um general — o exorcista lutaria nas trincheiras.

Existe uma hipótese teológica básica sobre o mal: não se aproxime dele. Na catequese, crianças católicas são alertadas a evitar as "ocasiões de pecado"; os adultos recebem versões mais sofisticadas do mesmo conselho.

Um exorcista tem que tocar o mal, respirá-lo, se concentrar nele. Um padre se vê como um ser vivo trabalhando ao lado de Deus. Para agir contra o diabo, um exorcista penetra nas sombras profundas e tateantes do mal. Quando ele aparece, os demônios focam o mal nele. O padre exorcista, apesar de se considerar um agente do bem auxiliado pelo Deus todo-poderoso, se vê ao mesmo tempo como um mero humano sendo posto à prova contra um inimigo imponente e com longa experiência em perpetrar a maldade.

Se um exorcista hesita, duvidando ou temendo enquanto se aventura nas sombras do mal, ele arrisca a própria destruição e talvez a da pessoa a qual fora chamado para salvar. O motivo não oficial, mas discretamente disseminado, dado para o fracasso do exorcismo do padre Hughes foi que ele sofrera de uma "falta de concentração" temporária. Ritter pode ter descoberto isso ao fazer perguntas discretas ao seu colega arcebispo em Washington. Ou pode ter pressentido isso com base na própria experiência com padres jovens. Se fosse autorizar um exorcismo, ele não queria que este terminasse com um padre aleijado física ou espiritualmente. Ele queria um exorcismo bem-sucedido e sabia que o sucesso dependia do sacerdote escolhido.

Como Bowdern e Bishop, Ritter procurou *O Ritual Romano* as qualidades que um exorcista deve ter:

> Um padre [...] quando pretende realizar um exorcismo em pessoas atormentadas pelo diabo, deve ser apropriadamente distinto por sua religiosidade, prudência e integridade na vida. Ele deve realizar este empreendimento devoto com toda a firmeza e a humildade, sendo completamente imune a qualquer engrandecimento humano e dependendo não apenas de si, mas do poder divino. Além disso, o padre deve ter idade madura e ser reverenciado não apenas pelo seu ofício, mas também por suas qualidades morais.

Religiosidade, prudência e integridade na vida. Ritter conhecia muitos padres que podiam se qualificar (e alguns que não podiam) para o exorcismo. Como Bowdern, é provável que o arcebispo tenha pensando em chamar um teólogo primeiro. Ele poderia pedir ajuda a um membro do corpo docente em qualquer seminário administrado tanto por jesuítas quanto pela arquidiocese. Poderia escolher um padre da sua própria chancelaria. Poderia pedir a outro bispo ou arcebispo que lhe proporcionasse um exorcista. Em vez disso, Ritter escolheu o padre Bowdern.

Tornou-se um fato conhecido entre os jesuítas que, quando Ritter contou a Bowdern que ele iria ser o exorcista, o padre disse: "De jeito nenhum", ao que o arcebispo respondeu: "É todo seu".

THOMAS B. ALLEN

EXORCISMO

Capítulo 8

"EU TE ESCONJURO"

O arcebispo Ritter deu uma ordem a Bowdern: você deve prometer nunca discutir esse exorcismo com ninguém. O padre concordou de imediato. No entanto, já que descobrira que era "muito difícil encontrar qualquer literatura autêntica sobre casos de possessão demoníaca", decidiu por conta própria que o padre Bishop deveria manter "um relato detalhado diário sobre os acontecimentos dos dias e das noites anteriores". Uma razão para isso, disse ele, era que "esses escritos seriam de grande ajuda para qualquer um que, no futuro, se visse em uma situação parecida como exorcista".

Ao entardecer da quarta-feira, 16 de março, Bowdern enviou uma mensagem a Walter Halloran, um escolástico de 26 anos que estudava na Saint Louis University para obter um mestrado em história. Halloran era um jesuíta há oito anos e conhecia Bowdern desde que fora para o Campion Jesuit High, onde o padre era o reitor. Ao longo dos anos, quatro irmãos Halloran tinham estudado em Campion, um internato isolado onde, como Walter Halloran relembrou, "estávamos por conta própria — apenas os jesuítas e as crianças. Billy Bowdern administrava uma boa escola. Ele era muito profissional. Billy apenas tomava por certo que você estava lá para aprender e, se não estivesse, então estaria encrencado. Você devia ser um cavalheiro cristão".

Enquanto Halloran frequentava o Campion, ele decidiu se tornar um jesuíta. Bowdern fora um dos seus modelos. Embora Bowdern tivesse o dobro da idade de Halloran, uma camaradagem se desenvolvera entre eles e, cinco anos depois, logo após a ordenação de Halloran, os dois se tornariam amigos íntimos. E, assim como Bowdern, seu modelo, Halloran se tornaria um capelão do exército em combate.

"Walt", disse o padre, "preciso que você me leve a um lugar esta noite. Pode fazer isso?"

Com frequência, Halloran tinha feito as vezes de motorista para Bowdern em assuntos da paróquia e visitas a doentes, e concordou em pegá-lo naquela noite. Ele gostava de dirigir para o amigo e, além disso, era esperado que um escolástico jesuíta fizesse o que fosse pedido por um padre.

Halloran levou o carro da paróquia até o presbitério por volta das 21 horas. Bowdern lhe deu o endereço. O homem mais jovem verificou um mapa e começou a seguir para noroeste. Estava concentrado em encontrar placas de sinalização e não prestou muita atenção na conversa que Bishop e Bowdern travavam em voz baixa. Ele notara que os dois padres usavam batinas e levavam sobrepelizes, e chegou a se perguntar que tipo de visita a um doente precisava de dois padres de sobrepelizes.

Quando Halloran estacionou na frente da casa, Bowdern se inclinou sobre o banco da frente e disse: "Entre conosco". O convite o pegou de surpresa. Antes de conseguir fazer alguma pergunta, Bowdern, parado na calçada em frente ao gramado escuro, disse com tranquilidade a Halloran: "Vou realizar um exorcismo. Preciso que você segure o menino se necessário". (Isso sugere que Bowdern poderia ter conhecimento sobre o ataque contra o padre Hughes, embora nunca tenha mencionado isso a ninguém, talvez para aliviar as apreensões.)

Halloran ficou aturdido. Ele sabia o que era um exorcismo, mas apenas como uma abstração teológica, algo que acontecia na Bíblia, não em um subúrbio de Saint Louis. Aquela não era hora de fazer perguntas, entretanto. Bowdern e Bishop já subiam os degraus da varanda da frente. O escolástico os seguiu, pensativo, mas não preocupado. Ele confiava no amigo, mas se perguntava o que ele quis dizer com segurar o menino. Se as coisas ficassem violentas, bem, Halloran jogara futebol americano e era um atleta em boa forma.

Bowdern apresentou Halloran a Robbie, aos seus pais, à tia, ao tio e a Elizabeth, que o jovem jesuíta reconheceu de vista por provavelmente tê-la visto no campus. Eles se reuniram na sala de estar. Bowdern sorriu para Robbie e começou a falar, com facilidade e confiança, às vezes, se dirigindo para o menino e, às vezes, para os adultos. Ele disse que iria lhe dar um novo tipo de ajuda. Encorajou os ouvintes a perguntarem o que quiserem, mas eles indagaram pouco. O padre os tinha acalmado, preparado-os para algo que não sabiam nada a respeito. "Estas são orações especiais, orações especiais para uma situação como esta", disse ele, afinal. "E acho, acho que podemos começar."

Robbie lhes desejou boa noite, foi para o andar de cima e se preparou para dormir. Sua mãe esperou alguns minutos e então foi até o quarto do filho. Ela voltou para o patamar da escada e chamou os sacerdotes, dizendo: "Ele está pronto agora".

Bowdern subiu sozinho e passou algum tempo com Robbie. Como Bishop relatou mais tarde, o padre ajudou o menino "a examinar sua consciência e a fazer um Ato de Contrição". Não existem relatos de testemunhas oculares desse encontro entre Bowdern e o garoto, mas ela pode ser imaginada com facilidade. *Robbie, você sabe o que é consciência, certo?* E depois o menino, com seu jeito hesitante e educado, tentando compreender a palavra e desistindo. Ele estava sonolento. *É o que existe dentro de você, uma parte sua que lhe diz o que é certo e o que é errado. Entendeu?*

Bowdern recorreu aos seus anos como professor e conselheiro de adolescentes para sondar o coração de Robbie, para ver se um embuste consciente estava por trás de tudo aquilo. *Agora, o que quero que você faça, Robbie, é que olhe para a sua consciência e se certifique de que não há nada que queria me contar. Qualquer coisa que me contar, Robbie, ficará só entre eu e você. Há muito tempo, prometi a Deus que nunca contaria a ninguém qualquer segredo que alguém me contasse.* O garoto pode ter mencionado algumas mentiras sem importância, algumas vezes em que foi mal-educado com a mãe. Não disse nada que fizesse Bowdern sentir que aquele era um menino com algum peso na consciência. *Agora vou pedir que você repita depois de mim o que os católicos chamam de Ato de Contrição. Isso é apenas uma maneira de dizer a Deus que sente muito pelo que fez e que nunca fará de novo.*

O jesuíta começou o Ato de Contrição, frase por frase, pausando para que Robbie repetisse as palavras. "Pai, perdoai-me, porque pequei..." Bowdern agora se convencera de que lidava com um garoto que estava perturbado e que não fingia nada daquilo. A calma sessão com Robbie não forneceu ao padre nenhuma evidência nova de que o menino estivesse possuído. No entanto, ele agora acreditava, conscientemente, que estava fazendo o bem ao realizar um exorcismo. Disse a Robbie que voltaria em breve e traria os amigos junto.

No andar de baixo, Bowdern se enfiou na rígida sobrepeliz engomada. Bishop fez o mesmo. Cada um pegou uma estola roxa no bolso, desenrolou-a, beijou-a e a passou em volta do pescoço. Depois, cada padre colocou seu barrete. Halloran usava a vestimenta formal de escolástico: terno preto, colarinho romano e um colete social preto. Bowdern e Bishop tinham um exemplar de O Ritual Romano cada, um livro com mais de quatrocentas páginas, com bordas douradas e encadernação preta. Bowdern também levava uma garrafinha de água benta.

Bowdern tinha estudado com cuidado as 21 instruções específicas do *Ritual*. Elas pareciam bastante lógicas para ele, embora possa ter sorrido com o alerta de não "divagar sobre coisas sem sentido" — isso ele não faria sob nenhuma circunstância. Outra instrução sugeria que o padre transferisse Robbie para uma igreja ou para "algum outro local sagrado ou digno". Ele decidiu não seguir essa sugestão, acreditando que o menino ficaria mais confortável em um ambiente familiar.

Bowdern aceitou o conselho para se ater às palavras do *Ritual* e não tentar nenhuma declaração extemporânea. Aquele não era lugar para homilias. E não iria discutir com os demônios nem tentar barganhar com eles. "Pois muitas vezes", dizia o *Ritual*, "eles dão respostas enganosas e fazem com que seja difícil entendê-las, para que o exorcista possa se cansar e desistir, ou para que possa parecer que o afligido não esteja de forma alguma possuído pelo demônio".

O Ritual Romano tinha um rito de exorcismo para ambientes e um rito para pessoas. Embora o livro tivesse uma sequência específica de orações para cada um dos ritos, o exorcista tinha certa liberdade. Ao contrário dos sacramentos, para os quais havia fórmulas rigorosas, as decisões sobre o rito do exorcismo dependiam do próprio exorcista, já que apenas ele, em combate com o demônio, poderia decidir qual era a melhor estratégia.

As orações do exorcismo para pessoas que estavam possuídas incluíam sugestões para leituras de evangelhos, salmos e outras orações. Todas as leituras estavam em latim. As três principais orações de exorcismo eram identificadas pelas palavras em latim no início de cada uma: "*Praecípio*" — "Ordeno-te", uma convocação para o "espírito imundo". Outra começava: "*Exorcízo te*" — "Eu te esconjuro". A terceira começava: "*Adjúro te*" — "Conjuro-te".

A Igreja Católica via um exorcismo como uma confrontação direta entre Satã e Cristo, com o padre convocando o poder de Jesus através das orações. O padre Bowdern rezara a missa, fizera a confissão geral com o padre Kenny e passara a maior parte do dia em oração. Também iniciara um jejum, o que era recomendado pelo *Ritual*. É provável que Bishop, como assistente de Bowdern, tenha seguido o exemplo.

Bowdern remexeu em sua estola por alguns instantes, assentiu para Bishop e Halloran e começou a subir a escada.

Eles entraram no quarto, Bowdern na frente. Atrás dos sacerdotes foram a mãe de Robbie, a tia e o tio. Bowdern fez o sinal da cruz e aspergiu água benta na cama. Então, ajoelhou-se ao lado do colchão. Bishop fez o mesmo do outro lado. Os membros da família se ajoelharam junto com os padres. Halloran não sabia o que fazer. Bowdern gesticulou para que ele se ajoelhasse ao pé da cama. Os olhos do escolástico ficaram na mesma altura do colchão. Ele espiava Robbie através das barras de metal.

Bowdern os guiou ao longo de uma série de orações de fé, esperança, caridade e contrição. Robbie, deitado na cama, se juntou a eles. Então Bowdern começou a Ladainha de Todos os Santos: *"Kýrie, eléison"* — Senhor, tende piedade de nós.

Bishop e Halloran responderam, *"Christe, eléison"* — Cristo, tende piedade de nós. E o ritmo começou: a invocação feita por Bowdern e, logo depois, a resposta por Bishop e Halloran.

"Christe, audi nos" — Cristo, ouvi-nos.
"Christe, exáudi nos" — Cristo, atendei-nos.
"Sancta Maria, ora pro nobis" — Santa Maria, rogai por nós.
"Ora pro nobis" — Rogai por nós.
"Sancta Virgo vírginum..." — Santa Virgem das virgens...
"Ora pro nobis."
"Sancte Míchael..."
"Ora pro nobis."
"Sancte Gábriel..."

O colchão começou a se mexer. Halloran o viu subir e descer diante dos seus olhos. Ele virou a cabeça, transferindo o olhar arregalado para Bowdern.

"Não tem problema, Walt", o padre disse em voz baixa. "Só continue a rezar." E prosseguiu com a Ladainha, sua voz se fortalecendo conforme convocava os santos. Eles eram agrupados por tipos. Primeiro vinham Miguel, Gabriel e Rafael — os arcanjos, os únicos anjos com nomes. Depois todos os inocentes e virgens santos, depois as viúvas e mártires virtuosos, os santos padres, os monges e os ermitões e os fundadores das ordens religiosas — Antônio, Bento, Bernardo, Domingos, Francisco e Inácio. A Ladainha invocava uma imagem das falanges de santos indo acudir o garoto, que, de olhos fechados, estava deitado no colchão, o qual parecia se mover ao ritmo da reza.

Então a Ladainha parou de recitar nomes e passou a recitar apelos a Deus:

"*Ab omni malo, libera nos, Dómine*" — De todo o mal, livrai-nos, Senhor.

"*Ab omni peccáto...*" — De todo o pecado...

Eles continuavam em latim. Robbie ouviu o zumbido e o murmúrio das palavras que soavam como se viessem de outro mundo, de outra época. Ele não conhecia o significado daqueles termos, mas sentia seu alívio e o modo como o envolviam, envolviam o quarto...

Eles continuaram, com Bowdern dizendo algo e Bishop e Halloran dizendo outra coisa em resposta. Isto era o que as estranhas palavras significavam:

"Livrai-nos, Senhor."
"Da sua ira..."
"Livrai-nos, Senhor."
"Da morte repentina e imprevista..."
"Livrai-nos, Senhor."
"Das ciladas do demônio..."
"Livrai-nos, Senhor."
"De toda a ira, ódio e má vontade..."
"Livrai-nos, Senhor."
"Do espírito da fornicação..."
"Livrai-nos, Senhor."
"Do raio e da tempestade..."
"Livrai-nos, Senhor."
"Do flagelo do terremoto..."
"Livrai-nos, Senhor."
"Da peste, da fome e da guerra..."
"Livrai-nos, Senhor."
"Da morte eterna..."
"Livrai-nos, Senhor."

A Ladainha em latim agora percorria os artigos da fé católica, do mistério da encarnação de Cristo até o dia do julgamento. Robbie podia sentir a mudança nas palavras. O padre que liderava aquela longa oração declamava frases maiores agora. E o outro padre e o jovem de preto mudavam o que estavam dizendo.

"*...Ut inimícos sanctae Ecclésiae humiliáre dignéris*" — Que nos digneis a humilhar os inimigos da santa Igreja...

"*Te rogámus, audi nos*" — Nós Vos rogamos, ouvi-nos.

"*...Ut ómnibus benefactóribus nostris sempitérna bona retríbuas*" — Que nos digneis a retribuir, com os bens eternos a todos os nossos benfeitores...

"*Te rogámus, audi nos.*"

"*Ut animas nostras, fratrum, propinquórum et benefactórum nostrórum ab aetérna damnatióne erípias*" — Que livreis da morte eterna nossas almas e as de nossos irmãos, parentes e benfeitores...

"*Te rogámus, audi nos.*"

E então voltaram para o começo, para as palavras que tinham dado início à Ladainha:

"*K'ýrie, eléison.*"

"*Christe, eléison.*"

"*K'ýrie, eléison.*"

Bowdern fez uma pausa, virou uma página e começou a entoar mais latim. "*Ne reminiscáris...*" Ele estava dizendo: "Perdoai, Senhor, nossas ofensas e as de nossos pais e não nos castigue por nossos pecados". Então, sussurrando as palavras, Bowdern começou o Pai-Nosso. "*Pater noster...*" Ele ergueu a voz perto do fim:

"*Et ne nos indúcas in tentatiónem*" — E não nos deixeis cair em tentação...

E Bishop e Halloran responderam: "*Sed líbera nos a malo*" — Mas livrai-nos do mal.

Embora Robbie e a mãe, a tia e o tio dele não conhecessem as palavras em latim, sabiam como o Pai-Nosso terminava, e ali estava o motivo de tudo aquilo: livrar-se daquele mal.

Bowdern fez outra pausa e todos mudaram de posição, aliviando os joelhos rígidos. Aquilo estava se prolongando muito. O colchão continuava a chacoalhar. Na noite anterior, Phyllis Mannheim relembrou, os tremores se seguiram por duas horas. Ela se perguntava por que todas aquelas orações não tinham feito com que o colchão parasse.

Bowdern começou o Salmo 53, ainda falando em latim. Ele dizia: "Salva-me, ó Deus, pelo Teu nome, e faze-me justiça pelo Teu poder. Ó Deus, ouça a minha oração, dá ouvidos às palavras da minha boca. Porque homens insolentes se levantam contra mim, e violentos procuram a minha vida [...] De livre vontade te oferecerei sacrifícios; louvarei o Teu nome, ó Senhor, porque é bom. Porque Tu me livraste de toda a angústia; e os meus olhos viram a ruína dos meus inimigos. Glória ao Pai, ao Filho e ao Espírito Santo, assim como era no princípio, agora e sempre e por todos os séculos dos séculos. Amém. Salvai o Teu servo..."

A voz de Bishop interveio de repente. "*Deus meus, sperántem in te*" — Aquele que deposita sua confiança no Senhor, meu Deus.

O ritmo mudou, e os padres, lendo de suas cópias do *Ritual*, começaram a falar alternadamente. "*Esto ei, Dómine, turris fortitúdinís*", disse Bowdern. Então Bishop respondeu em latim, e o que dizia era:

"Sede para ele, ó Senhor, uma torre fortificada."

"Perante o inimigo."

"Nenhum poder tenha sobre ele o inimigo."

"Nenhum mal possa fazer-lhe o filho da iniquidade."

"Do vosso santuário, Senhor, enviai-lhe o Vosso auxílio."

"E de Sião socorrei-o."

"Ouça, Senhor, a minha oração."

"Chegue até Vós o meu clamor."

"O Senhor esteja convosco."

"E o espírito contigo."

Bowdern parou mais uma vez. Agora falava devagar e havia uma sensação de força e importância nas palavras em latim. Nesse prelúdio, antes das palavras do exorcismo em si, ele estabeleceu dois pontos teológicos: a existência de Satã, o anjo caído, com sua legião de seguidores; a vinda de Jesus, o Redentor e filho de Deus, para livrar o mundo das garras de Satã. Bowdern disse em latim:

"Ó Deus, cuja natureza é sempre ter misericórdia e perdoar: receba nossa petição, que esse Vosso servo, vinculado pela cadeia de seus pecados, possa por Vosso doce perdão ser absolvido.

"Santo Deus, Pai todo-poderoso, eterno Deus e Pai de nosso Senhor Jesus Cristo, que uma vez enviou o tirano caído e fugitivo às chamas eternas do Inferno, Quem enviou o seu Filho unigênito ao mundo para esmagar o espírito do mal com seu bramido, apresse-se a nosso pedido de ajuda e arrebata este ser humano, feito em Vossa imagem e semelhança, da ruína e das garras do demônio do meio-dia.

"Infunda terror, Ó Senhor, na besta que assola Vosso vinhedo. Conceda aos Vossos servos a coragem para lutar bravamente contra esse dragão réprobo, a fim de que ele não despreze aqueles que depositam confiança em Vós e a fim de que ele não diga junto com o Faraó que uma vez declarou: 'Eu não conheço a Deus, nem libertarei Israel'.

"Deixe que Vossa mão poderosa prevaleça sobre ele para afastá-lo de Vosso servo, Robert." Aqui Bowdern fez o sinal da cruz sobre o menino. O colchão tinha interrompido os movimentos. Robbie encarava a luz no teto. As mãos apertavam a coberta.

"Para que ele não possa mais manter cativo aquele a quem Te agradastes fazer à vossa imagem e para redimir através de Vosso Filho." A voz de Bowdern ficou mais alta. "Vós que viveis e reinais na unidade do Espírito Santo, Deus, pelos séculos dos séculos."

Bishop disse com firmeza: "Amém".

Bowdern se levantou e se aproximou da cama. "Praecípio tibi!", gritou: Ordeno-te.

Robbie gritou.

Bowdern prosseguiu, em um latim ribombante. "*Praecípio tibi, quicúmque es, spíritus immúnde, et ómnibus sóciis tuis...*" — Ordeno-te, espírito imundo, quem quer que sejas, juntamente com teus aliados que possuíram este servo de Deus, que, pelos mistérios da Encarnação, Paixão, Ressureição e Ascenção de nosso Senhor Jesus Cristo...

Robbie gritou de novo. Sua mãe se levantou, mas algo a manteve afastada. O grito era de dor, não de medo. Robbie se remexeu e afastou a colcha e os cobertores. A camisa do pijama estava aberta. Ao longo da barriga havia três vergões avermelhados.

"...pela descida do Espírito Santo, pela vinda de nosso Senhor..."

Robbie se contorceu e gritou outra vez. Após a menção seguinte de *Dóminus*, novos vergões apareceram na sua barriga. E agora o quarto estava tomado por um novo ritmo: cada *Dóminus* (Senhor) ou *Deus* parecia produzir novos vergões e arranhões. Era como se algo fundo dentro do garoto estivesse tentando cortar a carne dele para fugir. Ele se contorceu para fora do pijama e os arranhões continuaram a aparecer, marcando seu corpo com listras sangrentas em linhas longas e retas.

"...sob julgamento, tu deves me dizer através de algum sinal teu nome, o dia e a hora de tua partida."

"Ordeno-te, ademais, a obedecer, ao pé da letra, eu que, embora não seja merecedor, sou um ministro de Deus..."

Deus! Mais arranhões. (Bishop iria descrevê-los precisamente como "marcas elevadas acima da superfície da pele, parecidas com gravações".)

"...nem deve se sentir encorajado a fazer mal a esta criatura de Deus..."

Deus! Agora pequenas linhas reluzindo com sangue apareceram nas pernas, nas coxas, na barriga e nas costas de Robbie. Um arranhão ziguezagueou ao longo da garganta. Marcas vermelhas surgiram no rosto do garoto que se contorcia de dor.

Eram raras as vezes em que Bowdern tirava os olhos das páginas do *Ritual*. Ele começou a oração do exorcismo novamente. "*Praecípio tibi, quicúmque es, spíritus immúnde...*"

Agora algo surgia na perna direita de Robbie. Enquanto o padre ordenava outra vez que o demônio se identificasse, vergões avermelhados formaram uma imagem na perna. Era, uma testemunha disse mais tarde, uma imagem do diabo. "Os braços estavam erguidos acima da cabeça", relembrou Bishop, "e pareciam ter membranas, dando a aparência hedionda de um morcego."

Bowdern seguiu lendo — "Eu, que sou um ministro de Deus..."

Deus! De um lado a outro do peito de Robbie as letras HELL [INFERNO] surgiram em marcas que pareciam à vista e ao toque como arranhões causados por espinhos. A palavra estava arrumada de modo que, quando o garoto que gritava olhasse para o peito, ele conseguiria lê-la. Havia tanto sangue que Bishop usou seu lenço para limpar o menino.

"*...dicas mihi nomen tuum, diem, et horam éxitus tui, cum áliquo signo*" — Tu deves me dizer através de algum sinal teu nome e o dia e a hora de tua partida.

Nesse instante, veio o que pareceu ser o sinal: as letras GO [IR] surgiram na barriga de Robbie e um X que se parecia com uma marca a fogo apareceu na sua perna direita. Bishop ponderou. Será que isso queria dizer que o demônio iria embora às 10 horas da manhã seguinte? Ou queria dizer que o diabo ficaria por mais dez dias? As letras GO estavam na parte inferior do abdômen de Robbie, com o que parecia ser uma terceira letra bem acima dos escassos pelos pubianos. Talvez isso significasse que o diabo partiria através da urina ou do excremento, pensou o padre. Essas eram rotas de saída tradicionais, de acordo com relatos medievais de exorcismos.

Robbie relaxou e pareceu adormecer. Bishop contou as marcas no corpo dele metodicamente. Ele perdeu a conta depois de 25, porque algumas marcas formavam aglomerados de riscos e vergões.

Bowdern tinha diversas orações calmantes para escolher entre o primeiro *Praecípio*, o qual ele repetira, e a furiosa oração de exorcismo que se seguia. Dentre as orações que ele agora lia em voz alta, havia uma a São Miguel Arcanjo, reverenciado pelos cristãos, desde pelo menos o século IV, como um anjo guerreiro que trinfou sobre Lúcifer.

"*Princeps gloriosíssime caeléstis milítiae, sanctee Micháele Archángele...*"

"Gloriosíssimo príncipe da milícia celeste, São Miguel Arcanjo, defende-nos no combate contra os príncipes e as potestades, contra os dominadores deste mundo tenebroso. Vem em auxílio dos homens que Deus criou à Sua Imagem e Semelhança e que remiu por alto preço da tirania do demônio [...] Roga ao Deus da Paz que esmague Satã debaixo dos nossos pés [...] Tenhas o poder de agarrar o dragão, a antiga serpente que é o diabo e Satã, e precipitá-lo acorrentado nos abismos, de sorte que não possa mais seduzir as nações.

"Em nome de Jesus Cristo, nosso Senhor e Deus..."

Robbie se remexeu no sono. Com os olhos fechados com força, murmurando palavras, ele começou a socar a cabeceira da cama. Agarrou o travesseiro e o socou inúmeras vezes.

Phyllis Mannheim, agachada em um canto do quarto, não conseguia acreditar no que estava vendo. Posteriormente, a mãe revelou ao padre Bishop que nunca antes ela vira Robbie ficar violento. Ali, como no Georgetown Hospital, o rito do exorcismo pareceu desencadear uma explosão de fúria no garoto.

Bowdern se inclinou sobre o corpo que se debatia e aspergiu água benta. Robbie acordou com um pulo. Bishop mediu a pulsação do menino. Estava normal. Os padres perguntaram o que o garoto estivera sonhando.

Robbie disse que estivera lutando contra um demônio vermelho enorme. Ele era pegajoso ao toque e extremamente poderoso. O diabo lutava para impedir que o menino passasse por portões de ferro no topo de um abismo que tinha aproximadamente sessenta metros de profundidade e era muito quente. Havia outros demônios inferiores ao redor, mas o oponente de Robbie era o grande diabo vermelho. Contudo, Robbie começara a se sentir tão forte que achava que conseguiria derrotá-lo.

Bowdern e Bishop trocaram olhares. Embora o menino não pudesse ter compreendido as palavras beligerantes da oração de Miguel em latim, ele parecia ter encenado a mensagem no sonho.

Bowdern decidiu retomar o exorcismo, começando agora a oração mais poderosa.

"*Exorcízo te, immundíssime spíritus, omnis incúrsio adversárii, omne phantásma, omnis légio*" — Eu te esconjuro, espírito imundo, todo o ataque do adversário infernal, toda a legião, grupo e seita diabólica.

"*In nómine Dómini nostri Jesu Christi*" — Em nome de nosso Senhor Jesus Cristo...

Bowdern se aproximou tanto de Robbie que pôde ver os olhos do menino se movendo sob as pálpebras apertadas. O padre fez o sinal da cruz sobre o possuído, que respirava profundamente. Os braços começaram a se mexer depressa. Ele parecia estar lutando de novo à beira do abismo.

Ainda inclinado sobre o garoto, Bowdern, a voz rouca, mas ainda assim imponente, disse: "*Eradicáre, et effugáre ab hoc plásmate Dei*" — Sai e afasta-te desta criatura de Deus. Bowdern voltou a fazer o sinal da cruz sobre o garoto e prosseguiu dizendo: "*Ipse tibi ímperat, qui te de supérnis caelórum in inferióra terrae demérgi praecépit*" — Pois é Ele que te ordena, Ele que te mandou precipitar-te do alto dos céus ao profundo abismo da terra.

A oração prosseguiu enquanto Robbie continuava a se agitar na cama.

"É Ele que te ordena, Ele que mandou que os ventos e o mar e a tempestade obedecessem. Assim, preste atenção, Satã, e estremeça, inimigo da fé, inimigo da humanidade! Pois tu eres o arauto da morte e o ladrão da vida; tu eres aquele que se esquiva da justiça e a raiz de todo o mal, o fomentador do vício, sedutor dos homens, traidor das nações, instigador da inveja, fonte de avareza, origem da discórdia, excitador de aflições! Por que demoras e resistes, quando sabes que Cristo, o Senhor..."

Em *Christum Dóminum*, Robbie se agitou com mais violência. Bowdern sinalizou para Halloran dar a volta pela cama e segurar o garoto. O escolástico, um atleta robusto, não conseguiu segurar um menino de 43 quilos. O tio de Robbie segurou um ombro enquanto Halloran agarrou o outro. O garoto gritou para eles, exigindo que o soltassem. Ele lutou contra os dois homens.

Bowdern manteve o ritmo regular da oração. "*Christum Dóminum vias tuas pérdere?*" — Que Cristo, o Senhor, coloca teus planos a perder?

Mais palavras, mais esforços, então, enquanto Bowdern dizia "*Recéde ergo in nómine Patris*", ele passou o polegar direito na testa de Robbie, traçando o sinal da cruz três vezes — uma para Deus, o Pai, uma para Deus, o Filho, e uma para Deus, o Espírito Santo. "Portanto, retira-te, em nome do Pai, do Filho e do Espírito Santo. Dá lugar ao Espírito Santo, por este sinal da santa Cruz de Nosso Senhor Jesus Cristo. Que vive e reina com o Pai e com o Espírito Santo, Deus, pelos séculos dos séculos."

Bishop, a voz em sussurro, disse: "Amém".

"*Dómine, exáudi oratiónem meam*", disse Bowdern, soando muito cansado — Ó Senhor, ouça a minha oração.

"*Et clamor meus ad te véniat*", respondeu Bishop — Chegue até Vós o meu clamor.

"*Dóminus vobíscum*", disse Bowdern — O Senhor esteja convosco.

"*Et cum spíritu tuo*", respondeu Bishop — E o espírito contigo.

Bowdern respirou fundo e disse: "*Orémus*". E deu início a outra oração. O sacerdote continuou a falar em latim. Isto foi o que ele disse:

"Deus, criador e protetor da humanidade, que formastes à Vossa imagem, olhai para este Vosso servo, Robert, prostrado pela enganosa sedução diabólica. O antigo adversário, o arqui-inimigo da Terra, encobre-o com grande temor. Ele confunde suas faculdades mentais; ele o mantém desorientado ao torná-lo temeroso; ele o segura em um estado de perturbação, já que o inflige com terror interior."

Bowdern olhou do livro para o garoto, onde as palavras da oração estavam evidentes. Robbie agitou os braços, virou a cabeça e, de olhos ainda fechados, cuspiu no rosto de Halloran, virou-se e cuspiu no rosto do tio. Conseguiu soltar um braço — como fizera no Georgetown Hospital — e atacou os homens que tentavam contê-lo. Eles agarraram os braços do menino e o prenderam outra vez.

"Expulsai, Ó Senhor, o poder do diabo, seus artifícios e suas enganações. Permita que o tentador maligno seja lançado longe. Pelo sinal" — Bowdern traçou uma cruz na testa de Robbie, e o menino cuspiu no rosto do padre — "de Vosso nome, permite que Vosso servo seja protegido e defendido tanto em corpo quanto em alma".

Mantendo a mão esquerda junto ao rosto como um escudo, Bowdern fez três cruzes sobre a palavra HELL no peito marcado do garoto, enquanto dizia: "Vigiai seu raciocínio, governai suas emoções, trazei alegria a seu coração".

Bowdern se levantou e recuou um passo, continuando: "Livrai sua alma das tentações do poderoso inimigo. Ó Senhor, enquanto chamamos Vosso santo nome, graciosamente permita que o espírito do mal que até então nos aterrorizou fuja agora cheio de terror e parta derrotado. Portanto, permita que este Vosso servo ofereça a ti com coração firme e mente sincera a recompensa que lhe é devida".

"Por Jesus Cristo" — mais cuspe, mais luta — "Vosso Filho, nosso Senhor, que vive e reina convosco na unidade do Espírito Santo, Deus pelos séculos dos séculos."

Bishop proferiu: "Amém".

Já passava muito da meia-noite. Todos, exceto Robbie, estavam extenuados. Bowdern, em especial, estava exausto. Porém, sua voz não falhou. Havia mais duas orações longas a serem feitas. Talvez se não hesitasse, se persistisse, o demônio partiria. Talvez as coisas não fossem acontecer como em Loudun, onde o exorcismo se arrastara dia após dia, semana após semana, mês após mês...

Ele reuniu as forças de uma maneira quase bíblica. Estava emergindo da fadiga, sentindo sua força se renovar. Ele agora proferiu no que acreditou ser sua voz mais potente: "*Adjuro te!*". E o que o padre disse foi:

"Eu te esconjuro, velha serpente, pelo Juiz dos vivos e dos mortos, pelo teu próprio Criador, pelo Criador do mundo, por Ele que tem o poder de te mandar para o Inferno, que parta depressa estremecendo, junto com teus seguidores desvairados, deste servo de Deus, Robert, que procura refúgio no seio da Santa Igreja. Eu te esconjuro uma vez mais" — outra cruz na testa — "não pela minha própria fraqueza, mas pelo poder do Espírito Santo, vá-te embora deste servo de Deus, Robert, a quem o Todo-Poderoso formou à sua imagem e semelhança.

"Renda-te, portanto, renda-te, não a mim, mas ao ministro de Cristo! Pois é o poder de Cristo que te obriga, Ele que o subjugou na Cruz. Estremeça perante seu braço, pois foi Ele quem silenciou os gemidos do Inferno e guiou as almas para a luz. Tema o corpo do homem" — uma cruz sobre aquela palavra HELL que atravessava o peito ofegante de Robbie — "tema a imagem de Deus." Então uma cruz traçada na testa. "Não resista, nem se demore em deixar esta pessoa, pois aprazou Cristo fazer Sua morada no homem.

"Que não lhe ocorra desdenhar de meu comando, porque reconheceis em mim um pobre pecador. Ordena-te o próprio Deus." Ao inserir o sinal † antes de uma palavra em particular, *O Ritual Romano* indicava ao exorcista o momento em que ele devia fazer o sinal da cruz. Depois da † ao lado de "Ordena-te", Bowdern cortou o ar com a mão firme. Saliva pingou do seu rosto e atingiu sua mão. Agora, com cada invocação, ele fazia o sinal da cruz no ar, entre os gritos e a respiração dificultosa, entre o choro da mãe de Robbie e o cuspe, uma quantidade inacreditável de cuspe.

De novo e de novo a mão direita do exorcista cortava o ar enquanto ele dizia, em latim: "Ordena-te † a majestade de Cristo! Ordena-te † Deus, o Pai! Ordena-te † o Espírito Santo! Ordena-te † o mistério da Cruz! Ordena-te † a fé dos santos apóstolos Pedro e Paulo e de todos os santos! Ordena-te † o sangue dos mártires! Ordena-te † a lealdade dos confessores! Ordena-te † a piedosa intercessão de todos os santos e santas! Ordena-te † o poder dos mistérios da fé cristã!

"Retira-te, portanto, transgressor, retira-te, sedutor cheio de mentira e perfídia, criatura vil, dá lugar, monstro, dá lugar a Cristo, no qual não encontraste nenhum vestígio das tuas obras. Pois Ele te despojou de teus poderes e devastou teu reino; Ele o subjugou e o acorrentou, e explodiu tuas armas de guerra. Ele te lançou dentro da escuridão exterior, onde a ruína é preparada para tu e teus seguidores.

"Por que resistes com insolência? Por que recusais tão descaradamente? Tu eres culpado perante Deus todo-poderoso, cujas leis tu descumpriste. Tu eres culpado perante Seu Filho, nosso Senhor Jesus Cristo, a quem tu quiseste tentar, a quem tiveste coragem de pregar à Cruz. Tu eres culpado perante a humanidade, pois através de tuas lisonjas, tu ofereceste a taça envenenada da morte.

"Eu te esconjuro, portanto, maldito dragão, em nome do imaculado † Cordeiro, que caminhou sobre a áspide e o basilisco e esmagou sob os pés o leão e o dragão, afasta-te deste homem" — Bowdern fez o sinal da cruz na testa de Robbie — "afasta-te da Igreja de Deus" — o padre se virou a abençoou os outros no quarto. "Estremeça e fuja, enquanto clamamos em nome do Senhor, perante quem o inferno estremece, para quem as santas Virtudes e Poderes e Domínio estão sujeitos, a quem os Querubins e Serafins louvam com vozes infinitas enquanto cantam: Santo, santo, santo, Senhor Deus de Sabaoth [hebraico para *exércitos* ou *hordas*]! Ordena-te † o Verbo que fez a carne! Ordena-te † Ele que nasceu da Virgem. Ordena-te Jesus † de Nazaré.

"Pois quando zombaste de Seus discípulos, Ele destruiu e humilhou teu orgulho e mandou afastar-te de um certo homem; e quando Ele o expulsou, tu sequer se atreveste a não entrar em uma vara de suínos. E agora enquanto te esconjuro em Seu † nome, afasta-te deste homem que d'Ele foi criado. É difícil que tu resistas. † É difícil que tu recalcistres contra os aguilhões. † Pois quanto mais atrasas tua partida, mais pesada tua punição deverá ser; já que não são os homens que tu desprezas, mas Ele, o Governante dos vivos e dos mortos, Ele que julgará os vivos e os mortos e o mundo pelo fogo."

Bishop disse "Amém", e Robbie ouviu outra vez os dois padres alternarem o conhecido epílogo em latim da oração:

"*Dómine, exáudi oratiónem meam.*"

"*Et clamor meus ad te véniat.*"

"*Dóminus vobíscum.*"

"*Et cum spíritu tuo.*"

Mais uma vez, Bowdern disse em voz alta "*Orémus*" e outra reza em latim foi iniciada.

"Deus do Céu, Deus da Terra, Deus dos anjos, Deus dos arcanjos, Deus dos profetas e Deus dos apóstolos, Deus dos mártires e Deus das virgens, que tendes poder de dar a vida após a morte e o descanso depois do trabalho; porque não há nem pode haver outro Deus além de Vós, criador do Céu e da Terra, verdadeiro Rei cujo reino não tem fim. Imploramos da Vossa gloriosa majestade que Vos digneis a libertar este teu servo dos espíritos imundos. Por Cristo, nosso Senhor."

"Amém", completou Bishop.

Bowdern fez uma pausa e olhou para o pesadelo vivo e contorcido na cama. Sobre o lençol encharcado e amarrotado, Robbie fazia caretas enquanto dormia, se revirando e cuspindo. Ele estava tão forte agora quanto estivera horas atrás. Halloran e o tio de Robbie ainda seguravam o menino, mas estavam ficando cada vez mais fracos. Suor e cuspe molhavam seus rostos e manchavam suas roupas. Phyllis Mannheim e sua cunhada estavam abraçadas perto da cabeceira da cama. A mãe já não tinha lágrimas para chorar. As mulheres estavam petrificadas de medo e aflição. Bowdern olhou de relance para Bishop, cujo rosto também reluzia de suor e saliva. Havia um pingo de sangue na sua sobrepeliz, onde ela entrara em contato com o corpo do garoto. Bowdern captou o olhar de Bishop e assentiu. Sim, haveria mais. A noite prosseguiria.

Bowdern segurou o *Ritual* na mão esquerda, um dedo marcando a página, e, com a mão direita, pegou a garrafa de água benta. Deu um passo à frente e entornou a água na cabeça de Robbie. O menino despertou, assustado, olhou em volta, sentou-se e voltou a afundar no travesseiro úmido. Disse que o lugar onde estivera era muito, muito quente. Com a voz fraca, pediu água. Phyllis foi até o banheiro próximo e pegou um copo d'água. Quando ela voltou, o garoto dormia de novo e, com uma força surpreendente, lutava mais uma vez.

Diversas vezes ao longo da noite, ao final de uma oração, Bowdern repetia o ritual de verter água benta sobre Robbie. Ambos os padres sentiam que o menino ficava mais calmo quando estava acordado. Algumas vezes a água não o acordou, e Bishop ou Bowdern lhe davam tapinhas fracos no rosto para despertá-lo.

Finalmente, veio a última oração de exorcismo.

"Eu te esconjuro", começou Bowdern, "todo espírito imundo, todo fantasma, todo usurpador de Satã, em nome de Jesus Cristo † de Nazaré, quem, depois de ser batizado por João, foi guiado ao deserto e te venceu em tua cidadela. Cesse teu ataque contra o homem, a quem Ele fez para sua honra e glória a partir do barro da terra. Estremece diante do infeliz, não na condição da fragilidade humana, mas à semelhança do Deus todo-poderoso. Renda-te a Deus, † pois é Ele quem, no Faraó e seu exército, afogou a ti e à tua malícia através de Seu servo, Moisés, nas profundezas do mar. Renda-te a Deus, † quem, pelo canto dos cânticos santos por parte de Davi, seu fiel servo, te expulsou do coração do rei Saul.

"Renda-te a Deus, † quem te condenou como traidor, Judas Iscariotes. Pois Ele te ameaça com o flagelo † divino, perante cuja face tu tremeste e gritaste, dizendo: 'O que devemos fazer contigo, Jesus, Filho do Altíssimo? Vieste aqui antes do tempo para nos torturar?'. Ele te ameaça com o fogo eterno, Ele que no fim dos tempos dirá ao perverso: 'Afasta-te de mim, amaldiçoado, mergulhe no fogo eterno que fora preparado para o diabo e seus anjos'.

"Para tu, ser maligno, e para teus seguidores haverão vermes que nunca pereçam. Para tu e teus anjos está pronto um fogo inextinguível, porque tu eres o príncipe do assassinato amaldiçoado, criador da luxúria, líder em sacrilégio, exemplo de vilania, professor da heresia, inventor de toda obscenidade. Vá-te, † maligno, vá-te, † amaldiçoado, vá-te com toda tua falsidade, pois Deus desejou que o homem seja Seu templo. Mas por que demoras? Dá honra a Deus, o Pai † todo-poderoso, perante quem todos se ajoelham. Dá lugar ao Senhor Jesus † Cristo, quem pelos homens verteu seu mais precioso sangue. Dá lugar ao Espírito † Santo..."

Bowdern de repente levantou a voz para gritar. "*Discéde ergo nunc*" — Vá-te embora, agora! O exorcista levantou a mão uma última vez, cortando o ar com movimentos furiosos em um último e grandioso sinal da cruz. "Vá-te embora, sedutor! Teu lugar é na solidão, tua moradia é na serpente. Humilha-te e caia prostrado! Esta questão não tolera atrasos. Pois observe, o Senhor, o Governante, vem depressa, e o fogo queimará perante d'Ele e vai à frente e lançará chamas em volta dos seus inimigos.

"O homem tu podes trair, mas de Deus tu não podes zombar. Ele expulsa-te, de cujos olhos nada é escondido. Por ele tu eres lançado, a cujo poder todos estão sujeitos, por Ele tu eres expulso, quem preparou o inferno eterno para tu e teus anjos, de cuja boca saíra uma espada pontiaguda, quem virá para julgar os vivos e os mortos e o mundo pelo fogo."

Bishop disse: "Amém".

De repente, o quarto ficou calmo. Robbie parecia estar dormindo de verdade, livre de pesadelos. Bowdern caiu de joelhos e rezou em silêncio por alguns instantes, a cabeça tocando de leve o lençol encharcado. Eram quase 5 horas da manhã.

Então, com os olhos fechados apertados, o menino se sentou e começou a cantar. "*Way down upon the Swanee River, far, far away*",[1] cantou ele, a voz esganiçada e incrivelmente alta. Ele girou os braços com gestos amplos e largos, fora de sincronia com a música. O garoto gargalhou, as palavras emboladas umas nas outras e ainda agitando os

---

[1] "Descendo o rio Swanee, bem, bem longe", trecho da canção "Swanee River", escrita por Stephen Foster em 1851. [NT]

braços em uma tentativa frenética de manter o ritmo, ele se lançou em outra música: *"Ole Man River, dat Ole Man River, he mus' know sumpin'"*.[2] Os olhos se abriram diversas vezes durante aquele recital insano. Robbie parecia sorrir, e seguia cantando, deturpando as palavras, guinchando a música.

Bowdern, apesar de exausto, começou a rezar de novo. O *Ritual* recomendava inúmeras orações — excertos de Evangelhos, salmos, o Credo de Atanásio, o qual acrescentou suas palavras sobre dogma a todas as outras palavras de fé e ameaça que marcaram o ritmo daquela noite longa, até a manhã. Bishop, geralmente metódico, mas naquela noite aturdido e esgotado, não registrou quais orações foram feitas.

Ele terminou seu registro com esta anotação: "Por volta das 7h30, R. adormeceu de modo natural e continuou em paz até as 13 horas do dia 17. Então, fez uma refeição habitual e jogou uma partida de Banco Imobiliário."

---

[2] "O velho homem do rio, aquele velho homem do rio, ele deve saber de alguma coisa", trecho da canção "Old Man River", escrita por Oscar Hammerstein II em 1927 e regravada por músicos como Ray Charles e Frank Sinatra. [NT]

THOMAS B. ALLEN

EXORCISMO

Capítulo 9

O RITUAL

O padre Bowdern acreditava no fundo da sua alma que estava combatendo Satã. E, enquanto aquela longa e terrível noite se transformava em manhã, ele se sentia vergado sob o peso de um fardo muito pesado. Suas únicas armas eram a fé e o *Ritual*, com suas orações e instruções. Sua única estratégia era seguir lutando, repetindo diversas vezes o que fizera na noite anterior e durante toda a madrugada até a manhã. Ele achava que conhecia seus limites e, por ser um homem honesto, não sabia se conseguiria resistir a todas as noites que aquele combate exigiria. Mas iria tentar. Ele não era o tipo de pessoa que desistia com facilidade. Ele era, segundo um amigo, um homem que nunca fazia nada para "facilitar as coisas para si mesmo".

O *Ritual* dizia que alguns tipos de espíritos malignos não podiam ser expulsos, exceto pela oração e pelo jejum. Bowdern acreditava profundamente na oração. Quanto ao jejum, ele disse a Halloran: "Devemos jejuar. Mas tenho muito trabalho a fazer. Não acredito que possa fazer isso vivendo só de pão e água". Um típico jejum para um padre jesuíta era constituído de um café da manhã com um ovo cozido e uma torrada sem nada, um sanduíche de queijo para o almoço e um jantar comum, mas sem carne. O jesuíta em jejum não podia comer entre as refeições, mas podia beber quando e o que quisesse.

Então seriam as orações que sustentariam Bowdern, as orações e a fé. O *Ritual* aconselhava o exorcista a ter em mente o que Jesus disse quando os apóstolos falharam em exorcizar uma criança. Jesus falou que fora bem-sucedido porque Ele acreditava e eles não: "Em verdade vos digo que, se tiverdes fé como um grão de mostarda, direis a este monte: passa daqui para acolá, e há de passar; e nada vos será impossível".

Bowdern disse a Bishop e Halloran que não fazia ideia de quanto tempo aquilo iria durar. O exorcismo poderia consumir seus dias e suas noites indefinidamente, mas, ao mesmo tempo, cada um deles teria que prosseguir com suas obrigações habituais. E, por causa do pedido do arcebispo para que mantivessem tudo em sigilo, nenhum deles poderia usar o exorcismo como desculpa por estar sonolento, o que era o caso com todos eles naquela quinta-feira, dia de São Patrício, o segundo dia do exorcismo.

Foi Halloran quem teve mais problemas. Como Bowdern e Bishop, ele começava o dia às 5 horas da manhã. Entretanto, como um escolástico jesuíta, tinha muito menos liberdade do que os dois padres e levava uma vida mais institucional. Dentre seus superiores havia um padre, conhecido como padre-mestre, que mantinha os escolásticos na linha. Embora Halloran tivesse certa independência como estudante, as horas nas quais não estudava eram controladas de modo rigoroso. Ele não poderia passar toda a noite fora sem uma permissão extraordinária.

De algum modo, porém, os dois padres lhe deram cobertura. Todos os jesuítas, escolásticos e padres, viviam em quartos individuais conhecidos como celas. A de Halloran ficava em um dos andares de um dormitório reservado aos escolásticos. Ele conseguiu voltar à cela, se barbear, tomar um banho e ir para as aulas sem alertar o prefeito da disciplina. Bowdern tinha um dia cheio de trabalho pastoral para realizar, e Bishop tinha seu cronograma de aulas.

Bowdern telefonou para a família de Robbie durante o dia, escutou o relato sobre a partida vespertina de Banco Imobiliário e também descobriu que o pai de Robbie estava voltando de Maryland. Ele tinha tentado manter o trabalho e voltara para casa. Phyllis contou a Karl o que acontecera na noite de quarta-feira, e ele disse que iria voar para Saint Louis e chegar a tempo para a sessão do dia seguinte.

Por volta das 21h30, Halloran estacionou na frente da casa e seguiu os padres para dentro. Phyllis os recebeu à porta. Karl e o irmão, disse ela, estavam no andar de cima, segurando Robbie. Os jesuítas podiam ouvir barulhos vindo do quarto.

Phyllis contou que o filho passara um dia tranquilo e não parecia afetado pelos eventos da noite e da manhã. Todos tinham jantado e houve uma conversa sobre outra partida de Banco Imobiliário. Então, por volta das 21 horas, Robbie ficara sonolento de repente. O sono lhe arrebatou tão depressa que ele cochilou enquanto se despia para ir dormir. Mal subiu na cama e começou a se debater e gritar no sono. Os horrores da noite anterior tinham recomeçado.

Bowdern e Bishop colocaram as sobrepelizes e as estolas e foram para o andar de cima. Halloran os seguiu. No quarto, Karl e seu irmão George estavam ao lado da cabeceira da cama, inclinando-se com toda a força sobre Robbie, que lutava contra o aperto.

Bowdern aspergiu água benta no rosto do menino e o esbofeteou com força diversas vezes. O garoto se sentou e olhou em volta, depois voltou a adormecer e recomeçou a se contorcer e gritar. O *Ritual* alertara o padre sobre aquilo. Às vezes, os demônios colocavam o endemoniado em um sono anormal para manter a vítima inconsciente do exorcismo.

Bowdern gesticulou para que Halloran se juntasse aos dois homens que seguravam Robbie. Não parecia possível que um menino tão franzino conseguisse reunir tanta força. Era um sinal de possessão, ele pensou.

O sacerdote abriu o *Ritual* e começou a recitar a primeira oração. O garoto reagiu com violência. De olhos fechados, ele se voltou para o pai e cuspiu no seu rosto. Então, cuspiu no tio George e em Halloran. Bowdern se aproximou, falando em voz alta e cheio de autoridade acima dos gritos de Robbie. O garoto, de olhos ainda bem fechados, conseguiu se desvencilhar dos três homens que o seguravam e, com um movimento rápido, esticou os braços, agarrou a estola de Bowdern e a rasgou com facilidade.

O padre Bishop, que tinha acabado de borrifar água benta no rosto do menino, foi atingido em cheio no rosto por um jato de cuspe. Phyllis avançou para secar a testa de Robbie com um pano. Ele se virou de olhos fechados na direção dela e, se desviando do pano, acertou uma cusparada certeira no rosto da mãe.

O menino virou a cabeça. Halloran se desviou, mas Robbie o acertou em cheio no rosto. "Ele tinha uma mira incrível à uma distância de 1,2 ou 1,5 metro", os escolástico se admirou mais tarde. "Mesmo de olhos fechados, conseguia cuspir bem na sua cara."

Bowdern não vacilou. Seguiu lendo as orações, e Bishop e Halloran seguiram respondendo nos momentos certos. A tia de Robbie, Catherine, começou a recitar o rosário. Enquanto passava as contas, os outros se juntaram a ela. *Ave Maria, cheia de graça...* e *Pai Nosso que estais no céu...*

Às vezes, Robbie emergia do pesadelo. Ele parecia surpreso quando os pais lhe perguntavam por que estava cuspindo e brigando. Exausto e desperto, o menino não se lembrava de nenhuma das suas ações. Sabia apenas que estivera dormindo. Durante esses momentos despertos e confusos, Bishop verificava o pulso de Robbie. Estava normal, assim como na noite anterior. Bishop também procurou arranhões e vergões no corpo do garoto. Não havia nenhum.

Então, Robbie voltava a cair no que Bishop chamou de "sono profundo e agitado" e as cusparadas e os gritos recomeçavam. Algumas vezes, o endemoniado berrava ameaças contra as pessoas que o seguravam. E, após palavras como *Dóminus* e *Deus*, ele arqueava o corpo magro e se debatia de maneira descontrolada. De vez em quando cantarolava uma canção ou, com a voz aguda e desafinada, começava a cantar "Way down upon the Swanee River..."

Bowdern continuou lendo o *Ritual* e, assim que terminou as orações de exorcismo, conduziu rosários, permanecendo ao lado da cama até que, por volta de 1h30, Robbie pegou no que parecia ser um sono normal. Quando Bowdern teve certeza de que Robbie iria dormir pelo restante da noite, levou os outros para baixo.

Bishop circulou com seu caderno, fazendo perguntas a todos que estiveram no quarto e anotando suas observações, junto com as próprias. Então, os padres e Halloran desejaram boa noite a todos e voltaram de carro para a universidade.

Bowdern, depois de poucas horas de sono, realizou sua missa diária na Xavier e, com uma aparência abatida e preocupada, tentou se concentrar em ser um pastor. Sua mente, porém, estava focada na guerra que travava com Satã pelo controle de um mininho que parecia não saber nada sobre essa luta. Na tarde daquela sexta-feira, ele recebeu notícias dos pais de Robbie. Eles disseram que o filho teve o que eles chamavam de "episódio" logo depois do almoço. Karl Mannheim abraçou Robbie com força enquanto Phyllis, a não católica, e sua cunhada católica rezavam o rosário. Robbie parou de se debater depois de uma hora e pareceu voltar ao normal.

Bowdern, Bishop e Halloran voltaram para a casa às 19 horas. Os três conversaram e jogaram um jogo com Robbie. (Bishop não anotou qual foi o jogo, e Halloran, ao ser perguntado a respeito quarenta anos depois, não recordava.) O garoto pareceu gostar da companhia, mas, pouco depois das 20 horas, disse que estava ficando com sono. Ele subiu e se preparou para dormir. Assim que subiu na cama, os padres e Halloran se reuniram no quarto outra vez.

Bowdern conduziu os outros jesuítas ao longo do rosário, e Robbie, hesitante, se juntou a eles. Quando a última das cinquenta Ave-Marias e dos dez Pai-Nosso foram rezados, Bowdern mencionou Nossa Senhora de Fátima, uma história que o garoto tinha gostado quando o padre lhe contara pela primeira vez. Então, ele começou a recitar uma oração especial para Nossa Senhora de Fátima. Robbie parecia calmo e permanecera acordado.

Bowdern tomou seu lugar a um lado da cama, e Bishop foi para o lado oposto. Halloran se ajoelhou de novo na frente das barras ao pé da cama. Bowdern abriu o *Ritual* na seção sobre exorcismo e começou a primeira oração prescrevida, a Ladainha de Todos os Santos.

"*K'ýrie, eléison*", disse Bowdern.

Bishop e Halloran responderam: "*Christe, eléison*". E, mais uma vez, o ritmo da Ladainha ressoou pelo quarto — Bowdern recitando uma frase em latim, Bishop e Halloran dando a resposta.

"*Christe, audi nos.*"
"*Christe, exáudi nos.*"
"*Sancta Maria, ora pro nobis.*"
"*Ora pro nobis.*"
"*Sancta Virgo vírginum...*"
"*Ora pro nobis.*"
"*Sancte Míchael...*"
"*Ora pro nobis.*"
"*Sancte Gábriel...*"

O colchão começou a tremer.

Bowdern interrompeu a ladainha, marcou a página do *Ritual* com o dedo, pegou a garrafa de água benta sobre o criado-mudo e aspergiu a água na cama. O colchão parou de tremer.

O exorcista voltou a abrir o *Ritual* e os três jesuítas recomeçaram o canto da Ladainha.

"*Sancte Ráphael.*"
"*Ora pro nobis.*"
"*Omne sancti Angeli et Archángeli.*"
"*Ora pro...*"

Robbie teve um ataque, os braços e as pernas se agitando. Ele puxou o cobertor e o lençol e socou o travesseiro. Halloran andou até a cabeceira da cama e agarrou o garoto. O pai e o tio correram e se juntaram ao escolástico. Os três homens seguravam o garoto. Mesmo assim, ele se contorcia e arqueava o corpo. "As contorções", Bishop registrou depois, "revelavam um poder físico além da força natural de R."

Robbie sacudiu a cabeça para livrá-lo das mãos que o seguravam e começou a cuspir. Embora os olhos estivessem fechados, ele nunca errava. O padre Bishop se desviou — em vão — e aspergiu água benta. Robbie se contorceu sob as gotículas como se estivesse sentindo dor. Segundo o diário, "ele lutava e gritava com uma voz aguda e diabólica".

Bowdern parou de ler e, seguindo uma das instruções no *Ritual*, tentou tocar Robbie com uma relíquia. O menino cuspiu nela, girou depressa e lançou mais um cuspe na mão erguida de Bishop. A seguir, Bowdern levou a mão para baixo da sobrepeliz e, de um bolso dentro da batina, tirou uma pequena caixa dourada chamada píxide. Dentro dela havia uma hóstia, uma hóstia consagrada. Isso era o que os católicos reverenciavam como Santíssimo Sacramento, o corpo e o sangue de Cristo.

Os pés de Robbie se mexiam ritmicamente, como se ele estivesse marchando para alguma nova batalha à beira do abismo. O exorcista segurou o píxide perto da sola de um dos pés. Aquela perna parou de se mover enquanto a outra continuava marchando pelo pesadelo de Robbie.

De repente, o garoto ficou consciente. Disse que seus braços estavam doloridos e olhou para o pai, o tio e Halloran. Ele parecia saber que eles tinham feito com que seus braços ficassem doloridos ao prendê-los, mas não disse nada. Então, tão de repente quanto acordara, ele fechou os olhos, voltou a cair no travesseiro e começou a se debater e gritar.

Bowdern continuou com as orações. Entre gritos, Robbie às vezes tentava repetir as palavras. Ele pareceu se acalmar e, por um momento, os homens o soltaram. Nesse instante, diz o diário de Bishop, "R. ficou de pé na cama e lutou com todos aqueles em volta dele. Ele gritou, pulou e agitou os punhos. Seu rosto estava demoníaco, e ele batia os dentes em fúria. O menino tentava abocanhar a mão do padre durante as bênçãos. Ele mordeu aqueles que o seguravam".

Pressionado contra o colchão, Robbie recomeçou a lutar e cuspir enquanto as orações prosseguiam. Durante horas ele oscilou entre o frenesi e a tranquilidade. Então, por volta da meia-noite, durante um período de calmaria, os homens exaustos que o continham o soltaram.

Em um instante, Robbie ficou de pé, parado no meio da cama. Caiu de joelhos e começou a fazer mesuras, dobrando a cintura e tocando a cabeça no colchão. Depois de inúmeros cumprimentos silenciosos, ele começou a entoar "Nossa Senhora de Fátima, rogai por nós", e então passou a dizer as palavras da Ave-Maria.

Enquanto todos os outros no quarto se reuniam ao redor da cama, mesmerizados, Robbie colocou o travesseiro na frente dos joelhos e começou a batucar um ritmo que soava como o clope-clope-clope de cavalos trotando. Ele se levantou de novo com um movimento abrupto e, aos olhos de Bishop, "começou sua intensa luta para a expulsão do demônio". O padre continua: "R. girava em todas as direções. Ele tirou a parte da frente da roupa de baixo e segurou os braços no alto em sinal de súplica. Em seguida, fez como se estivesse tentando vomitar. Os gestos se moviam para cima, próximos ao corpo. Ele parecia estar tentando levar o diabo do estômago à garganta".

Robbie pediu que alguém abrisse a janela. O vento frio da noite precipitou-se para dentro do quarto.

"Ele está saindo! Ele está saindo!", Robbie gritou em um tom de voz doce e vitorioso. "Lá vai ele!"

O menino voltou a cair na cama, o corpo flácido, como se exaurido do seu estranho pico de força.

Todos no quarto se ajoelharam em volta da cama. Bowdern conduziu uma oração de ação de graças. Phyllis Mannheim chorava de alegria. Robbie, o rosto beatífico, narrou seu triunfo. Disse que vira uma enorme nuvem negra que tinha escurecido sua visão. Sobre a nuvem havia uma figura encapuzada em um manto preto. E a figura tinha se afastado, diminuindo cada vez mais, até desaparecer por completo.

Robbie saiu da cama, vestiu o robe e, sorrindo alegre, desceu com os três jesuítas. Conversou com eles por alguns minutos e então se despediu dos três na porta da frente. Era aproximadamente 1h30.

Às 3h15, o telefone no presbitério da College Church tocou. Temendo o que iria ouvir, o padre Bowdern atendeu aflito. "É o Robbie." O menino segurava a barriga que doía e gritava: "Ele está voltando! Ele está voltando!".

Bowdern se vestiu depressa e, com cuidado para não acordar ninguém, reuniu Bishop e Halloran.

"Eu tinha acabado de me deitar", relembra o escolástico, "e ele chegou e disse: 'Vamos voltar para lá'".

As luzes resplandeciam em uma casa na rua escura onde Halloran estacionou. Os três jesuítas entraram no local em silêncio, subiram a escada e Bowdern começou as orações de exorcismo outra vez. Era como se nada tivesse acontecido. Lá estava o garoto se contorcendo na cama. Lá estavam o tio e o pai segurando-o. Mais orações, mais gritos, mais cusparadas. E finalmente, às 7h30, Robbie pegou em um sono que parecia ser natural.

Bowdern, Bishop e Halloran foram para o carro e voltaram em silêncio. Bowdern agarrava seu *Ritual*. Às vezes, as instruções diziam, os demônios "deixavam o corpo sem qualquer moléstia, para que a vítima acreditasse estar completamente livre. Mesmo assim, o exorcista não deve desistir até ver sinais de libertação". *Mas quais são esses sinais? Robbie gritara "Ele está saindo!" e "Lá vai ele!". Esses não foram os sinais? Quais são os sinais?* Pela primeira vez, o jesuíta sentiu desespero, o mais terrível dos pecados, pois ele drenava a esperança da alma.

THOMAS B. ALLEN

EXORCISMO

Capítulo 10

O SINAL DO X

O padre Bowdern, olhos inchados pela falta de sono, entrou na sacristia da Saint Francis Xavier Church e foi até o lavabo, onde lavou e secou as mãos antes de se preparar para a missa. Virou-se para a mesa de paramentos, um gabinete largo que batia mais ou menos em sua cintura. A Quaresma tinha começado; portanto, ele abriu uma gaveta larga que continha os paramentos roxos. O sacerdote os colocou sobre a superfície plana e abriu outra gaveta para pegar o restante dos paramentos.

Beijou a bainha do amito, uma peça de linho branca e oblonga, o colocou nos ombros, o cruzou pelo peito e prendeu as longas tiras de linho ao redor da cintura, amarrando-as. Passou a alva pela cabeça, uma túnica branca que chegava até os pés, depois a circundou com um cíngulo comprido e branco que prendeu com um nó na cintura. No braço esquerdo, pendurou o manípulo que tinha uma cruz bordada em ambos os lados. Em volta do pescoço, colocou uma estola roxa que era mais larga e longa do que aquela usada durante o exorcismo. Finalmente, pegou a casula, um manto sem mangas, abaixou a cabeça e vestiu o último paramento roxo. Havia uma cruz grande bordada na parte de trás da casula.

Completamente paramentado, ele colocou o barrete. Um coroinha que o aguardava abriu a pesada porta de madeira que levava ao santuário, e o padre seguiu o garoto para fora. As pessoas se remexiam nos bancos além do anteparo do altar. Os paroquianos que constituíam a pequena congregação de sábado se levantaram quando Bowdern entregou o barrete ao coroinha, subiu os degraus até o altar, se curvou para beijar o mármore frio do altar de pedra e levou o polegar direito à testa e ao peito no sinal da cruz. Virou-se e moveu a mão no sinal da cruz que abençoava a congregação.

Ele sentiu paz e força na igreja. Seu desespero desaparecera. Ele desceu a escada e, virando-se na direção do tabernáculo, o qual continha o Santíssimo Sacramento, disse: *"Introibo ad altaré Deí"* — Entrarei no altar de Deus.

O coroinha respondeu: *"Ad Deum qui laetificat juventutem meam"* — O Deus que alegra minha juventude.

E era assim a maior parte do tempo. Latim na quietude de uma igreja, a missa como o serviço que prestava às pessoas. Ser um jesuíta na mais profunda tradição espiritual, a tradição de Inácio.

As dúzias de vitrais ao redor da igreja revelam muita coisa a respeito do ponto de vista jesuíta sobre o mundo. Vitrais nos transeptos retratam as três ordens sociais afetadas pelos ensinamentos de Cristo: o Estado, a Igreja e a família. A relação humana com o mundo material é simbolizada por imagens das três ocupações básicas humanas: agricultura, transporte e comércio. Outro vitral retrata os mártires jesuítas da América do Norte, cujas relíquias Bowdern levara para Robbie. Perto dali há vitrais que retratam cenas das vidas de santos jesuítas com semelhanças óbvias a cenas de histórias bíblicas.

No elevado abside, vitrais nas janelas lancetas atraem o olhar para o alto a partir do altar-mor. Os vitrais retratam, em um esplendor de auréolas douradas, as três pessoas da Santíssima Trindade. Em volta delas agrupam-se santos e um arco-íris, o eterno símbolo da esperança.

O sábado seguiu o padrão dos outros dias. Robbie brincou, leu revistas em quadrinhos, ouviu o rádio, atrapalhou os adultos, agiu como um garoto normal de 13 anos. Com a escuridão chegava o humor sorumbático, e, com a chegada do sono, vinha o horror. Bowdern decidiu tentar adiantar o período sombrio algumas horas, para poupar o menino, sua família e os visitantes de um cerco que duraria a noite toda. Talvez se Robbie fosse para a cama por volta das 20 horas, a provação pudesse acabar às 23 horas ou à meia-noite em vez de se prolongar até a manhã.

Bowdern, Bishop e Halloran chegaram exatamente às 19 horas daquela noite e passaram a maior parte de uma hora tentando acalmar os moradores da casa antes de outra tempestade. Às 20 horas, Robbie foi para cama, e, depois de alguns minutos, Bowdern levou os outros até o quarto.

Robbie, Bowdern percebeu, não demonstrara nenhum sinal de violência até o exorcismo começar três noites antes. *Será que todo exorcismo desencadeia violência? Se o exorcismo causa toda essa violência, o que colocaria um fim nele?*

Bowdern sabia que, no fim das contas, ele era o prêmio que o demônio procurava. Isso o padre não temia. O que ele detestava era despertar a besta dentro de um menino e vê-lo atormentado. Bowdern começava a aceitar que o exorcismo iria torturar a ele e a Robbie, mas que o bem triunfaria no fim. Ele precisava se concentrar apenas nisso. Não deveria se desesperar outra vez. Não deveria titubear perante a fúria que libertava com suas palavras de oração. Ele começou.

Robbie gritou e se contorceu contra o aperto de Halloran. Bowdern sentiu que aquela noite seria pior que a anterior. Ele continuou a ler o *Ritual*, Bishop continuou a responder e Halloran continuou a responder entre grunhidos.

Bowdern começou o *Praecípio* — "Ordeno-te, espírito imundo" — e observou por cima do livro que Robbie tentava morder e latia com um cachorro. "...Tu deves me dizer através de algum sinal..."

O padre falava em um idioma que Robbie não deveria entender. Ainda assim, depois dessas palavras em latim que pediam por um sinal, o garoto deu um: ele urinou. A urina escorreu e se espalhou em uma mancha no cobertor que o cobria. O fedor era insuportável. Bowdern ordenou que o demônio dissesse seu nome. E, de novo, Robbie urinou. Bowdern perguntou a hora da partida do demônio. E a urina foi expelida outra vez.

O pijama e a cama estavam ensopados, e ainda assim a urina saía. Robbie acordou de repente, se dobrou de dor e gritou que a urina o estava queimando. Enquanto falava, ele se engasgou um pouco com as palavras, porque, o menino conseguiu dizer, a garganta também queimava. Disse que a garganta e o pênis estavam pegando fogo.

Em algumas partes, as instruções do *Ritual* tinham alertado, "os espíritos malignos criam empecilhos no caminho com quaisquer obstáculos que conseguem, para que a vítima não consiga se submeter a um exorcismo". Bowdern se sentiu tentado a gritar e xingar a criatura. Contudo, ele resistiu, atento ao alerta de não enfrentar o demônio de modo direto.

Ele terminou o *Praecípio* e seguiu para a abertura do Evangelho de São João — "No princípio era o Verbo, e o Verbo estava com Deus, e o Verbo era Deus". Enquanto rezava, deu um passo à frente e fez o sinal da cruz na testa, nos lábios e no peito de Robbie.

O fluxo de urina parou e as palavras prosseguiram. "*Omnípotens Dómine, Verbum Dei Patris, Christe Jesu, Deus et Dóminus univérsae creatúrae*" — Senhor todo-poderoso, Verbo de Deus Pai, Jesus Cristo, Deus e Senhor de toda criação! A oração continuou: "...humildemente invoco com temor e tremor o Vosso santo nome: conceda a mim, Vosso servo mais indigno, perdão por todos os pecados; dá-me fé e força inabaláveis para combater este demônio com confiança e destemor, fortificado pela força de vosso santo braço".

Bowdern fizera essa oração em outras noites, mas agora conseguia sentir sua força. Ele fez o sinal da cruz sobre Robbie e colocou uma ponta da estola no pescoço do menino. Com a mão direita na cabeça de Robbie, disse: "*Ecce Crucem Dómini, fúgite, partes advérsae*" — Eis a Cruz do Senhor; fujam, forças inimigas!

Bishop respondeu: "*Vincit leo de tribu Juda, radix David*" — Venceu o Leão da tribo de Judá, Ele que é o bastão de Davi.

Com a mão firme sobre a cabeça de Robbie, Bowdern prosseguiu, "*Dómine, exáudi oratiónem meam*" — Ó Deus, ouça a minha oração.

Bishop falou: "*Et clamor meus ad te véniat*" — Chegue até vós o meu clamor.

"*Dóminus vobiscum.*"

"*Et cum spíritu tuo.*"

Robbie pareceu se acalmar sob o toque da mão de Bowdern. Por alguns instantes, os gritos e os latidos pararam. Houve silêncio no quarto malcheiroso. Então, da boca de Robbie vieram as notas de "Danúbio Azul" — *da da da da da, da da da da* — reproduzidas lindamente, cada nota melodiosa, os braços balançando em perfeito ritmo com a melodia. Sua voz já não era mais rude, e os gestos eram controlados. Ele tinha a voz angelical de um cantor de coral, uma voz que parecia ser treinada.

Bishop, que tinha um ouvido musical melhor do que Bowdern, ficou particularmente surpreso pelo desempenho de Robbie. Depois do ataque da noite anterior, Bishop, com seu jeito cuidadoso para fazer anotações, perguntara sobre as habilidades musicais do menino. A mãe contara ao padre que seu filho não cantava bem, e que, na verdade, não gostava de cantar. Esses fatos explicavam o desempenho anterior, mas não aquele.

Agora Robbie passou a cantar "The Old Rugged Cross",[1] aparentemente em uma resposta zombeteira à oração que Bowdern tinha co-

---

1   *A Velha Rude Cruz*, hino popular escrito em 1912 pelo evangelista George Bennard. [NT]

meçado com *Ecce Crucem Dómini*. Mais uma vez, a música, para os ouvidos de Bishop, tinha uma qualidade profissional.

A cantoria parou tão subitamente quanto começara. Robbie acordou por alguns instantes e, de modo casual, Bishop pediu a ele para cantarolar o ritmo de "Danúbio Azul". Robbie não conseguiu imitar a melodia e disse que não conhecia a música.

Ele fechou os olhos e voltou a pegar em um sono parecido com um transe. Pouco tempo depois, enquanto Bowdern continuava as orações, Robbie chamou um dos padres pelo nome. (Bishop não se lembra de qual padre). O sacerdote não respondeu. O garoto chamou de novo, com a voz ainda agradável. Novamente, o padre se recusou a responder, seguindo as instruções do *Ritual*: não tente conversar com o endemoniado. Com um tom de voz severo, Robbie chamou o nome do padre outra vez e acrescentou: "Você fede!". Esse foi o primeiro dos ataques que se tornariam cada vez mais veementes contra Bowdern, Bishop e Halloran.

A raiva de Robbie contra o padre desencadeou um ataque violento. Ele começou a se debater outra vez. Halloran lutou para mantê-lo parado. Os gritos e as contorções continuaram até as 3 horas, quando o garoto mergulhou em um torpor profundo que Bowdern julgou ser natural. Ele, Bishop e Halloran esperaram e rezaram ao lado da cama por meia hora e, então, foram embora. Agora era o momento de outro ritual noturno: os Mannheim retiraram o pijama ensopado de um Robbie em sono profundo, o banharam, o vestiram com um pijama limpo e trocaram as roupas de cama encharcadas.

No domingo, Bowdern começou a sessão às 20 horas, e, após quinze minutos, Robbie mostrou sinais de que iria transformar aquela noite na pior até então. Ele praguejou e se contorceu pela cama, ameaçando Halloran, xingando, berrando. Ele se deleitava em urinar de modo prodigioso e soltava gases ruidosos. Acordava por alguns instantes de cada vez, reclamava que a urina o queimava e então voltava a entrar em transe e continuava a urinar e soltar gases. O quarto fedia; os odores pareciam pairar no ar como uma névoa nauseante.

Pela primeira vez, Robbie se voltou contra os padres. "Fiquem longe de mim, seus cuzões!", ele gritou de repente. Sua voz era às vezes estridente, às vezes gutural. As lembranças de testemunhas sobre a voz do menino variam consideravelmente. Algumas descreveram a voz como sendo de outro mundo — um tom profundo e ameaçador que não poderia ter saído de um menino. Outras se lembravam de uma voz aguda e muito irritante que cortava suas mentes como um machado. Outras não conseguiram afastar a risada demoníaca de Robbie da lembrança.

"Vão para o inferno, seus filhos da puta imundos!", gritava ele.

Halloran segurou com mais força, temendo que o garoto pulasse e machucasse Bowdern. No entanto, o exorcista não perdeu o foco de sua missão. Ele seguiu rezando, falando com a voz alta e firme, como um policial abordando um inimigo escondido.

"Seus malditos, filhos da puta!", gritava Robbie. "Seus vermes desgraçados e imundos!"

Bishop anotou essas frases com zelo. Houve outras, mas eram ofensivas demais para que o padre as escrevesse. Tudo o que registrou foi que Robbie também incluiu em seus xingamentos referências à Santa Virgem e deturpou frases de orações a Nossa Senhora de Fátima.

O xingamento e a luta chegaram ao fim às 2 horas.

O tio e a tia de Robbie não aguentavam mais. Ninguém estava conseguindo dormir. No dia seguinte, segunda-feira, 21 de março, Phylllis Mannheim, desgastada pela aflição, pelo medo e pela falta de sono, foi levada ao médico. Parece que ela não revelou a ele a causa de sua condição. Bishop não registrou se o médico prescreveu um sedativo.

Robbie permanecia aparentemente abstraído dos frenesis noturnos. A amnésia diurna deixava todos perplexos. "Sempre achei que, se ele se lembrasse do que tinha acontecido, teria mencionado algo", diz Halloran. "Porém, ele nunca disse nada a ninguém que esteve envolvido. Nunca fez nenhuma referência ao que tinha sido dito ou feito. Eu nunca tive a sensação de que ele estava fingindo. Nunca. E se ele estivesse acordado quando você ia embora, você dizia 'Boa noite' e 'Vejo você depois', e ele respondia 'Ok'."

A família de protestantes e católicos se reuniu para decidir o que fazer em seguida. Entre os parentes havia também aqueles que seguiam o espiritualismo da tia Harriet e aqueles que acreditavam em parapsicologia. Eles insistiram que outras alternativas além do exorcismo fossem experimentadas. Os Mannheim tinham dado ao reverendo Schulze o endereço em Saint Louis e mantinham contato. Através dele, aparentemente, eles se encontraram com um padre episcopal e um pastor luterano local. Agora, ao ouvir relatos sobre o exorcismo, Schulze começou a insistir que voltassem para casa e se consultassem com seu médico que era "complacente com o caso". Porém, pelo menos por ora, Phyllis e Karl Mannheim optaram por ignorar os outros conselhos e aceitar as recomendações de Bowdern e Bishop.

Os jesuítas sugeriram que Robbie fosse internado em um hospital, pelo menos por uma noite, para que o restante da família pudesse dormir sem ter medo de acordar com gritos. O menino não foi consultado. Seus pais concordaram, e Bowdern de imediato tomou as providências para que o garoto fosse levado ao Alexian Brothers Hospital,[2] uma instituição bem-conhecida em Saint Louis.

A Congregação dos Irmãos Aleixanos, ou Irmãos Celitas, foi fundada por monges que cuidavam das vítimas da Peste Negra, que assolou a Europa no século XIV. Eram conhecidos na Europa como Irmãos Pobres ou Irmãos de Pão, os monges que socorreram os moribundos e os loucos, os monges que ficaram e enterraram os mortos quando outros fugiram da peste. O nome da ordem homenageava o santo patrono, Santo Aleixo, um homem que dedicou sua vida a ajudar os pobres.

Os aleixanos inauguraram seu primeiro hospital em Chicago em 1866, afirmando que eram especializados em tratar "retardados e lunáticos do sexo masculino". Os irmãos continuaram com essa especialidade quando abriram o hospital em Saint Louis, em 1870. Em uma cidade dessegregada, preocupada com a discriminação, eles acrescentaram a promessa de tratar homens de qualquer "classe, nacionalidade, religião, raça ou cor". Um edifício novo foi construído em 1873. Uma das duas alas de 36 metros de comprimento era reservada para doentes mentais. Regras rigorosas proibiam o uso de correntes, algemas e camisas de força, mas um paciente violento podia ser levado a um "quarto seguro". Bowdern tomou providências para poder usar um desses quartos seguros no quinto andar.

Atento à exigência do arcebispo Ritter para que mantivesse sigilo, o padre sabia que podia confiar nos aleixanos. Os irmãos estavam entre os primeiros praticantes de medicina norte-americanos a reconhecer o alcoolismo como doença. Desde a década de 1920, eles vinham tratando alcoólicos e tinham assumido uma missão especial, pouco conhecida além das suas paredes: eles cuidavam de padres viciados em álcool e tinham a responsabilidade de decidir quando estes estavam curados e poderiam reassumir suas tarefas religiosas.

Às 22 horas do dia 21 de março, Robbie foi internado no hospital e colocado no quarto seguro. Havia correias na cama, barras na janela e nenhuma maçaneta do lado de dentro da porta. Para sair do quarto era preciso bater na porta até um irmão destrancá-la. O irmão Bruno, um funcionário de longa data daquela ala, tinha um senso aguçado

---

2   Hospital administrado pela Congregação dos Irmãos Aleixanos. [NT]

das necessidades dos pacientes e dos seus familiares. Dessa forma, ele pediu que um sofá fosse levado ao quarto para o pai de Robbie, que tinha chegado com o menino e os jesuítas.

Bowdern começou a recitar a Ladainha de Todos os Santos como um prelúdio às orações de exorcismo e se preparou para outra noite de terror. Porém, nada aconteceu.

Os olhos de Robbie estavam arregalados de medo e ele virava a cabeça de um lado para o outro, olhando primeiro para as barras na janela e depois para as correias que o prendiam. Ele parecia mais assustado com o ambiente do que com o que o padre tentava exorcizar.

Pela primeira vez, o exorcismo ocorreu sem nenhum ataque de Robbie, que permaneceu acordado e em estado de alerta temeroso. Quando as orações terminaram, Bowdern conduziu as pessoas que estavam no quarto — Bishop, Halloran, Karl Mannheim e diversos irmãos — pelas orações do rosário.

Quando as preces chegaram ao fim, Bowdern bateu na porta. Um irmão de plantão a abriu de imediato, e o exorcista saiu, gesticulando para que todos, menos Karl, o seguissem. Enquanto deixava o cômodo, Bishop viu o pai se inclinar sobre o filho e rezar em voz alta para que ele dormisse. Às 23h30, Robbie pegou em um sono profundo e normal. Seu pai se deitou no sofá e, pela primeira vez em meses, dormiu em paz. Robbie despertou às 6h30 e acordou Karl. Eles voltaram para casa do tio do garoto e passaram o dia lá.

Em um dia por volta dessa época — o incidente não é recontado no diário de Bishop —, Karl W. Bubb Sênior, um professor de matemática e física de 57 anos da Washington University em Saint Louis, visitou a casa onde Robbie estava. Parece que Bubb, um cientista distinto, fora convidado por um membro da família que, através do espiritualismo da tia Harriet, sabia do interesse dele pelo paranormal. A mãe de Bubb fora uma espiritualista e costumava pedir que o filho se juntasse a ela e a outras pessoas em sessões espíritas.

Bubb mais tarde relatou que, durante sua visita ao quarto de Robbie, ele viu uma mesa subir devagar e pairar perto do teto. Foi dito também que uma cômoda se moveu enquanto o cientista estava no quarto. De acordo com as lembranças de Halloran sobre a visita (a qual não tinha sido programada pelos jesuítas), a parte do caso que envolvia o exorcismo deixou o professor — que fora ver a manifestação de um poltergeist — muito perturbado. Como o escolástico reconta a visita, Bubb fez algumas anotações "e foi embora, dizendo: 'Esta não é minha área'".

Durante a Segunda Guerra Mundial, Bubb trabalhou no supersecreto Projeto Manhattan, o gigantesco esforço científico que desenvolveu a bomba atômica. Na Washington University, ele foi sucessivamente o chefe do departamento de matemática aplicada e do departamento de mecânica. Após sua morte, em 1961, sua papelada sobre parapsicologia — é provável que suas anotações sobre a visita a Robbie estivessem incluídas aí — foi destruída para proteger sua reputação científica.

Bowdern, cheio de esperança de que Robbie estivesse se recuperando, declarou que uma noite no hospital era suficiente. Na noite seguinte, terça-feira, 22 de março, Robbie estava de volta à casa do tio. Por volta das 21h30, um pouco depois de Robbie ir dormir, a cama começou a chacoalhar, e ele teve outro dos seus episódios. Phyllis Mannheim ligou para Bishop. Levando um píxide que continha o Santíssimo Sacramento, Bishop chegou com outros dois padres (não identificados no diário). Os três sacerdotes se ajoelharam em volta da cama que estremecia e recitaram as orações de exorcismo, seguidas do rosário. Pouco antes da meia-noite, Robbie embarcou em um sono natural.

É provável que Bowdern tenha interpretado o comportamento dócil de Robbie em duas noites seguidas como um sinal de que a possessão estava relaxando seu aperto. O padre, então, decidiu experimentar uma nova estratégia: converter o menino para o catolicismo. Seus motivos parecem ter sido um desejo leal de recrutá-lo para as fileiras do que Bowdern considerava a maior força que poderia ser usada contra os demônios que iam enfraquecendo. Talvez ele tivesse até então feito as orações de exorcismo com tanta frequência que uma frase sobre o refúgio religioso o levou a tomar essa atitude: "Eu te esconjuro [...] que partas depressa [...] deste servo de Deus, Robert, que procura refúgio no seio da Igreja".

Bowdern mandou que um quarto no presbitério fosse preparado para acomodar Robbie e seu pai. Karl Mannheim, nascido católico, autorizou o padre a iniciar a instrução do filho na religião. Na noite de quarta-feira, Robbie e Karl se mudaram para o presbitério. Bowdern passou um bom tempo conversando com o menino sobre catolicismo e ensinando-lhe orações que crianças católicas ainda mais jovens que Robbie aprendiam como um tipo de cartilha da religião. Contidas nessas quatro orações curtas — os Atos de Fé, Esperança, Caridade e Contrição — havia o essencial do catolicismo e, Bowdern acreditava, uma nova armadura para alguém possuído.

O Ato de Fé atestava a crença absoluta no que o padre estava prestes a ensinar, os dogmas da Igreja Católica. O Ato de Esperança pedia pelo "perdão de meus pecados, a ajuda de Vossa graça e vida eterna; pelos méritos de Jesus Cristo, meu Senhor e Redentor". No Ato de Caridade, Robbie rezou, dizendo a Deus: "Eu Vos amo de todo o meu coração e sobre todas as coisas, porque sois infinitamente amável, e merecedor de todo amor. Também amo meu próximo como a mim mesmo [...] Perdoo todos aqueles que me ofenderam e peço perdão por todos a quem ofendi". No Ato de Contrição, Robbie disse: "Eu me arrependo de todo o coração de Vos ter ofendido; detesto todos os meus pecados pelo amor que tenho por Vós; decido com firmeza nunca Vos ofender de novo e, pela ajuda de Vossa graça, evitar todas ocasiões de pecado".

Fé, esperança, caridade — e repetidas referências a pecados — ressonavam pela mente de Robbie quando ele foi para a cama às 21h30. Bowdern, Bishop, Halloran e Karl Mannheim se reuniram em volta da cama, junto a um recém-chegado, o padre William A. van Roo, S.J., que estava em sua terceira provação após ter sido ordenado.

Van Roo, que até mesmo colegas jesuítas diziam ser brilhante, já tinha embarcado no trabalho da sua vida como teólogo ao iniciar os estudos sobre a influência da filosofia árabe em Tomás de Aquino. Ele viria a se tornar um célebre teólogo no corpo docente da Gregorian University em Roma. Porém, naquela noite de março, Van Roo fora recrutado como um possível reforço para Halloran. Como parte da sua terceira provação, o padre fora designado assistente de Bowdern, que disse para ele: "Bill, tenho o projeto ideal para você".

Todos ao redor da cama se uniram a Robbie para recitar os Atos de Fé, Esperança, Caridade e Contrição. Em seguida, Bowdern começou a Ladainha de Todos os Santos. De imediato, Robbie teve um ataque, chutando, cuspindo e atacando Halloran, que segurava o garoto e fazia sinais desesperados para que Van Roo e Karl Mannheim o ajudassem.

Enquanto Bowdern seguia fazendo as orações, os três homens se esforçavam para conter o menino. De olhos bem fechados, ele se contorceu e gritou. Em poucos minutos, entretanto, ele abriu os olhos e sorriu suplicante para Halloran. "Por favor, solte meu braço", disse. "Você está me machucando."

"Tudo bem, mas vou manter minhas mãos bem perto de você", falou Halloran.

Van Roo franziu o rosto.

Então, a disposição calma de Robbie acabou de repente, e Halloran fechou depressa as mãos ao redor do braço fino e gesticulou para que Van Roo agarrasse o outro. Karl Mannheim se manteve afastado, relutante em se engalfinhar com o filho. Van Roo franziu o rosto outra vez. "Não faz sentido segurar os braços dele com tanta força", disse a Halloran. "Você só o está deixando desconfortável."

O escolástico, que se dizia o homem de braços fortes do time do exorcismo, pensou que sabia o que estava fazendo. Ele já vira aquele padrão antes: Robbie sorria, abria os olhos, esperava por uma abertura e, então, dava o bote. Aquela era a primeira noite de Van Roo, mas ele era padre, e Halloran um mero escolástico. Dessa forma, ele soltou o braço de Robbie.

Em uma fração de segundo, o menino atacou cegamente, acertando seu pequeno punho no nariz muito comum de Halloran. De olhos ainda fechados, atingiu o nariz aquilino de Van Roo. Os dois jesuítas agarraram o punho infalível, depois o outro, e os pressionaram contra a cama. O nariz de Halloran estava quebrado; o de Van Roo sangrava, mas, exceto por isso, estava intacto.

Os dois jesuítas, juntos de um hesitante Karl Mannheim, o seguraram com severidade. Bowdern começou a oração que com frequência instigava uma reação violenta. "*Praecípio tibi!*", disse ele em voz alta. "Ordeno-te, espírito imundo..."

Robbie começou a urinar e a soltar gases. O fedor era insuportável. Alguém abriu uma janela. O garoto gritava e dava gargalhadas diabólicas. Essa foi a palavra que vinha de imediato à mente daqueles que as ouviam: diabólicas.

Próxima à janela de trás, ficava o Verhaegen Hall, a antiga residência jesuíta de tijolos vermelhos cheia de quartos particulares que os jesuítas chamam de celas. Escolásticos como Halloran moravam no primeiro andar. Padres que estudavam para doutorados e padres que faziam parte do corpo docente da universidade viviam no segundo e no terceiro andares. Em um dos quartos superiores, um jovem jesuíta estava lendo o Ofício Divino (um livro de orações diárias). "Ouvi uma risada selvagem, diabólica e aparvalhada", ele lembrou depois. Devido ao sigilo, o rapaz não fazia ideia de que era um exorcismo. "Olhei na direção da janela de onde saía uma luz, mas não vi nada."

Lá dentro, Bowdern vivenciava a pior noite até então. De tempos em tempos, Robbie despertava por alguns instantes, se lamuriava por causa da queimação no pênis, depois voltava a mergulhar em um sono repleto de pesadelos e se debatia, ria e gritava.

"Estou no inferno", ele berrava, gargalhando. "Eu vejo você. Eu vejo você." Ele virou o rosto sorridente com os olhos fechados na direção de Bowdern. "Você está no inferno. O ano é 1957."

Pela primeira vez, o exorcista reagiu a um comentário do menino. Ele hesitou na oração. Empalideceu e olhou em volta, confuso e angustiado. Titubeou por apenas alguns instantes, então reuniu novas forças e retomou a oração.

"Eu tenho um pinto lindo", berrou Robbie, rindo aparvalhado. "Um pipi, um piu-piu, um pingolim. Tão redondo, tão firme. Com uma ponta vermelha e um buraco no meio."

Ele virou o rosto — a face impassível salpicada de saliva de um louco cego e imaturo — e gritou para Bowdern: "Ah, você tem um pênis grande e grosso!".

Uma toalha tinha sido posta sobre seu quadril para absorver a urina. De alguma maneira, ele conseguiu girar as mãos até libertá-las, arrancou a toalha e começou a fazer gestos que imitava a masturbação. Os padres agarraram suas mãos e as prenderam. O garoto gritou palavras que Bishop não registrou, anotando com cautela que "as expressões que usava eram indecentes e demonstravam o abuso do sexo". Quando Robbie era ele mesmo durante o dia, o padre comentou no diário, ele nunca usava palavras obscenas.

Em momentos aleatórios, Robbie acordava para relatar o que estava vendo e ouvindo no inferno. Os homens lá embaixo, disse ele, usavam palavras sujas. E, então, voltava ao estado de olhos fechados, se contorcendo de maneira sugestiva, latindo, cantando músicas desconhecidas. Às 2h30, seu corpo ficou flácido, e o menino passou a um sono natural.

Halloran, grato por estar tão perto de casa, se esgueirou pelo dormitório até sua cela. Seu nariz doía e ele sabia que estava quebrado. Ele esperava que os vinte e poucos escolásticos no primeiro andar não percebessem. Estavam todos envolvidos com estudos especiais e seguiam uma agenda rigorosa. Precisavam estudar tanto que quase não tinham tempo para conversarem uns com os outros. Nenhum deles sabia que seu colega passava as noites segurando um endemoniado.

Ele se jogou na cama, adormeceu de imediato, e se levantou, como sempre, às 5 horas. Tomou um banho e se barbeou, e tentou manter o rosto virado para evitar perguntas sobre o nariz inchado. Juntou-se aos outros escolásticos na capela e meditou diante do tabernáculo que continha o Santíssimo Sacramento. Depois foi à missa, tomou café da manhã no refeitório e começou o dia com uma aula às 8 horas.

Em um dia como aquele — talvez durante a meditação, talvez em outro momento —, Halloran começou a se preocupar com sua falta de reação ao que estivera vendo e vivenciando. Quarenta anos depois, ele se lembraria dos seus sentimentos: "Fiquei um pouco desapontado, constrangido comigo mesmo. Será que eu não deveria estar demonstrando alguma reação? Será que cheguei ao ponto onde não acredito de fato que o diabo se faz presente entre as pessoas?". E ele pensava nos outros. "Deveríamos estar nos sentindo mais impactados com tudo isso", falou consigo mesmo. Relembrando, ele se perguntou: "Como posso ter agido de maneira tão desinteressada e sem emoção?". No entanto, com a sabedoria da maturidade, ele agora acredita que pode ter sido entorpecido pelo mal.

Com certeza havia algo entorpecedor em relação a tudo aquilo, dia após dia, as mesmas orações, as mesmas esperanças criadas e destroçadas. Bowdern, porém, não entraria em desespero de novo, e Bishop, embora estivesse perturbado, nunca se desesperara, nem mesmo após aquela primeira noite aterrorizante no presbitério. Os dois sacerdotes acreditavam que a partida do demônio era iminente.

A fórmula do exorcismo ditava que o exorcista exigisse que o demônio revelasse a hora da sua partida. Na primeira noite, quando um X apareceu na perna direita de Robbie, os dois padres decidiram que esse era o sinal de que o demônio partiria em dez dias. Bishop calculou que o dia em questão seria na quinta-feira de 24 de março, porque este era o dia da festa de São Gabriel, o arcanjo que ocupava um lugar tão alto na Ladainha de Todos os Santos. Ele também destacou que o dia seguinte, sexta-feira, 25 de março, era o dia da festa da Anunciação — exatamente nove meses antes do Natal, quando o arcanjo Gabriel disse "Ave, Maria", e anunciou à Santíssima Virgem a encarnação de Cristo. Pela conta de Bowdern, porém, 25 de março seria o décimo dia.

Robbie permaneceu no presbitério na quinta-feira e, naquela noite, com Bishop se sentindo confiante de que o demônio iria embora, Bowdern começou a Ladainha. Sequer tinha ido além de Gabriel quando Robbie começou a gritar, berrar, latir, cantar, urinar e soltar gases. O quarto foi mais uma vez preenchido por aquele cheiro horrível.

Bowdern convidara outros padres jesuítas para auxiliá-lo. Um deles ajudou os outros três homens a segurar Robbie durante os piores espasmos de violência. Virando os olhos fechados na direção deste padre, Robbie disse: "Seu bundão. Sua mula". O menino escolheu aquele padre (que não é nomeado no diário) como vítima para a maior parte dos insultos. "Qual é o motivo de você estar aqui?", perguntou Robbie.

"Você vai estar comigo no inferno em 1957." De acordo com uma das muitas histórias jesuítas sobre o exorcismo, naquela noite, o padre, que costumava beber bastante, ficou longe do álcool por algum tempo.

Outro alvo foi um faz-tudo do campus chamado Michael. Bowdern selecionara Michael para o esquadrão dos homens fortes. Alguns se perguntaram se o nome de arcanjo de Michael [Miguel em português] foi um motivo especial para enfurecer o demônio. "Michael, forcado, pirado, chapado", Robbie gritou em um ritmo musical. Em seguida passou a um ataque direto à aparência física do funcionário. "Michael, você parece tão sujo", disse, aparentemente diferenciando o faz-tudo como alguém que não pertencia à classe dos jesuítas.

Esse tipo de insulto social era um exemplo de fenômeno que ligava os elementos do caso de Robbie a casos documentados de possessão em outros séculos. Porque o Diabo, o príncipe do inferno, era tão orgulhoso e invejoso que ele tinha um ponto de vista de realeza sobre seu lugar no mundo. Relatos de possessões medievais costumam dar um ar majestoso ao demônio, uma atitude que Robbie geralmente tomava. A mudança na voz do garoto, os xingamentos, as rudes alusões sexuais, a urina e os gases — tudo isso também pode ser encontrado em descrições de casos de possessões que remontam ao começo do cristianismo.

Bishop notou que as declarações mais depravadas de Robbie começaram depois da meia-noite, profanando a alegre festa da Anunciação. Ele disse coisas como "beije meu pinto" e "use meu pau". Virando-se para os padres ao redor da cama, falou: "Vocês também têm pintos grandes. E gostam de esfregá-los para cima e para baixo". Ele outra vez se voltou contra um padre obeso. "Você tem tetas grandes, sua vaca enorme", disse, fazendo sons de sucção.

Ele girou a cabeça na direção de Bowdern, fixando um olhar cego no padre. "Pare com esse maldito latim", o garoto exigiu. "Fiquem longe de mim, seus desgraçados malditos!"

Quando ninguém se mexeu, ele retomou as contorções e os xingamentos agressivos. Então, com um tom de voz recatado, disse, aparentemente para Bowdern: "Você gosta de ficar comigo. Bom, eu também gosto". Ele se acalmou e mergulhou em um sono verdadeiro por volta das 2h30.

Bowdern e Michael fizeram o melhor que puderam para limpar a cama e arejar o quarto sem acordar o menino. Mais uma vez, Halloran e Bishop se arrastaram de volta ao dormitório, junto com os outros que tinham auxiliado o exorcista. Quando Bowdern finalmente foi para a cama, exausto, ele sentiu uma certa exaltação com a expectativa de que, no dia seguinte, naquela festa cheia de júbilo, ele daria a ordem para que os demônios partissem e eles abandonariam o corpo do garoto.

Robbie dormiu até as 11h30 do dia 25 de março e começou outro dos seus dias normais. Bishop, preocupado em manter um registro do exorcismo, escrevia apenas o que acontecia durante as sessões noturnas. O que Robbie fazia durante o dia pode apenas ser imaginado. Supõe-se que sua mãe foi até o presbitério com pijamas limpos e, um pouco envergonhada, se ofereceu para ajudar com a limpeza diária. Contudo, as residências jesuítas costumavam ser enclausuradas, ou seja, são proibidas para o sexo oposto. Não existe nenhuma menção da presença de Phyllis Mannheim no local durante as sessões de exorcismo que aconteceram ali.

Robbie, cuja própria pele dissera *não* para a escola em arranhões sangrentos, parece ter passado grande parte dos dias lendo e permanecendo sozinho. Não há mais menção ao seu primo, provavelmente porque Robbie ficou isolado das outras crianças. Durante sua estadia no presbitério, Bowdern passava algum tempo com ele, conversando sobre catolicismo, dando-lhe livros para ler. O menino aprendeu a confiar e a gostar do padre, mas não desenvolveu nenhuma relação de confiança com outro jesuíta.

Conforme o anoitecer do dia 25 de março se aproximava, Bowdern se preparou para o que supunha ser o fim da provação. Logo depois de Robbie ir para o quarto, os padres jesuítas convidados pelo exorcista começaram a se dirigir ao presbitério. Quando Karl Mannheim, Bowdern, Bishop, Van Roo e Halloran entraram no quarto, os outros jesuítas se reuniram do outro lado da porta fechada e começaram a rezar.

Dentro do quarto, havia uma atmosfera de tranquilidade. Robbie se agitou na cama e mergulhou no seu estado de transe. Sem xingar ou emitir qualquer outro som, ele começou a fazer o que parecia ser um exercício de ginástica. Esticado de costas, olhos fechados com força, o garoto movia os braços rígidos para perto e para longe do corpo enquanto abria e fechava as pernas. Como um autômato, ele se moveu no mesmo ritmo, sem se cansar, nunca variando os movimentos.

Conforme os movimentos ficavam mais rápidos, ele pareceu perder o controle e caiu da cama. Sem acordar, voltou para cima dela e retomou os movimentos, com mais suavidade dessa vez, e rolou para os braços de Bowdern e Van Roo. Eles o levaram de volta para a cama, e Bowdern continuou a ler as orações do *Ritual*.

Em algum momento depois da meia-noite, a atmosfera mudou. Robbie quebrou seu silêncio ao xingar o pai e cuspir no seu rosto. Ele se comportara tão bem até então que Halloran e Van Roo tinham relaxado o aperto. De repente, o garoto girou o corpo sobre a cama e tentou chutar Bowdern e o pai. Eles recuaram, e ele acertou uma cadeira. À 1 hora, logo depois desse ataque, ele pegou em um sono natural.

Do lado de fora do quarto, o murmúrio dos padres continuou. As duas preces finais do exorcismo são orações de contraste — a primeira direcionada ao demônio, a segundo direcionada a Deus. O poder dessas orações de combate e fé encheram Bowdern com um novo propósito naquela noite, que ele acreditava ser a noite da vitória.

"*Exorcizámus te!*", começou Bowdern, a mão cortando o ar ao fazer o sinal da cruz. "Nós te esconjuramos, todo espírito imundo, todo o poder das trevas, todo o ataque do adversário infernal, toda a legião, grupo e seita diabólica, em nome e pelo poder de Nosso Senhor Jesus Cristo" — um sinal da cruz — "e ordeno-te que saia e afasta-te da Igreja de Deus, daqueles formados à imagem de Deus e remidos pelo precioso sangue do Cordeiro divino."

De novo o sibilar da sobrepeliz quando Bowdern fez o sinal da cruz acima de Robbie, que dormia o sono da paz. Era como se o padre nunca tivesse feito aquela oração antes, de tão nova e poderosa ela lhe pareceu enquanto o atravessava. "*Non ultra áudeas, serpens callidíssime, decípere humánum genus...*"

"...Nunca mais ouses, astuta serpente, iludir o gênero humano, perseguir a Igreja de Deus, ferir e joeirar como o trigo os eleitos de Deus. Isto te ordena Deus altíssimo, a quem, na tua grande soberba, ainda pretendes ser semelhante, Ele que quer salvar todos os homens e conduzi-los ao conhecimento da verdade. Ordena-te Deus Pai! Ordena-te Deus Filho! Ordena-te Deus Espírito Santo! Ordena-te a majestade de Cristo, o Verbo eterno de Deus feito homem, que, para a salvação do gênero humano, por obra da tua indigna inveja perdida, humilhou a si mesmo, obedecendo até a morte; que edificou a sua Igreja sobre rocha firme e prometeu que as portas do inferno nunca prevaleceriam contra ela, e estaria com ela todos os dias até ao fim dos tempos!

"Ordena-te o mistério da santa Cruz" — aqui, e repetidas vezes, o sinal da cruz — "e o poder de todos os sagrados mistérios da fé cristã! Ordena-te a excelsa Mãe de Deus, a Virgem Maria, que, desde o primeiro instante da sua imaculada Conceição, esmagou a tua orgulhosa cabeça com a sua santa humildade!" Com essa referência à teologia — a crença católica de que Maria nasceu sem o pecado original — Bowdern fez uma pausa. A imagem era conhecida de qualquer católico que usava a medalha da Imaculada Conceição, a qual mostrava uma Maria radiante esmagando a cabeça de uma serpente. Às vezes, Bowdern prendia uma medalha na camisa do pijama de Robbie ou a passava por uma corrente ao redor do pescoço do menino. Tal medalha retratava a Imaculada Conceição em um lado e o Sagrado Coração no outro.

"Ordena-te a fé dos santos apóstolos Pedro e Paulo e dos outros apóstolos!", o exorcista prosseguiu em latim. "Ordena-te o sangue dos mártires e a piedosa intercessão de todos os santos e santas!

"Por isso, maldito dragão e legião diabólica, ordeno-te pelo Deus vivo, pelo Deus verdadeiro, pelo Deus santo, pelo Deus que amou tanto o mundo que entregou o seu Filho Unigênito, para que todos os que n'Ele acreditam não pereçam, mas tenham a vida eterna — deixa de iludir as criaturas humanas e de as infectar com o veneno da perdição eterna; deixa de fazer mal à Igreja e armar laços à sua liberdade. Retira-te, Satã, pai da mentira, inimigo da salvação humana! Dá lugar a Cristo, no qual não encontraste nenhum vestígio das tuas obras; dá lugar à Igreja, una, santa, católica e apostólica, que o próprio Cristo remiu com o Seu sangue! Humilha-te sob a poderosa mão de Deus, estremece e foge, ao invocarmos o santo nome de Jesus, que faz tremer o Inferno e a quem estão sujeitos os Poderes celestes, as Potestades e as Dominações! Aquele que os querubins e os serafins louvam sem cessar, dizendo: Santo, Santo, Santo, Senhor Deus do universo! [...] *Sanctus, Sanctus, Sanctus Dóminus Deus Sábaoth!*"

Bowdern hesitou por alguns instantes. Diante de todas aquelas palavras — *Dóminus*, *Jesu* e *Deus* —, não houvera nenhuma reação, nenhum xingamento ou ataque. Talvez isso fosse sinal de que o demônio já tivesse partido. Então, ele voltou à oração de esperança, uma oração direcionada a Deus. As palavras ecoavam a esperança e a crença do próprio Bowdern de que o demônio tinha fugido minutos antes do final da festa de Anunciação e que, finalmente, o bem triunfara sobre o mal.

"Deus do Céu, Deus da terra", gritou Bowdern com a voz firme, "Deus dos anjos, Deus dos arcanjos, Deus dos patriarcas, Deus dos profetas, Deus dos apóstolos, Deus dos mártires, Deus dos sacerdotes, Deus das virgens! Deus, que tendes poder de dar a vida após a morte e o descanso depois do trabalho, porque não há nem pode haver outro Deus além de Vós, criador de todas as coisas visíveis e invisíveis, cujo reino não tem fim. Humildemente imploramos da Vossa gloriosa majestade que Vos digneis a libertar-nos das ciladas, enganos e malícia e de todo o poder dos espíritos infernais, e nos guardeis sãos e salvos. Por Jesus Cristo, nosso Senhor."

"Amém", disseram os outros no quarto.

"Livrai-nos das ciladas do diabo, Senhor", rezou Bowdern. "Nós vos suplicamos, ouvi-nos."

Ele aspergiu a cama com água benta e guiou os outros para fora do quarto. Os padres do lado de fora caíram em silêncio quando Bowdern passou por eles, exausto como sempre, mas, naquela noite, estranhamente sereno.

THOMAS B. ALLEN

EXORCISMO

Capítulo 11

AS MENSAGENS

Robbie voltou para a casa do tio no sábado. A família tentou deixá-lo ter um daqueles dias em que não fazia nada. No entanto, os pais e os tios sabiam o que Bowdern pensava. O sinal X representava dez dias. *Se Robbie passar bem esta noite.* Portanto, depois de um jantar que tentaram não transformar em comemoração, eles jogaram uma ou duas partidas de algum jogo de tabuleiro com o menino, e Phyllis Mannheim disse ao filho que se aprontasse para ir dormir. Ele foi para o andar de cima como se aquela fosse apenas mais uma noite. Para aqueles que observavam e rezavam, porém, era a primeira noite de esperança.

Nada aconteceu na madrugada de sábado. O garoto dormiu a noite toda. E assim foi no domingo também. Robbie e a família tiveram uma noite de paz outra vez. Karl Mannheim voltou para Maryland, certo de que Phyllis e Robbie logo se juntariam a ele.

Naquele momento, a primavera estava no ápice em Saint Louis. As pessoas se demoravam nas varandas, aproveitando os dias que iam ficando mais longos. As flores despontavam por cima das bordas das floreiras nas janelas. Como acontecia todo ano, os gramados perfeitos da vizinhança eram invadidos por dentes-de-leão. Phyllis precisava decidir se compraria as roupas para a Páscoa para ela e Robbie em Saint Louis ou em Washington.

Páscoa, o dia da esperança. Aquele dia tinha um significado mais importante para Robbie agora, pois estava aprendendo sobre o catolicismo, e os católicos pareciam dar mais atenção à Páscoa do que os luteranos. Ele imaginou se já teria se tornado um católico quando a Páscoa chegasse. Pensou nas palavras misteriosas: exame de consciência, contrição, confissão, primeira comunhão.

Na segunda-feira, Bowdern apareceu para abençoar a casa. Ele foi de cômodo em cômodo, fazendo o sinal da cruz, aspergindo água benta, sorrindo. O padre já não dava ordens a um demônio. Ele recitava as frases em latim — *In nómine Patris, et Fílii, et Spíritus Sancti* — com seu habitual jeito rápido e balbuciante. Conversou com Robbie sobre seu futuro e lhe disse para nunca ter medo. De modo indireto, Bowdern perguntou a ele se estava se sentindo diferente agora, comparado, digamos, com as últimas semanas. O garoto pareceu confuso. Ele sempre se sentia bem, respondeu, exceto quando ficava sonolento em algumas noites.

As preparações para o retorno a Maryland começaram. A segunda, a terça e a quarta-feira passaram sem nenhum incidente. Os tios e os primos de Robbie começaram a ficar ansiosos com a perspectiva de ter sua casa e suas vidas normais de volta.

Na noite de quinta-feira, Robbie e seu jovem primo foram para a cama como sempre e os adultos se sentaram para ler e ouvir o rádio. Estavam prestes a ir dormir por volta das 23h30 quando o menino desceu para dizer à mãe que estava se sentindo mal. *Qual é o problema?*, perguntou ela, imaginando se ele estaria ficando resfriado. *Meus pés ficam gelados e depois quentes*. Ela lhe disse para voltar para cama e tentar dormir. *Venha comigo, por favor. Todo mundo. Por favor.*

Os adultos e a prima de Robbie, Elizabeth, trocaram olhares ansiosos, mas não disseram o que acabara de passar pelas suas mentes. *Mas ele se foi. Ele se foi*, pensaram consigo mesmos em silêncio. Eles o seguiram escada acima e foi como se nada tivesse acontecido antes. Começara tudo outra vez. *Mas ele se foi. Ele se foi.*

Robbie, os olhos ficando vidrados e depois se fechando, subiu na cama. Não deitou. Permaneceu sentado, o dedo indicador da mão direita se movendo ao longo do lençol que cobria suas pernas. A cama começou a chacoalhar. Ele continuou a escrever (se era isso mesmo que estava fazendo). Seguiu movendo aquele dedo, de um lado a outro. Em seguida, disse algo que soou como *quadro-negro*. Era isso? *Você está escrevendo em um quadro-negro?* Então, Phyllis Mannheim se lembrou do tabuleiro Ouija e da superfície de porcelana da mesa onde eles soletraram as mensagens da tia Harriet. Aquilo lhe parecia ter ocorrido há tanto tempo.

Robbie abaixou a cabeça para que pudesse virar os olhos fechados na direção do lençol, como se fosse a página de um livro. Começou a falar, devagar, formando palavras. Ele parecia estar lendo o que tinha escrito no lençol. Elizabeth pegou um lápis e procurou ao redor uma folha de papel para escrever. Conforme ele falava, ela escrevia. As palavras pareciam sair da sua boca em linhas. O menino enunciava com um tom de voz sem emoção e entonação. Aquilo saía dele como algum tipo de verso branco desordenado. A prima conseguia perceber quando Robbie chegava ao fim de uma linha no lençol. Então ela o escreveu desse jeito. O que Elizabeth escreveu foi:

> *Ficarei dez dias, mas retornarei em quatro.*
> *Se Robbie ficar (não informado)*
> *Se você ficar e se tornar católico ele ficará afastado.*
> *[nome de um parente de Saint Louis]*
> *Deus vai retirá-lo quatro dias depois de ele ter partido por dez dias.*
> *Deus está ficando poderoso.*
> *No último dia quando ele desistir ele deixará um sinal na minha testa.*
> *Padre Bishop — todas as pessoas que mexerem comigo vão sofrer uma morte terrível.*

Phyllis Mannheim saiu do quarto, foi até o telefone e, tentando evitar que sua voz falhasse, contou ao padre Bowdern o que tinha acontecido. Ela deve ter mencionado a referência ao padre Bishop na mensagem, pois Bowdern decidiu não levá-lo. Ele chegou na casa por volta da 1 hora acompanhado do padre Van Roo.

Robbie estava mais uma vez em sua postura rígida e de olhos fechados quando os sacerdotes entraram no quarto. Porém, em vez de estar deitado na cama, o menino estava sentado. Bowdern deu uma olhada nas mensagens. Seguindo o alerta do *Ritual* para não dialogar, o padre foi direto para as orações de exorcismo.

Quando chegou na oração que começava com "*Praecípio tibi*" — Ordeno-te —, Robbie virou a cabeça na direção do padre e pediu um lápis.

Bowdern hesitou. Ele não deveria dialogar com o demônio. Entretanto, aquilo era diferente — e de uma maneira inteligente. Um lápis. Isso poderia iniciar um diálogo escrito, mas apenas se ele fosse tolo o bastante para escrever as respostas. Contanto que as frases de Robbie não fossem respondidas, aquilo não seria um diálogo. Mesmo assim, essa manobra estava interrompendo as orações de exorcismo... O padre tomou uma decisão depressa. Gesticulou para que Van Roo desse um lápis ao menino.

Robbie se virou para ficar de frente para a cabeceira. Por alguma razão, um lençol branco fora colocado ali. Quem o colocou ali

— e por quê — não está claro. É possível que o tio de Robbie, depois do primeiro episódio de escrita no lençol, tenha decidido deixar um lençol extra a postos.

Robbie murmurou dois nomes repetidas vezes: "Pete" e "Joe". Enquanto pronunciava esses nomes e algumas palavras não registradas, ele começou a escrever depressa no lençol. O menino estava muito agitado, rabiscando palavras no tecido, preenchendo quase um metro de espaço em branco em minutos. Elizabeth e Phyllis tentaram registrar o que o garoto estava escrevendo, anotando as mensagens conforme ele as escrevia em uma caligrafia grande e, por vezes, indecifrável. Alguém — de novo, não está claro quem ou por quê — saiu correndo, pegou água e sabão e começou a lavar o lençol.

O diário dessa noite não foi o produto do hábito metódico do padre Bishop de questionar as testemunhas e anotar o que tanto ele quanto os outros tinham visto. Mesmo a ausência de Bishop como testemunha não explica o relato dessa noite. O registro é fragmentado. Levanta mais questões do que dá respostas. O diário retrata uma cena de insanidade, passando a impressão de frenesi, de um incidente que ia fugindo ao controle. Era como se, pela primeira vez, o encanto que dominara Robbie estivesse se espalhando. Em outras noites, Bowdern fora o centro dos acontecimentos, o exorcista calmo, recitando as orações com voz firme e autoritária. Nessa noite, as pessoas no quarto, em vez de ficarem em pé ou ajoelhadas em volta da cama, pareceram estimuladas pela escrita frenética do endemoniado. Eles passaram a ser participantes em vez de espectadores.

O tio de Robbie saiu do quarto e voltou correndo com grandes folhas de papel. Ele as prendeu com tachinhas na cabeceira da cama e deu um passo para trás. Robbie, sem hesitar, foi do lençol para o papel e continuou escrevendo.

Não há menção a Bowdern ou às suas costumeiras orações. Ao deixar que Robbie conseguisse um lápis, o padre permitiu que a rotina fosse quebrada. Como era mesmo que uma das orações chamava Satã? *Autor do mal e pai da mentira*. E o que as instruções diziam? "Às vezes, o diabo vai deixar a pessoa possuída [...] para fazer com que pareça que ele partiu. Na verdade, as artimanhas e falsidades do maligno para enganar um homem são inúmeras. Por essa razão, o exorcista deve ficar alerta, para não cair em uma cilada."

Bowdern caíra em uma cilada. Suas esperanças de que o X fosse no dia da Anunciação estavam agora perdidas no caos daquele quarto. Ele repreendeu a si mesmo por permitir que as próprias esperanças e crenças debilitassem o processo do exorcismo. E se censurou por deixar que aquele lençol e aquelas folhas de papel se transformassem em uma tela para o trabalho do demônio.

O padre conseguiu restaurar o controle no quarto. Ele se recompôs, retomou as orações e as concluiu. Mais uma vez, estava tendo a conhecida experiência de observar Robbie, após horas de uma insanidade aparente, deixar o episódio para trás e mergulhar em um sono imperturbável. As orações chegarem ao fim, e Bowdern foi deixado com as consequências: o lençol que pingava na cabeceira da cama e uma pilha de papel. Ele reuniu tudo. Pela primeira vez, tinha um registro não do que os outros viram, mas do que Robbie arrancara da própria mente e alma.

O registro não estava completo. Elizabeth não conseguira anotar tudo o que o menino esteve entoando. Palavras, frases e notas foram perdidas durante a frenética limpeza do lençol e a mudança para as folhas de papel. Bowdern, Van Roo e Bishop analisaram o que tinham, e Bishop — sempre o organizador racional — colocou aquilo no diário. Ele se concentrou nas frases que respondiam às exigências do exorcista — as respostas aos comandos na básica oração de exorcismo: *Tu deves me dizer através de algum sinal teu nome, o dia e a hora de tua partida.*

Bishop notou a frequência do numeral romano X, evidente com as barras transversais em cima e embaixo: "Isso foi escrito quatro vezes na primeira ocasião e foi repetido diversas vezes durante o exorcismo, geralmente em resposta à pergunta '*diem*' [dia]."

Robbie também repetiu, com uma pequena mudança, uma linha que Elizabeth tinha anotado: *Ficarei dez dias, mas retornarei em quatro.* Supondo-se que o décimo dia tenha sido a sexta-feira de 25 de março, e que os dias de ausência tenham sido o sábado, o domingo, a segunda e a terça-feira, a frase não fazia muito sentido. Contudo, a possessão pode ter recomeçado na quarta-feira sem que tenha sido identificada pela família de Robbie, sem nenhum ataque óbvio até a noite seguinte. Bowdern, que se convencera de que sabia o dia da partida, não estivera na casa para avaliar a condição do menino. Portanto, uma possessão moderada na quarta-feira era possível, fazendo com que aquele período de quatro dias fosse um fato.

Durante o ritual, as ordens do exorcista vão além de uma exigência em saber a data da partida. Ele também ordena que o demônio revele seu nome e fale em latim. Em um determinado momento naquela noite caótica, a resposta veio na forma de marcas incompreensíveis em um pedaço de papel. As marcas não eram letras do alfabeto romano.

Outra resposta foi específica de um modo desafiador: *Eu falo o idioma das pessoas.* [Aqui, a palavra "idioma" foi escrita com um erro.] *Vou colocar na mente de Robert quando ele tomar a decisão que os padres* [também escrita de forma errada] *estão enganados sobre escrever em inglês. Eu vou, quer dizer, o diabo vai tentar fazer com que a mãe e o pai odeiem a Igreja Católica. Vou atender pelo nome de Despeito.*

Outra frase parecia responder à ordem para que o demônio desse seu nome: *Eu sou o próprio Diabo.* Junto com isso havia um comentário peculiar: *Você vai ter que rezar por um mês na Igreja Católica. Quem era você? E o que por um mês* queria dizer? Será que Robbie permaneceria possuído por mais trinta dias? Nem Bowdern, nem Bishop conseguiram interpretar o comentário de forma satisfatória.

Muito do que foi escrito era desorientador. Robbie desenhara o que parecia ser um mapa com *610 metros* escrito nele. Bishop conjecturou que o mapa secreto poderia estar ligado à tentativa de encontrar o tesouro escondido da tia Harriet. Uma testemunha disse que, no momento em que Robbie desenhava isso, ele falou: "Sim, foi isso o que eu consegui no tabuleiro Ouija".

Um desenho deixou Bishop aturdido. Era um rosto, irreconhecível, ainda que humano. Ao lado dele havia duas palavras: *Bishop morto*.

Bowdern sofreu um choque com outra linha: *Você pode não acreditar em mim. Então Robert vai sofrer para sempre.*

O garoto estivera aprendendo sobre a Igreja Católica desde 23 de março. Esse foi o dia no qual ele tinha sido levado ao presbitério e, naquela noite, quebrara o nariz de Halloran e fizera o nariz de Van Roo sangrar. Bowdern decidira que a tarefa — chamada de "dar instruções católicas" — não deveria ser dada às vítimas da sua guerra contra os demônios. Então, designou outro pastor assistente para instruir Robbie, o padre Joseph McMahon, um homem gentil e afável que parecia se dar bem com o menino. Dizia-se na comunidade jesuíta que Joe McMahon faria bem qualquer trabalho, contanto que não envolvesse o canto gregoriano. Ele era tão ruim que na capela, quando era escolástico, disseram-lhe para apenas mover os lábios, mas não cantar.

Os pais de Robbie tinham planejado que ele fosse confirmado na Igreja Luterana. Porém, disseram a Bowdern que a escolha religiosa de Robbie era uma decisão apenas dele. O garoto, de modo bem casual, decidiu se converter ao catolicismo, talvez para agradar ao padre.

As instruções no *Ritual* para a realização de um exorcismo não sugeriam que o endemoniado se convertesse ao catolicismo. Porém, entrelaçadas ao longo das instruções e orações, existem suposições de que Satã escolhe os católicos como alvos na maioria das vezes. O *Ritual*, por exemplo, insiste que a pessoa possuída deve ser estimulada "a se fortificar ao receber frequentes penitências e comunhões". E uma das orações — a que ordena que o demônio dê "lugar à Igreja, una, santa, católica e apostólica" —, é praticamente um catecismo em miniatura sobre o dogma católico.

Bowdern não era um missionário querendo alistar mais uma alma para o Senhor. A conversão de Robbie tinha uma dimensão estratégica no plano de batalha do padre. O exorcismo é uma luta entre Cristo e Satã, com um padre católico representando Jesus. Se Robbie se tornasse católico, no ponto de vista de Bowdern, padre e vítima estariam unidos. Ao levar o menino para a Igreja Católica, o sacerdote solidificava a frente de batalha contra os demônios. Na metáfora de combate do exorcismo, Robbie estaria melhor protegido com "a armadura sagrada de Deus".

Agora, depois da recaída na possessão, Bowdern agiu depressa para converter Robbie para a Igreja Católica. Nos dias de hoje, a conversão de um protestante ao catolicismo não costuma incluir o batismo, já que grande parte dos protestantes — incluindo os luteranos — foram batizados. A Igreja Católica geralmente reconhece os batismos feito por outras religiões como válidos. No entanto, antes das reformas do Segundo Concílio Vaticano, promulgado no final da década de 1960, o batismo condicional — um rito realizado caso o batismo protestante não tenha sido válido por alguma razão — era muito mais comum do que hoje. E Bowdern não queria se arriscar. Por recomendação dele, Robbie e seus pais concordaram que ele devia ser batizado como católico. Isso seria seguido por instruções sobre os dois sacramentos que o garoto iria receber logo depois: a penitência (confissão) e a comunhão.

A data para esse batismo foi marcada para sexta-feira, 1º de abril, entre as 20 horas e 20h30 na Saint Xavier, na College Church. Bowdern aparentemente escolheu essa hora para que o batismo fosse realizado antes do horário no qual os piores ataques de Robbie começavam. Por volta das 19h30, o garoto, seus pais e seus tios saíram para a igreja. O menino estava sentado entre a mãe e o pai no banco de trás. O tio George dirigia, e a tia Catherine estava sentada no banco do carona.

Na igreja, Bowdern vestiu uma sobrepeliz e uma estola, e preparou os utensílios para o batismo. A pia batismal de mármore ficava no final da nave, perto da porta principal da igreja, uma localização que simbolizava a entrada para o cristianismo através do batismo. A poucos passos de distância, ficava o armário dos santos óleos, um sacrário pequeno que continha os óleos usados para administrar os sacramentos do batismo, confirmação e unção dos enfermos (extrema unção). Por um costume antigo, a água e os óleos batismais eram abençoados com orações especiais que esconjuravam o diabo.

Os candidatos católicos habituais ao batismo são bebês. Sua aceitação do sacramento é feita através de padrinhos que o representam. Robbie, como uma pessoa que alcançara a idade da razão, não podia ser tratado como um bebê. Com a permissão dos pais, ele seria batizado por vontade própria. Um batismo assim é um pouco diferente do batismo de um bebê. Os elementos dos ritos têm raízes em tradições que remontam aos primeiros séculos do cristianismo, quando adultos convertidos passavam semanas se preparando para o ritual em questão.

Os candidatos para o batismo, conhecidos como catecúmenos, eram exorcizados em uma cerimônia especial. Um bispo soprava neles e sibilava uma ordem a Satã: "Vá-te, amaldiçoado". O sibilar era chamado de exsuflação, o sopro para expulsar o diabo; em outro rito, chamado de insuflação, o Espírito Santo era soprado para dentro dos candidatos. Suas orelhas e narinas eram tocadas para simbolizar a abertura das suas mentes para as palavras de Deus. Eles se viravam para o oeste e diziam: "Renuncio a ti, Satã, com toda tua pompa e todas as tuas obras". Em seguida, eles se viravam para o leste e diziam: "Consagro-me a vós, Jesus Cristo, Luz eterna e incriada".

Portanto, pela estratégia de Bowdern, os antigos ritos de batismo, apesar de usados em um mundo moderno para acolher bebês no catolicismo, seria uma contraofensiva à possessão de Robbie. Ele diria acima do garoto, como diria acima de um bebê: "Eu te exorcizo [...] em nome de Deus o Pai todo-poderoso e pelo amor de Nosso Senhor Jesus Cristo e pelo poder do Espírito Santo. Eu te exorcizo através do Deus vivo [...] que te criou para a defesa da raça humana [...] para fazer com que o sacramento [do batismo] seja salutar para fugir do inimigo".

Na boca que tinha xingado, cuspido e gritado, Bowdern colocaria alguns grãos de sal, invocando a sabedoria. O sal, um antigo repelente do diabo, há muito faz parte do ritual do batismo. No peito e nas costas de Robbie, onde os arranhões o tinham machucado, Bowdern espalharia o santo óleo em uma antiga bênção que concedia sabedoria e força moral. Em seguida, o padre verteria água benta da pia batismal sobre a cabeça de Robbie três vezes na forma de uma cruz, enquanto dizia em latim: "Eu o batizo em nome do Pai, do Filho e do Espírito Santo". Sobre a testa, lugar do conhecimento, Bowdern traçaria um velho talismã contra demônios, o sinal da cruz. Tudo seria feito como se fosse o batismo de um bebê, pois o batismo católico é uma forma de exorcismo.

Enquanto Bowdern se postava à porta da igreja esperando a chegada de Robbie, o garoto e o tio lutavam pelo controle do carro. A luta começara muitos quarteirões antes da igreja, quando Robbie de repente reclamou de dores nos pés. Então, um instante depois, disse que tinha sensações frias e sensações quentes. Phyllis Mannheim compreendeu que aquilo era um sinal. Enquanto pensava freneticamente no que fazer, Robbie fechou os olhos e explodiu em um ataque. O rádio do carro estava ligado. O que quer que estivesse sendo transmitido desvaneceu, e o aparelho começou a transmitir estática.

"Então, vocês vão me batizar!", gritou com uma voz arrepiante e gutural. Depois veio a risada horrível: "Ha! Ha! E acham que vão me expulsar com a comunhão! Ha! Ha!"

Ele agarrou o volante e virou o carro na direção da calçada. "Seu filho da puta!", gritou para o tio. George Mannheim se afastou abruptamente do volante, esticou a mão para baixo e puxou o freio de mão. O carro subiu na calçada e foi parar de encontro a um poste de luz.

O possuído girou e agarrou a mãe pela garganta. O tio desligou o veículo, mas o rádio não parou: a estática continuava. A chave pulou da ignição e caiu no chão na frente do banco traseiro. A estática seguiu crepitando.

Karl puxou seu filho para longe da esposa. George saiu do carro e ajudou o irmão a arrastar o menino para fora. Catherine deslizou para o banco do motorista. Os dois homens conseguiram prender Robbie contra o carro enquanto Phyllis ia para o banco da frente ao lado de Catherine. O endemoniado manteve uma corrente de xingamentos e se debateu enquanto os homens prendiam seus braços ao lado do corpo. Karl e George empurraram o garoto de volta para o carro e o mantiveram preso no banco de trás. Catherine deu a partida, engatou a ré para descer da calçada e seguiu caminho para a igreja. Desligou o rádio, mas a estática continuou saindo dos alto-falantes.

Robbie se soltou e passou as mãos em volta da garganta de Catherine antes que Karl e George conseguissem arrastá-lo para trás. A mulher se retorceu para longe do aperto do sobrinho e conseguiu manter o controle do veículo. Nesse momento, eles estavam perto da igreja. Catherine estacionou na Lindell Boulevard, na frente da igreja. Karl e George puxaram Robbie para fora do carro. Bowdern, ao ouvir os gritos e berros, atravessou o batistério até a porta da frente e parou nos amplos degraus.

Sob o círculo de luz de um poste, Bowdern viu Robbie, vestido com seu terno de domingo, sendo arrastado até a calçada pelo tio e pelo pai. O padre quase podia sentir a força da violência e da maldade que irradiava do possuído. Phyllis e Catherine ficaram no carro, aterrorizadas demais para sair. Os dois homens colocaram Robbie de pé e prenderam seus braços ao lado do corpo. Começaram a arrastá-lo na direção dos degraus da igreja. O garoto xingava, cuspia e dava sua gargalhada maníaca.

Bowdern, temendo alguma potencial forma de profanação, decidiu de imediato manter Robbie fora da igreja. Disse aos homens para levarem o menino para o presbitério, ao lado da igreja, um pouco mais afastado da avenida. O batismo seria realizado, disse ele. Ele sentia que agora estava em combate direto com o mal.

Bowdern correu na frente e abriu a porta do presbitério, depois ajudou os dois homens a empurrar e a puxar Robbie pela porta. Ele gritava coisas incoerentes e cuspia enormes escarradas que atingiam as bochechas do pai, do tio e, agora, de Bowdern.

Os homens, cambaleando de cansaço, arrastaram Robbie até uma saleta além do hall de entrada e o empurraram para o chão. O padre pegou um jarro com água gelada na geladeira da cozinha e o derramou na carranca do menino. Então, esse seria o batismo, água gelada no rosto de um garoto transformado em demônio.

Robbie se acalmou durante alguns minutos e os homens o colocaram de pé. Ele ficou molenga, se recusando a andar. Continuou com os xingamentos e as cusparadas. O pai e o tio o carregaram até o quarto no terceiro andar que ele tinha ocupado antes e o puseram na cama. Eles prenderam seus braços e suas pernas enquanto esperavam por Bowdern.

O padre apareceu com Michael, o faz-tudo que Robbie insultara. Bowdern disse a Michael que ele seria o representante de um batismo de emergência que o padre estava improvisando. Em vez de um batismo tranquilo e triunfante na pia de mármore, haveria um ritual desesperado e violento. Bowdern planejara um batismo para um adulto, com uma longa confirmação de fé e abjuração da heresia. Porém, não havia tempo nem paz para isso.

O sacerdote parou diante da cama e perguntou: "Renuncias a Satã e a todas as suas obras?".

Robbie rosnou e se contorceu, quase conseguindo se livrar do aperto do pai e do tio. Cuspiu no rosto de Bowdern.

"Renuncias a Satã e a todas as suas obras?", repetiu o padre. O menino reagiu com ainda mais violência.

Bowdern fez a pergunta uma terceira vez, pensou ter visto o corpo que se debatia ficar mais fraco e, depois de uma longa pausa, perguntou pela quarta vez: "Renuncias a Satã e a todas as suas obras?".

Os olhos de Robbie se abriram. Por alguns momentos, seu rosto era o de um garoto cansado. "Renuncio a Satã e a todas as suas obras", sussurrou. E, no instante seguinte, quase conseguiu se contorcer para longe das mãos que o seguravam. De olhos fechados, começou a cuspir e, como todos os seus alvos relataram depois, ele nunca errava.

Bowdern começou a se preparar para administrar o sacramento do batismo. Ele gesticulou para Michael, que se aproximou da cama e se transformou em um alvo. O padre lhe disse o que ele precisava fazer. Michael teve que tocar Robbie, reconhecendo-o como um candidato ao batismo e, em nome do menino, teve que recitar o credo dos apóstolos, um resumo do dogma católico.

O primeiro toque de água benta na testa de Robbie o lançou no pior acesso de raiva que Bowdern vira naquela noite. Enquanto o menino se contorcia, cuspia e xingava, ele o borrifou várias vezes. Por alguns instantes, o padre pensou ter tido um vislumbre do verdadeiro Robbie. Nesse instante, Bowdern disse: *"Ego te baptizo"* — Eu te batizo — *"in nomine Patris"* — em nome do Pai...

As palavras desencadearam outro acesso de fúria, o qual Bowdern contra-atacou com uma cascata generosa de água benta. Usando essa técnica de palavras-depois-água, Bowdern completou o batismo. Demorou quase quatro horas. Convencido de que Robbie estava finalmente batizado, o padre começou as orações de exorcismo. O último registro no diário de Bishop naquele dia mostra como o horror contínuo se tornara rotineiro: "As cuspuradas, as contorções, os xingamentos e a violência física habituais prosseguiram até as 23h30".

O tio de Robbie, George, tinha ido embora um pouco antes com Phyllis Mannheim e a tia Catherine, as duas ainda abaladas pela viagem conturbada até a igreja. Karl escolheu ficar e passar outra noite no sofá perto do filho.

Bowdern e Bishop, refletindo mais tarde, se perguntaram se a violência indicava que o demônio de Robbie estava reagindo à tentativa de um primeiro batismo. Isso significaria, teórica e teologicamente, que o demônio acreditara estar no corpo de uma pessoa que não fora batizada. E implicaria que, por alguma razão, o batismo luterano do garoto não tinha surtido efeito.

Especular sobre as intenções dos demônios é um risco lógico e teológico porque nunca se sabe quando o Príncipe das Mentiras está dizendo a verdade. No entanto, qualquer que tenha sido a eficácia do primeiro batismo de Robbie, o segundo teve um efeito devastador. A violência se intensificou. O possuído ficou ainda mais feroz do que antes.

No sábado, 2 de abril, pela primeira vez, Robbie não acordou para um dos seus dias normais, e sim para quase quinze horas de fúria. "Ficou evidente", escreveu Bishop, "que uma grande batalha se aproximava."

Quando o recém-batizado Robbie acordou por volta das 9h30, ele manteve os olhos fechados e começou a se debater na cama. Antes que alguém conseguisse se aproximar e segurá-lo, o menino jogou um travesseiro na luminária do teto, quebrando a cúpula e a lâmpada. Um guarda-louça foi o alvo seguinte, embora ninguém saiba ao certo como ele conseguiu quebrá-lo.

Bowdern tinha decidido agir depressa, dando sequência ao batismo do dia anterior com a comunhão no dia seguinte.

Durante um interlúdio de calmaria, Bowdern e McMahon prepararam Robbie para sua primeira comunhão. As preparações incluíam um exame de consciência. "Espírito Santo", começa a oração para o exame. "Eterna fonte de luz! [...] não permitas que nada escape do exame que estou prestes a fazer. Jesus! [...] Mostre-me agora meus pecados [...] Não permitas que um amor criminoso por mim mesmo me seduza e me cegue." Teria sido pedido que o garoto perguntasse a si mesmo se tinha sido desobediente com os pais ou com alguma outra autoridade, ou se fora ingrato com eles, ou lhes causado alguma aflição.

Robbie, o menino possuído, tinha, claro, causado aflição. Contudo, a teologia da possessão afirma que os demônios não podem entrar ou subjugar a alma, a qual permanece livre, ainda que sitiada. As ações que o Robbie possuído cometeu não eram as ações do Robbie normal. Sua falta de conhecimento sobre o que acontecia durante seus episódios de olhos fechados foi considerada uma prova de que a percepção da possessão não entrara em sua consciência.

A fórmula para o exame também o fazia esquadrinhar a consciência à procura de qualquer impudor em pensamento, palavra ou ação; quer tenha sido ao falar, ler, vestir ou contemplar objetos impuros. Ele procurou dentro de si sinais de orgulho, vaidade, cobiça, gula, ira, inveja, preguiça, engodo, julgamentos precipitados, desprezo, ódio, ciúme, sentimentos de vingança, brigas ou calúnias.

Embora Robbie tenha sido ensinado a examinar a consciência em preparação para a confissão, ele não fez sua primeira confissão naquele dia. O diário avança depressa do travesseiro arremessado para as preparações para a primeira comunhão. O padre deu a Robbie absolvição condicional, perdoando-o pelas pequenas transgressões que ele teria admitido no confessionário. Bowdern tinha poder sacerdotal para decidir isso. Dado a recaída do garoto e ao cronograma a todo vapor de Bowdern para converter o menino para o catolicismo, o abandono da confissão parece ter sido parte do plano de batalha para fazer com que Robbie recebesse a comunhão o quanto antes.

Para prepará-lo para a primeira comunhão, o padre Bowdern chamou o padre Bishop e o padre John G. O'Flaherty, S.J., um jesuíta de 38 anos de Kansas City. Bowdern conhecera O'Flaherty quando este ensinava álgebra, latim e inglês na Campion High. Embora O'Flaherty não tivesse sido um professor excelente, Bowdern o marcou como um possível bom padre paroquial. O'Flaherty entendia as pessoas, pregava sermões pertinentes baseados em experiências de vida e tinha uma reverência calma que não era típica de um jesuíta.

Robbie ficou deitado na cama em silêncio quando Bowdern lhe deu a absolvição condicional. Porém, assim que o padre deu início às orações para a comunhão, o garoto começou a se mexer. Bishop e O'Flaherty se adiantaram para segurá-lo, mas ele apenas se contorceu e ofereceu pouca resistência. Bowdern se aproximou, uma partícula da hóstia da comunhão na mão direita estendida. Um dos outros padres manteve um pano de linho chamado purificador embaixo do queixo de Robbie.

De repente, o menino se transformou em um furacão de braços e pernas agitados. Bowdern se aproximou ainda mais e colocou a partícula da hóstia na boca de Robbie. Ele a cuspiu. Um movimento ágil do purificador e a partícula caiu no pano. Bowdern a pegou e tentou de novo. Mais uma vez, o menino cuspiu a hóstia e o purificador a pegou. Ao longo das duas horas seguintes, Bowdern tentou mais duas vezes. Em ambas as vezes, Robbie cuspiu a partícula que foi pega pelo purificador.

O'Flaherty comentou que aquele dia era o primeiro sábado do mês, um dia no qual missas para Nossa Senhora de Fátima eram realizadas em muitas igrejas, incluindo na Saint Xavier. Ele sugeriu que rezassem um rosário em homenagem à Nossa Senhora de Fátima. Quando os três padres terminaram o rosário, Bowdern tentou pela quinta vez, e Robbie engoliu a partícula da hóstia. Ele tinha recebido sua primeira comunhão.

A atmosfera no quarto mudou. Os padres trocaram sorrisos. Robbie, com os olhos abertos agora, parecia calmo. Bowdern lhe disse para se trocar para a viagem de volta à casa dos tios. Pouco antes do meio-dia, O'Flaherty se postou ao volante do carro do presbitério. Bowdern e Karl Mannheim entraram atrás, com Robbie entre eles. Os padres conversavam com o menino quando ele, de repente, se lançou para frente e agarrou o pescoço de O'Flaherty. Bowdern e Mannheim o puxaram de volta ao assento e o seguraram durante o restante da viagem.

Em casa, depois de os padres irem embora, Robbie se transformou de novo. Estava morrendo de fome, disse ele, e se sentou para tomar um café da manhã farto. Phyllis e Karl o observavam com atenção. Algo estava acontecendo — algo novo. Os incidentes nos carros pareciam simbolizar as preocupações de Phyllis. As coisas estavam acelerando sem controle. Durante todo aquele dia, o garoto oscilou entre o normal e a semiconsciência. Em um momento, estava perambulando pela casa à procura de algo para fazer em uma tarde de sábado; no seguinte, estava acocorado em uma cadeira, os olhos vidrados ou fechados.

Às 19h40, Bowdern e O'Flaherty voltaram, acompanhados por Bishop e Michael. Bowdern trouxe consigo outra relíquia, uma lasca minúscula que era reverenciada como um pedaço da Vera Cruz. Estava acondicionada em um pequeno relicário dourado que Bowdern colocou sobre uma cômoda fora do alcance do possuído.

Robbie, vestindo apenas suas cuecas, ficou sentado na cama enquanto Bowdern recitava depressa as orações de exorcismo. Enquanto o padre começava o *Praecípio* — "Ordeno-te, espírito imundo..." —, ele se perguntou se as reações do demônio seriam diferentes agora que o menino era católico. Robbie não demonstrou reação alguma às orações. Em determinado momento, ele pediu uma taça de sorvete para a mãe. Ficou sentado na cama tomando sorvete enquanto Bowdern continuava rezando. O padre chegara à conclusão de que aquela seria uma noite curta quando o garoto disparou para fora da cama e correu para o andar de baixo.

Bowdern, temendo que Robbie ficasse violento, o seguiu até o primeiro andar e mandou que ele voltasse para o quarto. O garoto assentiu e começou a subir a escada daquele jeito lento e rabugento de criança repreendida, com o padre logo atrás. No corredor do patamar da escada, Robbie disparou. Correu até o quarto e estendeu a mão para o relicário. O'Flaherty afastou a mão dele. No entanto, o garoto girou e, com a velocidade de um raio, arrancou quatro páginas das orações de exorcismo de uma cópia aberta do *Ritual*.

Quando Bowdern chegou ao quarto, Robbie estava na cama, dando uma risada maníaca, as páginas arrancadas amassadas na mão.

O exorcista pegou emprestado o *Ritual* de O'Flaherty e recomeçou o *Praecípio*.

Depois das palavras "*dicas mihi nomen tuum, diem, et horam éxitus tui, cum áliquo signo*" — Tu deves me dizer, através de algum sinal, teu nome, o dia e a hora de tua partida —, Bowdern fez uma pausa. Sobressaltando todos no quarto, Robbie falou: "*Dicas mihi nomen tuum, diem...*" Então acrescentou: "Enfie isso no cu".

Em outro momento, quando lhe perguntaram quando o demônio iria partir, Robbie disse: "Cale a boca! Cale a boca!".

Esse foi o padrão das quatro horas seguintes: Bowdern rezando em latim... Robbie às vezes ecoando o latim ou respondendo com uma risada hedionda... Bowdern rezando... Robbie imitando ou distorcendo o latim, rindo, xingando.

Na segunda rodada das orações de exorcismo, começando com o *Praecípio*, o padre relanceou o olhar para baixo e forçou a vista. Seus olhos estavam cansados. Ele usava óculos de lentes grossas quando lia e estivera lendo durante horas, dia após dia, em quartos mal iluminados. Bishop seguiu o olhar de Bowdern e arquejou. O exorcista tinha acabado de dizer a frase *dicas mihi*. Começaram a aparecer arranhões em uma das pernas do menino: três linhas paralelas. Então, após a palavra *horam*, uma marca no formato de um X apareceu. Depois, os arranhões surgiram de novo, dessa vez como um *18*. Então, outro *18* e, em seguida, mais um. (O diário de Bishop não especifica onde no corpo de Robbie esses arranhões se materializaram.)

À 1h15, Robbie emergiu do encanto e pediu permissão ao pai para sair da cama para que pudesse se sentar em uma cadeira. Karl ajudou o menino trêmulo a descer da cama e ir até uma cadeira. Suas mãos tremiam. *Por favor, por favor, me leve para casa*, implorou. Ele sabia que o pai iria voltar para Maryland no dia seguinte. *Por favor. Não aguento mais. Estou ficando maluco.*

Nunca antes Robbie emergira de uma série de episódios sabendo conscientemente que estivera em um. Em todas as outras noites, um véu dividia sua consciência normal da consciência da possessão. Agora, o véu se fora. Ele parecia saber que estava possuído. E com certeza sabia que poderia estar enlouquecendo.

THOMAS B. ALLEN

EXORCISMO

Capítulo 12

UM LUGAR DE PAZ

No domingo, Robbie outra vez começou o dia jogando um travesseiro na luminária do teto. Voltou a dormir, despertou parecendo confuso, pegou no sono e acordou por volta das 11h30. Não queria sair da cama. Sua mãe levou o café da manhã para ele. Depois de ter comido, o menino foi para o andar de baixo, com uma aparência pálida e abatida.

Então, Karl Mannheim sugeriu que brincassem de bola. Ele reuniu os dois tios e o primo de Robbie, Marty. Todos formaram um círculo no amplo gramado e começaram a jogar uma bola de beisebol um para o outro. Robbie jogava de modo apático, mas Karl estava convencido de que o filho só estava fora de forma e precisava de apenas algumas horas jogando para esquecer o que quer que estivesse incomodando-o naquela manhã. Ele deveria estar feliz, o homem pensou.

Os Mannheim tinham muita fé na conversão de Robbie ao catolicismo. Algo acontecera quando a tia Harriet morreu em meados do inverno. Agora, Robbie se juntara àquela religião poderosa, a qual estava expulsando o veneno para fora dele. No dia seguinte, iriam todos para casa, e o pesadelo não os acompanharia.

Karl gritou pedindo a bola. Quando Robbie se preparou para lançar, o braço do garoto ficou flácido, e ele largou a bola. O menino cambaleou por alguns instantes, parecendo prestes a cair. Então disparou a correr pelo gramado. O pai viu que os olhos de Robbie estavam fechados. Karl e os outros dois homens correram atrás do garoto, que aumentou a velocidade e cruzou para o gramado do vizinho. Estava arrancando pelo gramado seguinte, de olhos ainda fechados, quando Karl o agarrou. Robbie girou para se afastar, mas os tios o seguraram. Ele desabou, e eles o carregaram para casa.

Eles o escoraram na grande mesa de madeira da cozinha. Phyllis lhe ofereceu um copo d'água. De olhos ainda fechados, ele mudou de posição, enfiou uma perna embaixo da mesa e a levantou do chão.

Quando enfim abriu os olhos, o garoto parecia suspenso entre dois estados de consciência. Seus pais não tinham nomes para esses estados, mas alguns especialistas em possessão tinham. Eles os chamavam de crise e de calmaria. Durante a crise, vinham a violência e os momentos de aparente insanidade — episódios ou convulsões, Bishop os chamava. Já no estado de calmaria não acontecia *nada*. Robbie tinha deslizado para a calmaria, uma sensação estranha que o mantinha suspenso da realidade diária.

Os exorcistas explicam essa sensação como o toque do mal: Satã, enquanto permanece escondido, projeta uma aura sinistra que engolfa a vítima. Um psiquiatra que estudou supostos casos de possessão não conhece a origem desse estado, mas concorda que ele existe: "Uma das sensações que é muito indicativa da natureza espiritual da possessão é que a pessoa possuída perdeu a característica humana: o ajudante sente como se ele ou ela estivesse na presença de algo inumano ou que o possuído está vazio e alienado de si próprio". Era assim que Robbie parecia estar naquela tarde quente e ensolarada de domingo.

Embora nada violento estivesse acontecendo, os pais de Robbie estavam tensos devido ao seu estado apático. A família voltaria para casa no dia seguinte e queriam se certificar de que o menino iria se comportar no trem. Dessa forma, voltaram a chamar o padre Bowdern, que ficou surpreso. Ele estivera se sentindo otimista a respeito de Robbie. Era um otimismo inspirado tanto por sua esperança sacerdotal quanto pelo calendário litúrgico.

Aquele era o Domingo da Paixão, o quinto domingo da Quaresma e o prelúdio da Páscoa, que seria dali a duas semanas. Os quatorze dias do Tempo da Paixão que tiveram início naquele dia se concentravam na Paixão de Cristo — seus últimos dias, o sofrimento e os instrumentos desse sofrimento: o açoitamento, a coroa de espinhos, a cruz, os pregos. As estátuas e os crucifixos na Saint Xavier e em todas as outras igrejas católicas ficariam cobertas com panos roxos como um símbolo de luto. Os dias escuros e penitentes preparavam a alma católica para a glória triunfante da Páscoa. Os dias e as noites de Robbie estariam agora envoltos nessa procissão, e Bowdern imaginava Robbie marchando da escuridão da morte para a luz da esperança. *Mas e quanto ao 18 no corpo dele? O que isso queria dizer? O número deveria ter sido 17. A Páscoa caía no dia 17 de abril. Por que o número não foi 17?*

Bowdern chegou por volta das 19 horas com Bishop, Van Roo e O'Flaherty. Os padres estavam reunidos na sala conversando com a família. Robbie estava lá, com uma aparência esgotada e enfraquecida. Então, sem aviso, ele se lançou na direção da tia Catherine e agarrou a gola do vestido dela. George foi o primeiro a reagir para segurar Robbie, que, sem soltar Catherine, se desvencilhou do aperto do tio. Karl Mannheim e os padres se aglomeraram ao redor de Robbie, protegendo a mulher do garoto.

Karl e George carregaram Robbie para cima e, com raiva, o jogaram na cama. Ele ficou deitado, olhando para o teto e para a luminária quebrada. A tolerância de George com os episódios do sobrinho tinha acabado. Catherine fora atacada duas vezes por ele. Não importava o quão doente o garoto poderia estar...

Robbie começou a cantar e berrar. Por um momento, George Mannheim não conseguiu entender o que ele estava cantando. Então, compreendeu. Robbie estava cantando sobre Billy, seu priminho Billy, o filho mais novo de George Mannheim. "Billy, Billy", cantava o possuído. "Você vai morrer esta noite. Você vai morrer esta noite. Você vai morrer esta noite."

Alguém — Bishop não diz quem — apanhou um travesseiro e o apertou contra o rosto de Robbie, abafando a canção. Outra pessoa afastou o travesseiro para que o menino não sufocasse. Raiva era uma emoção nova ao redor de Robbie, e ele se aquietou. Não houve reação alguma às orações de exorcismo que Bowdern diligentemente iniciara. Por volta das 21h30, o garoto pareceu pegar em um sono natural, roncando alto. Porém, ele estava agitado e não mergulhou em sono profundo.

Os padres foram embora à meia-noite. Meia hora depois, Robbie ficou tão violento que o pai e o tio amarraram seus braços com fita adesiva e colocaram luvas nas suas mãos. Ele choramingou por causa da dor causada pela fita e reclamou que as luvas deixavam suas mãos quentes. Assim que o pai se compadeceu do filho e retirou a fita e as luvas, Robbie teve um surto de raiva. Karl e George se engalfinharam com ele até o menino adormecer, às 3h30 da segunda-feira.

Quando Phyllis e Karl contaram a Bowdern sobre os ataques de raiva de Robbie, o padre decidiu acompanhá-los de volta a Maryland naquela manhã no trem das 9h50. Ele pediu para Van Roo se juntar a ele e solicitou ao padre O'Flaherty que cuidasse da Saint Xavier. Normalmente, uma viagem assim não poderia ter sido arranjada de modo tão espontâneo; o superior precisaria ser avisado e uma permissão teria que ser concedida. No entanto, Bowdern, como exorcista, tinha o poder de tomar suas próprias decisões sem ter que verificar com os superiores.

Na casa, Robbie se recusou a acordar. Mas água gelada jogada em seu rosto fez com que ele despertasse o bastante para que conseguissem vesti-lo e levá-lo para o andar de baixo. Seus pais e George o colocaram no carro do tio para a viagem até a estação ferroviária. O tio levou um amigo junto, caso fosse necessário mais um par de mãos para subjugar Robbie. A viagem foi pacífica, porém, e quando o carro chegou à estação e as despedidas foram feitas, Robbie estava conversando e agindo de maneira feliz.

Os jesuítas ficaram em um compartimento do trem, os Mannheim em outro, próximo ao deles. Robbie se divertiu durante o dia. Passou o tempo jogando jogos de tabuleiro e admirando a paisagem. Karl e Phyllis tiveram paz pela primeira vez em semanas. Bowdern esperava uma recuperação rápida. A Semana Santa, a época mais atarefada do ano litúrgico, se aproximava, e ele tinha que voltar para supervisionar as preparações.

Van Roo, ansioso para estudar em Roma quando tudo aquilo chegasse ao fim, esperava usar a viagem noturna para colocar em dia as leituras escolares que perdera durante as últimas noites desesperadoras. A experiência não o fez trocar o estudo da teologia para a demonologia. "Depois que acabou", disse ele muito tempo depois, "aquilo [o exorcismo] não se transformou em um dos meus interesses." O que ele parece se ressentir mais, em termos intelectuais, é de ter sido arrastado para um exorcismo sem ter uma chance de estudar o fenômeno.

Por volta das 23h30, quando todos estavam prontos para se recolher, Bowdern ouviu um cabineiro correndo na direção do compartimento dos Mannheim. Em seguida, mais um cabineiro. E mais pés correndo. Os padres dispararam para o outro compartimento. Robbie e os pais estavam acordados e vestidos com pijamas e robes. O garoto agia como se tivesse recebido uma carga de eletricidade. Agitado e falando alto, ele tagarelava com os cabineiros. Karl explicou aos padres que Robbie ficou apertando o botão de chamada de serviço.

Bowdern saiu do compartimento, puxou um cabineiro de lado e lhe instruiu para ignorar quaisquer chamadas de serviço daquele compartimento. O cabineiro, pressentindo algo mais do que apenas malcriação, perguntou o que havia de errado com o garoto. Bowdern lhe disse que o menino era temperamental.

Robbie foi dormir e acordou muito antes de o trem chegar à Union Station, em Washington, na terça-feira, 5 de abril. Ele parecia feliz por estar em casa, e seus pais mais uma vez imaginaram se ele estaria recuperado. Quando o reverendo Schulze perguntou a respeito dos eventos em Saint Louis, a mãe e o pai de Robbie lhe disseram que tinham fé nos esforços dos jesuítas. Schulze, entretanto, não se convenceu.

Enquanto os Mannheim voltavam a se acomodar em casa, Bowdern fez uma visita ao padre Hughes na Saint James Church. Se o padre já não estivesse ciente do que Robbie tinha feito com Hughes, ele teria descoberto assim que se encontraram. Hughes ainda não conseguia levantar o braço que o menino tinha cortado.

Não há registro da conversa entre os dois exorcistas, estranhos reunidos graças a uma experiência que nenhum deles desejara, homens que tinham conhecido e visto os horrores que aquele exorcismo lhes trouxera. Eles não poderiam ser mais diferentes entre si: Hughes, o padre de paróquia despreocupado que mergulhara em um exorcismo e ganhara cicatrizes graças a ele; Bowdern, o veterano de guerra e teólogo que fora forçado a encarar um exorcismo e que agora, desgastado e doentio, não conseguia vislumbrar um fim para o que tinha começado. Assim como as pessoas descreviam Hughes como o personagem despreocupado de Bing Crosby no filme *O Bom Pastor*, os paroquianos da Saint Xavier descreviam o padre Bowdern como um jovem Barry Fitzgerald, que fazia o papel de um pastor velho e amável que orientava o jovem cura imprudente representado por Crosby. Na época, porém, Bowdern era um homem exausto e desesperado.

Hughes apresentou Bowdern ao chanceler da arquidiocese de Washington, o monsenhor que fora o intermediário entre ele e o arcebispo O'Boyle. Bowdern precisava obter a permissão de O'Boyle para dar continuidade ao exorcismo, já que o jesuíta estava agora na jurisdição deste. O'Boyle, por sua vez, não queria mais ouvir falar sobre esse exorcismo que fora um fiasco na sua arquidiocese, encaminhou-se para outra e agora estava de volta.

Bowdern explicou que, como pastor de uma paróquia grande em Saint Louis, ele precisava voltar o quanto antes para supervisionar a programação para a Semana Santa. Todavia, disse também que permaneceria em Washington até que outra pessoa fosse designada para continuar no caso. O'Boyle não reagiu àquela ideia. Ele simplesmente deu permissão para Bowdern prosseguir com o exorcismo na arquidiocese de Washington.

Bowdern, mais preocupado do que nunca com a crescente inclinação de Robbie para a violência, queria que o menino fosse confinado e contido, de preferência em um hospital católico para doentes mentais. O'Boyle poderia ter mandado que o garoto fosse levado a qualquer instituição católica que Bowdern escolhesse, mas deixou que o padre agisse por conta própria. Para um bispo ou um arcebispo com uma inclinação maior para a administração do que para milagres, um exorcismo — assim como uma estátua que supostamente derrama lágrimas e cura pessoas — é uma intromissão medieval embaraçosa e confusa. Para um arcebispo como O'Boyle, o tempo e a energia desperdiçados com superstições poderiam ser melhor empregados para manter o bem-estar das igrejas e escolas sob sua responsabilidade.

Por razões deixadas sem explicação por Bishop e todos os outros que sabiam sobre o caso, Bowdern não tentou o Georgetown University Hospital. Pode ter sido porque ele não queria envolver jesuítas de outra província. Ou, então, pode ter receado que o hospital, ciente da violência do menino na sua internação anterior, impedisse o exorcismo ao insistir em uma intervenção psiquiátrica. Bowdern apenas queria um lugar onde Robbie pudesse ser contido.

Ele sentia que, desde a conversão ao catolicismo, a possessão estivera fechando o cerco ao redor de Robbie. A fúria do demônio, acreditava ele, iria avançar além dos limites da força dele ou de Robbie. O padre sabia que alguns possuídos jamais se recuperaram. Para alguém como Bowdern, que tinha fé no exorcismo, o fracasso significaria que o ritual falhara em expulsar o demônio ou que o diabo tinha fugido, deixando para trás apenas a casca de um ser humano. Ele não queria que um psiquiatra considerasse Robbie um caso perdido. E não queria que o garoto se machucasse ou ferisse alguém que amava. O padre queria dar continuidade ao exorcismo, embora suspeitasse que o pior ainda estava por vir.

Na quarta-feira, Hughes levou Bowdern até Baltimore — fora da jurisdição de O'Boyle — para obter informações sobre um quarto no Seton Psychiatric Institution, uma instituição para tratamento da saúde mental de grande prestígio cujos pacientes incluíam muitos padres católicos que passavam por tratamento para diversos problemas psiquiátricos. Se as freiras que administravam o instituto concordassem em aceitar Robbie, Bowdern seria forçado a procurar mais um arcebispo e pedir permissão para continuar com o exorcismo. Ele estava disposto a fazer isso caso pudesse manter o garoto protegido.

As freiras disseram ao padre que acolheriam o menino, mas os médicos do instituto foram contra. Se Robbie fosse internado como um paciente psiquiátrico, disseram os médicos, tudo bem. Eles dependiam da ajuda financeira do estado de Maryland, e o estado iria com certeza subsidiar um caso de psiquiatria juvenil. Mas um exorcismo? Eles não podiam se expor a uma zombaria profissional e a uma perda financeira. A resposta foi não.

O superior de Hughes, o reverendo William Canning, pastor da Saint James, recusou o pedido de Bowdern para usar o presbitério onde Robbie enfrentou Hughes pela primeira vez. Não havia espaço, alegou Canning. Naquela noite, Bowdern ligou para o Alexian Brothers Hospital, em Saint Louis. O irmão-reitor Cornelius o assegurou que Robbie teria um lugar no hospital sempre que precisasse.

Na quinta-feira, Robbie continuou a se acomodar a uma vida normal na própria casa. Voltaram a falar sobre a escola. Contudo, ele teria que compensar tanto tempo perdido que seus pais conversaram sobre mantê-lo afastado pelo restante do ano letivo e levá-lo de volta no outono seguinte. Portanto, para Robbie, naquele dia quente de primavera, as férias já tinham começado, embora com tarefas. Ele passou grande parte do dia preparando o solo na pequena horta dos fundos e cortando a grama.

O menino foi para a cama por volta das 20h30. Durante algum tempo, o segundo andar ficou quieto. Então, seus pais e sua avó ouviram Robbie se remexendo no andar de cima. Ele os chamou. Estava acontecendo de novo.

Bowdern e Van Roo chegaram pouco depois das 21 horas e encontraram Robbie se debatendo na cama. De imediato, o exorcista começou o *Praecípio*. Ele tinha proferido apenas algumas palavras quando o garoto se contorceu, abriu a camisa do pijama e revelou um arranhão que ondulava pela sua barriga enquanto Bowdern e os Mannheim observavam. Dois outros arranhões surgiram e cortaram o peito de ponta a ponta. Era como se a lâmina de uma navalha estivesse se movendo por dentro da pele. Robbie arfava e gritava de dor. Riscado em seu peito havia um *4*.

Bowdern continuou rezando. Depois da palavra *Jesu*, o menino se retraiu. "Minhas pernas! Olhem as minhas pernas!", gritou ele. Sua mãe afastou o lençol que o cobria. Abaixou as calças do pijama dele. Dois cortes profundos e paralelos desciam devagar ao longo de uma das pernas, da coxa até o pé, arrancando uma velha casca de sangue no tornozelo. O sangue cintilava ao longo dos arranhões, que pareciam ter sido causados por uma garra.

Os olhos de Robbie estavam abertos. Van Roo, o intelectual desconcertado pelo incomensurável, o encarou, tentando entender, tentando encontrar o padrão. Bowdern continuou a rezar. Gritos de dor pontuavam muitas palavras, em especial *Jesu* e *Maria*.

Robbie gritou de novo depois de *Jesu*, e uma enorme mancha vermelha surgiu em uma das suas coxas. Aos olhos de alguns, era a imagem de um demônio.

Não havia nada no *Ritual* sobre o exorcista causar dor. Bowdern detestava seu papel quando via o garoto se retrair de dor. *Maria*, o padre disse diversas vezes, enquanto recitava o rosário, e Robbie se contorcia a cada menção do nome. A meia-noite chegou, e Bowdern assinalava a devoção à Maria e suas mágoas. *Maria, Maria, Maria* e dor, dor, dor.

Bowdern não via outro caminho. Ele podia sentir o mal irradiando daquele garoto torturado. O mal tinha que passar por ele, explodir para fora dele e, então, sua contenda contra o mal teria chegado ao fim. O mal o abandonaria.

Quando Bowdern perguntou o nome e a hora da partida do demônio, a resposta veio marcada em linhas vermelhas e sangrentas no peito de Robbie:

HELL e *SPITE* [DESPEITO].

Números começaram a aparecer nos braços e no corpo: *4 8 10 16*. Então veio aquela voz terrível:

"Não vou embora até que uma certa palavra seja pronunciada, e este garoto nunca a dirá."

Em certo momento, quando estava desperto, Robbie disse a Bowdern que algo estava mudando. Nas imagens que o garoto descrevera antes, houvera um abismo profundo. Porém, o abismo se transformara em uma caverna. Ele estava em uma caverna escura e comprida. Mas podia enxergar um ponto de luz ao longe. Agora, disse, a luz ficava cada vez maior.

Quando Bowdern terminou a terceira oração principal, ele e Van Roo examinaram a barriga e as pernas do garoto com cuidado. Os padres contaram pelo menos vinte arranhões. Alguns eram riscos únicos, outros duplos, alguns tinham quatro linhas paralelas. Um se parecia com um minúsculo tridente. As mãos de Robbie estiveram à vista o tempo todo. Os dois padres concordaram que ele não poderia ter feito os arranhões com as mãos. Agora, mesmo enquanto permanecia deitado para o exame, ele gemeu, e eles viram um novo arranhão descendo pela perna.

Robbie fechou os olhos e começou a cuspir e xingar. As cusparadas acertaram o rosto de Bowdern, depois o de Van Roo. Eram cuspes encharcados e viscosos, e sua quantidade desafiava a lógica de Van Roo. Com base em uma estimativa, Robbie cuspiu 250 mililitros de saliva em poucos minutos. Os rostos dos sacerdotes pingavam. Os óculos de Bowdern estavam tão cobertos de saliva que ele mal conseguia enxergar. Van Roo limpou os óculos com uma toalha, depois a segurou na frente de Bowdern para que ele pudesse continuar lendo. O menino, no entanto, cuspia por cima ou por baixo da toalha, sem nunca abrir os olhos — e sempre acertando.

Ele começou a cantar em um falsete estridente. Os padres conseguiram identificar frases de canções indecentes intercaladas com obscenidades e blasfêmias (não registradas no diário). De tempos em tempos, Robbie cantarolava "Ave-Maria" com uma voz desafinada. As canções, os movimentos e os xingamentos estavam ficando mais marcados e crescendo em intensidade. Ele parecia estar chegando ao clímax. O exorcista seguiu rezando.

A mão direita de Robbie começou a se mover sobre seu peito. Van Roo olhou para baixo. Sangue. Ele não tinha notado o comprimento das unhas do garoto. Com uma daquelas unhas, ele estava riscando duas palavras sangrentas no próprio peito em grandes letras maiúsculas: HELL e CHRIST [CRISTO].

Abalado e desgastado, Bowdern olhou para um relógio sobre a mesa de cabeceira. Eram quase 2 horas da manhã. Alguns instantes depois, o possuído avisou: *Vou manter você acordado até as 6 horas.* Em seguida, com uma voz que era um rosnado, acrescentou: *Para provar isso, vou colocar o garoto para dormir e depois vou acordá-lo.* O menino de imediato se transformou, passando de um estado convulsivo para um sono profundo e natural. Robbie acordou assustado quinze minutos depois. Bowdern se perguntou se aguentaria mais quatro horas. Entretanto, parece que o demônio calculou errado o vigor do garoto, pois este quase de imediato caiu em um sono natural. A noite tinha chegado ao fim.

Com esperanças de que o pastor de Hughes, o padre Canning, mudasse de ideia depois de ver Robbie, Bowdern convidou o idoso padre para a sessão de exorcismo na noite de sexta-feira. O exorcista disse que chamaria o pastor quando Robbie estivesse calmo o suficiente para receber a comunhão. Canning concordou em levar uma hóstia consagrada consigo.

Enquanto Robbie brincava e se arrastava ao longo do seu costumeiro dia tranquilo, Bowdern rezava pedindo força para seguir em frente. Ele sabia que tinha que levar o menino para um lugar onde ele poderia ser contido. O padre teve um conversa intensa e longa com Karl e Phyllis Mannheim e os convenceu a voltar para Saint Louis e prosseguir com o exorcismo no Alexian Brothers Hospital. Bowdern pediu que Van Roo cuidasse da viagem de volta por trem e ligou para os aleixanos para lhes informar que Robbie chegaria ao hospital no domingo, 10 de abril — Domingo de Ramos, o início da Semana Santa.

Robbie foi ao banheiro por volta das 20 horas na noite de sexta-feira. Alguns minutos depois, seus pais o ouviram gritar e xingar. Eles o tiraram do banheiro e o levaram para a cama, e ligaram para Bowdern. Quando ele chegou, Robbie cuspia, xingava e dizia obscenidades sem parar. O padre nunca o vira tão selvagemente diabólico. Suas palavras eram tão abomináveis e odiosas que Bowdern não as registrou. O diário de Bishop diz sobre a sessão: "Houve palavras e movimentos obscenos, e ataques devassos contra aqueles em volta da cama sobre masturbação e contraceptivos, relações sexuais de padres e freiras".

Durante três horas, Bowdern e Van Roo rezaram enquanto Robbie encharcava os padres com cuspe e subia e descia a mão fingindo estar se masturbando. Ele rasgou as roupas dos padres, arrancou os lençóis, arremessou travesseiros, cantou "Ave-Maria", cantarolou "Danúbio Azul" de um jeito lamentável e desafinado e agiu como se estivesse respondendo às perguntas em latim com frases em um latim incoerente. Na maior parte do tempo, ele falou com uma voz grave e rouca.

Hughes e o pastor Canning chegaram por volta das 23 horas. Canning levou uma hóstia consagrada, o Santíssimo Sacramento, em um píxide, o qual estava dentro de uma burça, uma bolsa quadrada de tecido com um cordão, usada para carregar um píxide em volta do pescoço. Enquanto o pastor aguardava na sala de estar, Hughes caminhou pela casa, aspergindo água benta e dizendo em latim: "Abençoai, Senhor, Deus todo-poderoso, esta casa, para que haja boa saúde, pureza, poder de vitória espiritual, humildade, bondade e modéstia, a plenitude da Lei e ação de graças a" — ele fez o sinal da cruz — "Deus, o Pai, o Filho e o Espírito Santo: e que esta bênção permaneça na casa e em seus moradores. Em nome de Cristo nosso Senhor. Amém".

Quando Hughes terminou a bênção, ele e Canning subiram a escada e foram ao quarto de Robbie. O garoto estava relativamente calmo quando os padres entraram. Então, ele explodiu em uma fúria de xingamentos e ofensas, os olhos fechados se virando na direção do atordoado Canning. O sacerdote colocou o píxide sobre uma cômoda. Robbie jogou o travesseiro contra o objeto, mas Hughes o desviou. Bowdern afastou o olhar do *Ritual*. Ele sentiu que o possuído tinha detectado a presença do Santíssimo Sacramento. A percepção de objetos sagrados escondidos era um sinal tradicional de possessão. Bowdern gesticulou para que o pastor colocasse o píxide de volta no bolso. Outro travesseiro passou zumbindo por Canning enquanto este se esgueirava para fora do quarto.

Bowdern decidiu então que Robbie não poderia receber a comunhão. Em um momento de calmaria, o padre deu ao garoto um comprimido que continha um leve sedativo. Robbie o cuspiu fora, depois o pegou no lençol e, enfim, o engoliu. Quando Bowdern tentou levantar a questão de levar Robbie ao presbitério de Saint James, Canning rejeitou a ideia com ainda mais veemência do que na quarta-feira. A recusa não surpreendeu o exorcista, mas ele insistia na ideia, porque acreditava que Robbie ficaria mais confortável em uma instituição perto da própria casa. Agora, não havia outra escolha a não ser continuar o exorcismo em Saint Louis.

Na manhã de sábado, Bowdern, Van Roo, Robbie e sua mãe pegaram um trem para Saint Louis. "R. agiu normalmente o dia inteiro", diz o diário. "Ele teve um pequeno episódio quando se recolheu para dormir." Nessa época, o diário descreve apenas os eventos diários que são diferentes de alguma maneira significativa. A urina, os gases, os gestos vulgares, os gritos estridentes e as obscenidades se tornaram tão rotineiros que já não eram mais anotados. Os relatos também não revelam o que aquela voz terrível dizia sobre os próprios padres.

"Em certas ocasiões", disse um jesuíta familiarizado com os detalhes íntimos do caso, "ele manifestava um conhecimento incomensurável sobre as vulnerabilidades do exorcista e dos outros indivíduos no local, tentando criar uma sensação de desconfiança e hostilidade entre eles." Outro jesuíta disse: "Ele revelou fatos sobre o passado das pessoas que não era possível o menino ter conhecido". Hughes disse, em um relato em terceira pessoa, que "o diabo fez algumas revelações que foram embaraçosas para os participantes, mas não se beneficiou com isso". Quer tenham sido verdadeiras ou falsas, as acusações — aparentemente, bastante particulares — não foram documentadas.

O hábito de Bowdern de interromper as orações em latim e traduzir duas frases das orações de exorcismo também não consta no diário. "Diga qual é teu nome", ele ordenava, então esperava por uma resposta. Robbie costumava reagir com mais xingamentos, cusparadas ou disparates. Depois, o exorcista mandava: "Diga o dia e a hora da sua partida". Ao ouvir essa frase, o endemoniado ficava mais violento.

As instruções no *Ritual* diziam ao exorcista para observar "quais palavras em especial na forma [de orações] tinham um efeito mais intimidador contra o diabo, para que, dali em diante, esses termos pudessem ser empregados com maior ênfase e frequência". Bowdern sabia que tinha encontrado um ponto fraco e insistiu nele, perguntando repetidas vezes o dia e a hora da partida. Talvez, pensou, essa pergunta intimidasse o demônio porque ele sabia que o fim estava próximo.

Assim o padre esperava. Embora ele estivesse mais forte do que nunca no âmbito espiritual, estava enfraquecendo no âmbito físico. Às vezes, Bowdern sabia, um exorcista era afligido fisicamente e tinha que ser substituído por outro. E houveram casos em que o exorcista morreu durante o exorcismo.

Bowdern sem dúvida repassou isso na sua mente, especulando sobre um substituto. Bishop era o candidato mais provável. No entanto, durante os preparativos de Bowdern e Van Roo para a viagem até Washington, Bowdern pôde ver que a provação estava deixando Bishop esgotado. Em relação a Van Roo, ele parecia incerto quanto a ideia de exorcismo. Ele era diligente o bastante e suportava sem reclamar sua cota de cuspe e ofensas. Porém, sua mente estava em Roma e nos alcances maiores da teologia. O'Flaherty e McMahon tinham visto o bastante para intervirem; os dois suportavam espiritualmente o exorcismo.

E Bowdern sabia que, em última análise, qualquer um dos jesuítas da comunidade poderia substituí-lo. Joe Boland, um ex-capelão da Marinha baixo e durão, já tinha o auxiliado. Assim como Ed Burke, outro antigo capelão jesuíta que recebera a Estrela de Prata por ter protegido repetidas vezes os feridos com o próprio corpo até os médicos chegarem à ilha de Peleliu. Sem fazer nenhum anúncio a respeito, a comunidade aceitara a responsabilidade daquilo. Era um trabalho Nosso, e Bowdern podia encontrar conforto ao saber que, independente do que acontecesse a ele, um dos Nossos aguentaria até o fim.

THOMAS B. ALLEN

EXORCISMO

Capítulo 13

A CAVERNA

No Domingo de Ramos, Robbie voltou ao quarto seguro no quinto andar da ala antiga do Alexian Brothers Hospital. Ele parecia despreocupado por estar em uma ala psiquiátrica; talvez esperasse ficar apenas uma noite, como acontecera três semanas antes. O irmão Bruno, o gentil tzar da ala antiga, deu-lhe as boas-vindas de volta, conversou com ele e o deixou aos cuidados de um dos irmãos que era um enfermeiro. Bruno conversara com o irmão-reitor Cornelius e sabia que um exorcismo seria realizado no quarto seguro.

Não havia nada nos livros de medicina ou de psiquiatria sobre exorcismos, mas isso não inibiu Bruno. Ele sabia o que faria e o que diria aos outros: confiar em seu próprio bom-senso, seguir a tradição aleixana de cuidar com amor, fazer o que os jesuítas pedissem — e rezar. Cornelius organizou orações contínuas na forma de adoração ao Santíssimo Sacramento. Um ostensório dourado que continha uma hóstia consagrada foi colocado entre duas velas acesas no altar da capela. Dia e noite, os irmãos fizeram fila para ajoelharem e rezarem pelo garoto no quinto andar.

O exorcismo que estava para ser retomado no quarto seguro era oficialmente um segredo. No entanto, os irmãos que rezavam sabiam ao seu respeito, ou pensavam que sabiam, assim como muitos leigos no quadro de funcionários do hospital. Por fim, boatos sobre o exorcismo se espalharam pelo hospital e chegaram até a escola de enfermagem. As novidades perturbaram os membros do time de basquete. O apelido do time era Blue Devils [Diabos Azuis].

Enquanto Robbie se acomodava no hospital, Bowdern foi para a Saint Xavier. Ele celebrou a missa e, diante do púlpito para ler o Evangelho que relata a entrada triunfal de Cristo em Jerusalém, viu diversos rostos que não via há muito tempo — católicos do Domingo de Ramos em preparação para se tornarem católicos da Páscoa. Ao final da missa, eles saíram carregando seus ramos de palmeiras. Eles iriam colocar as palmeiras abençoadas atrás de alguma imagem sagrada na sala ou no quarto, e alguns deles só voltariam àqueles bancos no Natal.

Ele se sentia fraco e intimidado pelo papel duplo de exorcista e pastor. No entanto, estava contente com seus deveres pastorais. Havia lindos bebês para batizar, crianças de rostos brilhantes para preparar para a primeira comunhão e doentes para visitar. Ele levava o píxide à lugares onde, embora pudesse haver tristeza, também havia luz e bondade humana. Lugares onde as pessoas apertavam sua mão e sorriam para ele — pessoas que provavelmente não cuspiriam no seu rosto e urinariam nele.

À tarde, Michael lhe deu as listas das coisas que tinham que ser feitas para enfeitar o terreno para a Páscoa. *E ele iria usar aquele quarto no terceiro andar de novo? Não, mas encontre o sr. Halloran e diga que ele terá que atuar como motorista outra vez.* A governanta, seguindo uma antiga tradição, devotara três dias antes do Domingo de Ramos para lavar as janelas e encerar e polir todos os móveis. Ela queria manter o lugar assim até a Páscoa. *E será que o padre Bowdern poderia tomar cuidado para não receber ninguém aqui que possa fazer uma bagunça?*

Isso era ser um padre, um pastor no seu presbitério, um homem caminhando pela alegria, intocado pelo mal que existia, respirava, cuspia, mijava, peidava e xingava. Quanto tempo mais ele conseguiria aguentar?

"Ele estava com uma aparência terrível", disse seu irmão, o dr. Edward H. Bowdern, que vivia em Saint Louis. Quatro décadas depois, o doutor ainda se lembrava de como examinara o irmão com o olhar perspicaz de um médico. O padre perdera muito peso. Quando ele tirou os óculos para esfregar os olhos, Edward viu inchaços ao longo das bordas das pálpebras. Terçóis. Ele nunca tivera aquilo antes. O padre Bowdern levantou um braço e fez uma careta. A manga da batina escorregou, e Edward viu inchaços e feridas exsudando pus. *Furúnculos.* O médico perguntou e recebeu a confirmação relutante de que o padre tinha furúnculos em muitas partes do corpo. Edward queria examiná-lo minuciosamente e tratá-lo. Poderia ser anemia, infecção generalizada... Porém, o padre descartou as preocupações de Edward. Décadas se passariam antes que o dr. Bowdern descobrisse por que o irmão estava com a aparência tão pálida e fraca. O padre nunca contou a ninguém da sua família sobre o exorcismo.

Naquela época, Bowdern, que antes estivera fazendo um jejum leve, ao estilo jesuíta, parecia estar vivendo a pão e água. Sua inspiração para um jejum rígido teria saído de uma instrução no *Ritual*: "Portanto, ele não esquecerá as palavras do nosso Senhor (Mateus, 17:20), para que fique atento ao fato de que existem certos tipos de espíritos malignos que não podem ser expulsos a não ser pela oração e pelo jejum". O versículo bíblico faz referência à resposta de Cristo quando seus discípulos falharam na tentativa de exorcizar um menino. Jesus foi bem-sucedido, depois repreendeu os apóstolos, dizendo: "Se tiverdes fé como um grão de mostarda, direis a este monte: passa daqui para acolá, e há de passar; e nada vos será impossível. Mas esta casta de demônios não se expulsa senão pela oração e pelo jejum". Dado esse lembrete, o padre com quase toda certeza passou a viver de pão e água e não contou a ninguém.

Pouco depois das 19 horas do Domingo de Ramos, Bowdern levou Van Roo, O'Flaherty e Bishop para o austero quartinho de Robbie. Bowdern teve uma breve conversa com o menino, que parecia imperturbado naquele momento. Ele decidiu tentar as orações de exorcismo de imediato, tomando a iniciativa em vez de esperar que o episódio tivesse início. O exorcismo não obteve nenhuma reação, e Robbie estava surpreendentemente dócil. Bowdern, em seguida, começou o rosário. Dessa vez, as repetidas menções a *Maria* não desencadearam uma algazarra de xingamentos e obscenidades. O padre continuou a rezar rosários até mais ou menos as 23 horas, quando o garoto adormeceu.

Bowdern esperou alguns minutos e depois acordou o menino para lhe dar a comunhão. Ele conseguiu manter os olhos abertos por apenas alguns segundos, adormecendo entre o tempo que levou para o padre tirar a hóstia do píxide e levá-la aos seus lábios. Bowdern estava pensando em abandonar a ideia quando Robbie acordou de repente e recebeu a hóstia. Ele voltou a deitar no travesseiro com um sorriso e logo caiu em um sono profundo e sereno.

Os sacerdotes deram o sinal para que pudessem sair do quarto. O irmão de plantão naquela ala destrancou a porta e prometeu ficar de olho em Robbie durante a noite. O Domingo de Ramos tinha passado com tranquilidade, e Bowdern voltou a ter esperanças de que o demônio, derrotado pelo poder sagrado da Semana Santa, estava deixando o menino.

Na segunda-feira, o irmão Emmet apresentou Robbie à rotina da ala. O garoto limpou seu quarto sob o olhar insistente de Emmet e depois acompanhou o irmão nas suas rondas. Ajudou Emmet com diversos trabalhos e começou a sentir que tinha um amigo naquele lugar sem vida. Os irmãos na ala — cujo nome oficial era unidade de psiquiatria crônica — tinham providenciado que Robbie se ocupasse durante o dia, incluindo um pouco de trabalho sob a supervisão de um irmão e o estudo do catecismo.

Bowdern quisera um ambiente religioso para a continuação do exorcismo e o encontrara ali. Todos os quartos tinham crucifixos e, a cada amanhecer e anoitecer, alto-falantes espalhados pelo hospital transmitiam orações conduzidas pelo capelão do hospital. Porém, o zelo sagrado dos aleixanos não deixava o hospital com um ar austero de um jeito opressivo. Os irmãos estavam sempre alegres e eram incansáveis. Sempre havia muitos não católicos entre os aproximadamente 140 pacientes do hospital.

Um aleixano combinava sua fé pessoal intensa com um compromisso de dar aos seus pacientes cuidados e compaixão. Um irmão não lia jornais e não podia falar durante as refeições, as quais ele fazia em uma cadeira específica no refeitório. Quando ele morria, um crucifixo era colocado em sua cadeira todos os dias durante uma semana. A comida que ele teria consumido era dada para alguma família pobre da vizinhança.

Um irmão costumava trabalhar por volta de oito horas e passava a mesma quantidade de tempo por dia em oração ou meditação, quatro horas de manhã e quatro horas de tarde. Um irmão evitava conversas inúteis, não visitava as celas de outros irmãos e nunca saía sozinho. Jejuava às sextas-feiras. Um irmão começava o dia às 4h40 e passava 45 minutos em oração na capela, seguidos depois pela missa. Seu dia terminava com orações às 20h30. Estava na cama em sua cela às 21 horas.

Para acomodar esse dia a dia religioso às necessidades do hospital, os irmãos variavam sua agenda de orações e empregavam leigos — trabalhadores, muitos dos quais eram recrutados em orfanatos locais, e enfermeiros treinados pelos aleixanos. Todos os membros dos corpos de funcionários e de enfermagem eram homens.

A devoção dos aleixanos à religião não obscurecia sua objetividade médica. Estavam acostumados a ter jovens como pacientes pediátricos, incluindo jovens com problemas psiquiátricos. O irmão Cornelius, sem querer correr riscos, chamou um pediatra não católico, o fez jurar sigilo, e pediu que examinasse e observasse Robbie. Cornelius disse ao médico: *Quero saber se há alguma explicação natural para isso.* O pediatra examinou os arranhões do menino, observou as mudanças súbitas de contorções violentas para sono comatoso. Mais tarde, também afirmou estar presente quando objetos saíram voando pelo quarto. Ele informou Cornelius: *Não posso lhe dar uma explicação natural para isso.*

Ao anoitecer da segunda-feira, Bowdern, Van Roo, Bishop e Halloran entraram no quarto de Robbie. Bishop levou alguns livros infantis católicos para que o garoto tivesse mais coisas para ler além do catecismo. Havia um adágio, dito geralmente a jovens católicos preguiçosos: "A mente vazia é a oficina do diabo". No hospital, esse ditado tinha um significado extra, pois tanto os aleixanos quanto os jesuítas conspiravam para manter Robbie ativo, fechando sua consciência contra o que Bowdern esperava ser o poder minguante do demônio.

Novamente, as orações de exorcismo prosseguiram sem interrupções. Bowdern fechou o *Ritual* e pegou as contas do rosário no bolso. Talvez a noite acabaria cedo e tranquila. No entanto, os jesuítas e Robbie mal tinham chegado à segunda dezena do rosário quando o menino gritou de dor e agarrou o peito. Um dos padres se inclinou sobre ele, abriu a camisola de hospital e viu uma mancha vermelha. Logo após retomarem o rosário, ele gritou diversas vezes. Dessa vez, as letras capitais EXIT [SAÍDA] se materializaram em arranhões sangrentos no peito e um arranhão comprido na forma de uma flecha desceu do peito até a barriga, apontando na direção do pênis. A palavra EXIT apareceu três vezes em lugares diferentes no corpo de Robbie.

"O garoto estava sem camisa. Eu vi as marcas", relembrou Halloran, "e não havia nenhuma maneira de ele ter conseguido fazer aquilo com uma agulha, ou com as unhas, ou com qualquer outra coisa. Não com a gente observando. Elas surgiram do nada. Às vezes, ele ficava com vergões sem nenhum significado em todo o corpo. Do tipo que se consegue ao se arranhar com espinhos. Esse tipo de coisa. Muito, muito vermelhos. Eu olhava para eles em um momento e eles não estavam lá e então, da próxima vez que olhava, lá estavam. Talvez depois de dez ou quinze segundos."

Robbie berrou de novo. Disse que sentia uma dor terrível bem fundo no corpo. Apontou para onde os rins ficavam (ou assim Bishop julgou). Em seguida, disse que o pênis estava queimando. Começou a urinar sentindo muita dor. Já que, em alguns casos de exorcismo, o diabo sai através da urina ou das fezes, Bowdern teve esperanças mais uma vez. O padre decidiu fortalecer a alma de Robbie ao lhe dar a comunhão.

Com a menção à comunhão, o possuído se tornou feroz. Os aleixanos no quarto o seguraram e o prenderam depressa com as correias. Naquela noite, como sempre, ele usava uma camisola de hospital. Quando arqueou o corpo, a camisola escorregou, revelando arranhões e manchas que marcavam seu corpo. A palavra HELL surgiu no peito, depois na coxa. As instruções no *Ritual* diziam que o exorcista devia dizer repetidas vezes qualquer palavra que fizesse "os espíritos malignos estremecerem", e foi isso o que Bowdern fez. A cada menção à *comunhão* ou ao *Santíssimo Sacramento*, o corpo de Robbie se curvava para cima e mais arranhões cortavam a pele.

"Estou dando a comunhão!", gritou o exorcista, se inclinando para perto da carranca de olhos fechados. De alguma maneira, Robbie conseguiu soltar uma mão das correias e socou Bowdern em cheio nos testículos.

"Você gosta do quebra-nozes?", perguntou o endemoniado com uma voz que cacarejava de triunfo.

O padre cambaleou para trás. Os aleixanos apertaram as correias, e o corpo de Robbie arqueou contra elas. A partir dessas contorções vieram os relatos de que ele conseguia curvar o corpo para trás até que a nuca tocasse os pés. Esse tipo de coisa fora registrado em outras possessões, mas não é mencionado no diário de Bishop. Halloran diz que nunca viu isso acontecer.

Bowdern não cedeu. Ele falou sobre a Última Ceia, onde, na véspera da sua crucificação, Jesus instituiu o sacramento da comunhão. Conforme o exorcista falava, "arranhões apareceram dos quadris aos tornozelos de R. em linhas grossas", escreveu Bishop, "parecendo ser um protesto contra a comunhão".

Para proteger a hóstia consagrada contra a profanação, Bowdern mantivera o píxide longe de Robbie. Então, ele foi até a mesa onde colocara o píxide, o abriu, tirou a hóstia, partiu uma partícula e voltou para o lado da cama. Esticou a mão direita, a partícula segura entre o polegar e o indicador. Robbie, de olhos ainda fechados, se virou na direção de Bowdern. Uma voz que Bishop identificou como sendo a do diabo falou e pareceu dizer algo como: *Não permitirei que ele a receba.*

Bowdern tentou várias vezes, cada vez inspirando um repertório repleto de contorções, gritos, xingamentos, cusparadas e bufadas. Bowdern recolocou a partícula no píxide e disse que iria conferir uma comunhão espiritual. Explicou que Robbie precisava apenas *querer* receber Jesus em comunhão e que, como um milagre, Cristo viria, e seria como se a hóstia sagrada tivesse entrado nele.

"Eu quero", Robbie começou, "eu... quero receber-Vos em..." Antes que conseguisse dizer "comunhão", ele explodiu em uma torrente de raiva e dor. Xingou e gritou, fazendo os aleixanos — recém-chegados ao exorcismo — sentirem calafrios na espinha. Por toda a ala, pacientes, enfermeiros e funcionários ouviram os gritos. Eles estavam acostumados com gritos, mas nunca tinham ouvido algo como aquilo.

O fim chegou, afinal. Robbie pegou em um sono de exaustação, Bowdern bateu de leve na porta para que ela fosse aberta e os homens saíram cambaleando. Pela primeira vez, o meticuloso Bishop não registrou a hora que o exorcismo noturno terminou.

Na noite de quinta-feira, os padres, Halloran e os aleixanos voltaram para o quarto. Bowdern, que tivera um dia cheio como pastor, parecia forte, circunspecto e determinado como sempre. Relembrando, ele disse sobre Bowdern: "O padre teria prosseguido com o exorcismo na beirada de um prédio de dezesseis andares".

Bowdern se ajoelhou ao lado da cama, passou depressa pela Ladainha de Todos os Santos e pelo Pai-Nosso, depois, como sempre, recitou o Salmo 53. No entanto, havia um timbre novo e firme, e a música do salmo emergiu: *"Deus, in nómine tuo salvum me fac: et in virtúte tua"* — Ó Deus, salvai-me pelo Vosso nome, pelo Vosso poder fazei-me justiça. Ó Deus, ouça a minha oração; atendei às palavras da minha boca. Levantaram-se contra mim os arrogantes, e os violentos atentaram contra a minha vida; não têm a Deus em sua presença. Mas vejam — Deus vem em meu auxílio; o Senhor sustenta a minha vida.

"Fazei cair o mal sobre os meus adversários, exterminai-os pela Vossa fidelidade. De bom grado Vos oferecerei sacrifícios. Cantarei a glória do Vosso nome, Senhor, porque ele é bom. Ele salvou-me de todos os perigos e pude ver meus inimigos humilhados. Glória ao Pai e ao Filho..."

Todos olharam para a cama, onde Robbie estava deitado, de olhos fechados, o corpo se contorcendo. "Salvai Vosso servo", disseram em resposta a Bowdern, e ele falou: "Que deposita toda confiança em Vós, meu Deus". Como sempre, todas as palavras foram ditas em latim.

Em seguida, como fizera em tantas outras noites, o exorcista fez uso do mecanismo de oração-e-resposta das preces responsoriais. Naquela noite, aos jesuítas que erguiam suas vozes em resposta juntaram-se as vozes dos aleixanos.

"Esto ei, Dómine, turris fortitúdinis", começou Bowdern — Sede para ele, Ó Senhor, uma torre fortificada.

"A fácie inimíci", o refrão respondeu — A partir da face do inimigo.

E as frases em latim prosseguiram. Elas significavam:
"Que o inimigo não prevaleça contra ele."
"Nem o filho da maldade o aflija."
"Emitir-lhe ajuda, Ó Senhor, do Teu santo lugar."
"E de Sião o entregue."
"Chegue até Vós o meu clamor."
"*Dóminus vobíscum*", concluiu Bowdern — O Senhor esteja convosco.
"*Et cum spíritu tuo*", responderam os outros — E o espírito contigo.

Bowdern passou à oração de invocação que era um prelúdio para a primeira prece que evocava o espírito maligno. O possuído arqueava o corpo e gritava em antecipação.

"*Praecípio tibi*", proclamou Bowdern com sua voz mais autoritária. Quando chegou ao primeiro comando, como agora era costumeiro, ele mudou para o inglês: "Tu deves me dizer através de algum sinal teu nome, o dia e hora de tua partida. Ordeno-te..."

"Enfia isso no cu!", veio o grito da cama. A ofensa foi seguida por uma risada arrepiante e estridente.

A voz mudou. *Eu sou o diabo. Vou fazer ele acordar, e ele vai ficar contente. Você vai gostar dele.* De imediato, Robbie abriu os olhos, sorriu, olhou em volta e falou com uma estranha doçura. Instantes depois, os olhos do menino se fecharam e seu corpo ficou tenso. *Eu sou o diabo e vou fazer ele acordar, e ele vai ficar desagradável.* O garoto voltou a acordar rabugento, reclamando e xingando os homens que o prendiam.

Quando as orações de exorcismo chegaram ao fim, Bowdern começou uma série de rosários, observando Robbie com expectativa. Nenhuma marca apareceu em seu corpo naquela noite. Novamente, o exorcista tentou dar ao menino a comunhão diversas vezes. *Não permitirei que Robbie receba a comunhão!*, disse a voz que se identificara como a do diabo. O possuído mergulhou no que pareceu ser um sono natural, e Bowdern terminou a sessão.

Já que Robbie tinha demonstrado uma estabilidade tão consistente durante o dia, o padre não acreditava que o garoto corria perigo durante as manhãs e as tardes. Ele parecia levar a vida da juventude pelo dia e a vida de uma alma torturada à noite. Bowdern sentia que o garoto estava mais aberto à graça de manhã, portanto, na manhã de quarta-feira, pediu ao capelão do hospital, o padre Seraphim Widman, que desse a comunhão a Robbie. Widman concordou de pronto.

Visto que os irmãos aleixanos não eram padres, eles tinham que obter capelães fora de suas fileiras. A arquidiocese de Saint Louis não tinha padres suficientes para dispensar às paróquias de dentro e ao redor da cidade. Dessa forma, os aleixanos encontraram seu capelão em uma pequena ordem religiosa, os Missionários do Preciosíssimo Sangue.

Widman, tecnicamente um missionário designado para o hospital, estava longe o suficiente do controle da arquidiocese para avaliar os padres de maneira objetiva, incluindo os jesuítas que estavam no hospital sofrendo de alcoolismo e colapsos mentais. Ele declarava se um padre em tratamento era espiritualmente capaz de celebrar a missa na capela do hospital. Esse passo deixava o padre à beira de receber alta.

Havia padres no hospital que podiam, presumia-se, ajudar Bowdern. Porém, sob o acordo delicado entre o capelão e os pacientes sacerdotais, mesmo aqueles certificados a celebrar a missa não podiam realizar nenhuma outra tarefa religiosa no hospital. Widman poderia ter representado um problema jurisdicional para Bowdern. O exorcismo estava sendo realizado nos domínios de Widman, mas ele tinha pouco a dizer a respeito de como aquele potente ritual estava sendo conduzido. Bowdern diplomaticamente arrastou Widman para o exorcismo ao pedir-lhe que desse a comunhão a Robbie e o instruísse no catolicismo. Não havia atrito entre Widman e Bowdern.

Depois de receber a comunhão, Robbie encarava outro dia fazendo tarefas para o irmão Emmet. Portanto, quando Halloran apareceu e sugeriu que passassem aquele dia de primavera no campo, o menino aceitou, ansioso. Embora o escolástico tivesse sido selecionado para o esquadrão de braços fortes de Bowdern, ele queria ser mais do que um lutador de colarinho romano na vida do garoto. O possuído parecia não se lembrar de nada do que acontecia durante seus ataques, mas Halloran sentia que Robbie não gostava dele. Aquele passeio foi o jeito de Halloran fazer amizade com o menino e de afastar a hostilidade.

O garoto saiu do hospital sob a custódia de Halloran e de outro jovem escolástico jesuíta, Barney Hasbrook. Halloran propôs um curto passeio de carro até a Casa Branca, uma propriedade jesuíta que se estendia por 75 acres ao longo das escarpas que davam para o rio Mississippi. A propriedade, que os jesuítas usavam como retiro, estava entrelaçada na história da Nossa. Documentos da Companhia de Jesus indicam que o padre Jacques Marquette, um missionário e explorador jesuíta, navegou pelo local em 1673. A Casa Branca recebeu esse nome graças a um esforço lobista após a Guerra Civil para mudar a capital da nação para Saint Louis. Promotores apontaram o terreno nas escarpas como o futuro local da Casa Branca. Os jesuítas compraram o terreno em 1922 e fundaram a Saint Louis House of Retreats.

Hasbrook dirigia e Halloran e Robbie estavam sentados no banco traseiro do carro da paróquia conforme seguiam para o sul ao longo do rio para uma viagem que duraria vinte minutos. O escolástico não tinha ideia do que fazer com o garoto quando chegassem à Casa Branca. Seu plano vago era deixar Robbie andar pelo terreno, o qual se estendia a partir da grande casa de retiro principal, feita de calcário, até a beira da escarpa, quase trinta metros acima do rio.

Os dois jesuítas levaram Robbie para a capela e lhe mostraram relíquias dos mártires norte-americanos guardadas em relicários nas paredes. Depois, todos caminharam ao longo do gramado que descia em terraços até a escarpa. Do outro lado do rio, ao longo da margem, ficavam os ricos campos agrícolas de Illinois. A vista prendeu a atenção de Robbie por apenas alguns minutos. Halloran desejou ter uma bola, um taco e luvas de beisebol, mas não era permitido praticar esportes nos terrenos quietos e bem-cuidados. Uma trilha ao longo da escarpa levava às Estações da Via-Sacra, grandes estátuas brancas que celebravam as últimas horas de Jesus conforme ele carregava a cruz através de Jerusalém até a colina do Calvário.

Halloran apontou para as estações, parcialmente visíveis entre a vegetação de folhas ao sul da casa. "As Estações da Via-Sacra", disse, "as coisas que Nosso Senhor suportou durante sua Paixão. Você gostaria de vê-las?"

"Sim, eu gostaria", respondeu o menino.

Halloran liderou o caminho até a primeira estação. Os dois jesuítas fizeram genuflexões perante um plinto de pedra de quase 1,30 metro de altura. Sobre ele, havia uma estátua branca retratando Jesus preso por soldados romanos diante de um homem em um trono. Uma placa dizia: "Jesus é condenado à morte". Robbie fez uma genuflexão desajeitada. Era assim que começava, Halloran disse a Robbie. O escolástico explicou que os católicos andavam de estação em estação, faziam uma genuflexão e passavam alguns minutos meditando sobre o que aconteceu ao longo do caminho da cruz.

O garoto parecia bastante interessado. Ele olhou para a estátua, que parecia ser gigante. Qual era a seguinte?

Eles caminharam ao longo da trilha que fazia uma curva ampla até a beirada da escarpa. Ali a queda era íngreme. Halloran, que conhecia o terreno, se colocou entre Robbie e a beirada. Pararam na estação rotulada de "Nosso Senhor toma a cruz aos ombros".

Havia quatorze estações, disse Halloran enquanto caminhavam até a terceira ao longo da trilha. O Mississippi brilhava através das folhas dos carvalhos à esquerda. À direita, para além de uma depressão no gramado, as estações seguiam em frente. Diante da terceira, "Jesus cai pela primeira vez", Robbie parou e ofegou. Jesus, derrubado pelo cansaço e pela dor, estava apoiado nas mãos e nos joelhos sob o peso da cruz. Um soldado o flagelava. O jesuíta interpretou o evento para Robbie. Cristo, disse, estava carregando mais do que a cruz; estava carregando os pecados do mundo. "Nós Vos adoramos, Ó Cristo", dizia a oração que devia ser recitada à cada estação, "e Vos bendizemos porque pela Vossa santa Cruz remistes o mundo."

Seguiram em frente. "A mãe encontra o filho." A mãe abençoada de Jesus, a Virgem Maria — diante da palavra *Maria*, Robbie se assustou — ajoelhada na lateral da estrada. Jesus, sob o peso da cruz, a vê sofrendo a dor de uma mãe. Perante "Simão Cirineu ajuda a carregar a cruz", Halloran contou a história de como os soldados forçaram um homem chamado Simão a carregar a cruz de Jesus porque ele estava muito fraco para suportá-la. Na estação seguinte, Verônica limpava o rosto de Jesus manchado de sangue, e Halloran contou que algumas pessoas acreditavam que Cristo recompensou a mulher ao deixar uma impressão do seu rosto na toalha.

Halloran se afastou da estação e olhou para baixo. O caminho corria próximo da beirada, e o chão descia até um penhasco íngreme orlado de arbustos. O escolástico começou a se sentir inquieto. Andou mais rápido: "Jesus cai pela segunda vez", "Jesus encontra as mulheres de Jerusalém". Um grupo branco de mulheres ajoelhadas choravam e assistiam o Messias passar cambaleando. Halloran olhou para Robbie. Algo estava acontecendo ao menino. "Vamos sair daqui", disse Halloran virando-se para Hasbrook.

"Jesus cai pela terceira vez"... "Jesus é despido de suas vestes"...

Pouco antes da décima primeira estação, "Jesus é pregado à cruz", Robbie começou a gritar e a correr. Ele subiu o gramado em disparada e foi na direção da beirada do penhasco. Halloran arrancou ao longo da beirada e se jogou em cima do garoto, derrubando-o antes que ele caísse.

Robbie lutou e bateu no escolástico. Hasbrook correu até eles e ajudou a prender o menino junto ao chão. O garoto nunca tivera um ataque em plena luz do dia. Halloran esperava que fosse apenas um breve ataque de raiva. Porém, pressentiu que ele e Hasbrook estavam no início de uma longa contenda.

Eles meio que arrastaram, meio que carregaram o menino até o carro. "Ele estava furioso", relembrou Halloran. Ele prendeu Robbie no banco traseiro enquanto Hasbrook dava partida e arrancava para longe dos terrenos da casa de retiro, entrando na estrada principal. "Eu temia que fôssemos presos por sequestro, do jeito que deve ter parecido para as pessoas que nos viam." O escolástico precisou de toda a força para conter o garoto. O menino ainda conseguiu se soltar por um instante e se lançou sobre o assento para agarrar o volante. Hasbrook manteve os olhos na estrada e levou o carro de volta ao hospital.

Os irmãos levaram Robbie para dentro e o acalmaram. Ele estava animado e alegre quando Bowdern guiou Halloran e os outros do grupo de exorcismo até o quarto pouco antes das 21 horas. O padre McMahon lhe dera alguns quebra-cabeças e, sentado na beira da cama, Robbie disse ao padre o quanto gostava deles. Bowdern, apesar de perturbado pelo relato de Halloran sobre o incidente na Casa Branca, interpretou a tranquilidade do menino como um sinal de progresso. O padre sinalizou que estava prestes a começar as orações. Robbie deitou na cama. Halloran, McMahon e Bishop se ajoelharam em volta. Um irmão de plantão se ajoelhou ali perto.

Bowdern ficou de joelhos, abriu o *Ritual* e começou a Ladainha de Todos os Santos.

Robbie explodiu em um acesso de fúria. Halloran o segurou, e o irmão foi depressa ajudá-lo. Dois outros irmãos, a postos do lado de fora, destrancaram a porta e correram até a cama.

Robbie se acalmou um pouco sob o aperto. Ele abriu a boca para falar. Para alguns no quarto, a voz não parecia pertencer ao menino. *Deus me disse para partir às 23 horas de hoje*, disse a voz. *Mas não sem luta.* Em seguida, veio, segundo o depoimento de Bishop, o ataque mais violento testemunhado até então. Durante vinte minutos consecutivos, o garoto se debateu e se contorceu, xingou e fez caretas.

Bowdern prosseguiu com as orações. No *Praecípio*, ele fez sua costumeira tradução da pergunta sobre quando seria a partida, mas exigiu a resposta em latim. A resposta veio na forma do que as crianças chamam de *Pig Latin* [latim dos porcos, em tradução livre]: *Fieen-ay sosi-ay no-ay seu-ay cu-ay*. Então, a voz fez sua própria tradução: "Enfie isso no cu!". Ele deturpava o latim verdadeiro com imitações claras e distintas das palavras do idioma. Começou a cantar em falsete: "Enfie. Enfie isso".

Ele amaldiçoou e ameaçou todos que estavam no quarto. Gritou "Fogo! Fogo!" a plenos pulmões. Um irmão se levantou e sinalizou para que a porta fosse aberta. Ele sabia que tinha que fazer a ronda da ala. Quando um paciente era acometido por um frenesi em um quarto, a fúria contagiosa se espalhava por todo o local. Já se ouviam gritos abafados e pancadas em diversas portas. Irmãos em hábitos brancos andavam pelo corredor escuro. Enfermeiros corpulentos se esgueiravam para dentro dos quartos de pacientes violentos e os continham.

No quarto de Robbie, Bowdern jamais hesitou. Ele terminou as orações e começou o rosário. Os irmãos adicionaram suas vozes, e as palavras da Ave-Maria preencheram o cômodo. O espaço se encheu com o murmúrio de vozes e era como se nada pudesse penetrar aquele imenso e contínuo baluarte de palavras.

Às 22h45, quinze minutos antes da hora prometida para a partida, um sino de igreja tocou. Robbie começou a imitar o toque, segurando o som em uma imitação incrível. "Bongue! B-o-o-n-g-g-u-e. B-o-o-n-g-g-u-e..." Às 23 horas, o sino tocou de novo e o quarto caiu em silêncio enquanto todos esperavam pelo fim. Como seria? Será que haveria uma saída visível? Será que haveria um som alto e estrondoso, como em outros exorcismos documentados?

Robbie riu e recomeçou a imitar o sino. "Bongue! B-o-o-n-g-g-u-e. B-o-o-n-g-g-u-e..." As instruções no *Ritual* alertavam para desapontamentos como esse. Nunca confie na palavra de um diabo.

O murmúrio do rosário não foi interrompido. Os aleixanos teriam recitado mais de cinquenta dezenas do rosário ao final daquela noite. À meia-noite, o exorcista decidiu tentar dar a comunhão ao menino. *Não vou permitir isso*, disse a voz que saía da boca de Robbie. O padre tentou diversas vezes. Finalmente, como tinha feito antes, ele recorreu à comunhão espiritual. É só dizer. Apenas diga: "*Quero receber-vos em comunhão*".

A voz gargalhou — aquela risada alta e ululante de arrepiar os cabelos. O garoto pareceu acordar. *Quero... quero...* Ele não conseguia dizer *comunhão.*

Na manhã seguinte — a manhã da Terça-feira Santa — o padre Widman não encontrou nenhum problema para dar a comunhão a Robbie. Halloran lhe fez uma visita durante a tarde. Eles começaram a conversar sobre o que aquele dia da Semana Santa celebrava. O escolástico se lembrava dos arranhões e da dor que a menção à comunhão parecia ter causado na segunda-feira. Então, fez uma pergunta específica: "Você gostaria de aprender?".

"Sim, isso seria bom", respondeu Robbie.

Visto que o menino estava tão calmo e tinha recebido a comunhão há poucas horas, Halloran não viu perigo em continuar a conversa sobre aquele assunto. Começou a descrever a Última Ceia na primeira Quinta-feira Santa. Nela, contou o rapaz, Jesus partiu um pedaço de pão e o deu aos apóstolos, dizendo: "Este é o meu corpo". Ele prosseguiu, explicando como a Última Ceia foi a origem da missa e como a comunhão era um elemento central da fé católica.

Robbie começou a se remexer.

"Qual é o problema?", perguntou o escolástico.

"Minhas pernas estão doendo", respondeu.

Halloran levantou o lençol e subiu as calças do pijama do garoto. Ele estava coberto de vergões — nas pernas, no peito, na barriga, nos braços.

"Ah, eu queria que você parasse com tudo isso", disse Robbie. "Não aguento mais."

Halloran sugeriu que rezassem juntos. A dor amainou e os vergões começaram a desvanecer.

O irmão Cornelius comprou uma estátua de Nossa Senhora de Fátima e a colocou no corredor principal do andar térreo. Ele a dedicou com um pedido à Nossa Senhora para que intercedesse por Robbie. Os irmãos prometeram que sua comunidade faria devoções especiais para Nossa Senhora de Fátima caso o garoto fosse poupado de mais aflições.

Depois da missa na Saint Xavier na manhã de quinta-feira, Bowdern, vestido com paramentos roxos e segurando um ostensório dourado no alto, guiou uma procissão a partir do altar-mor, passando pelo corredor principal até entrar em um corredor lateral. Colocou o ostensório que continha o Santíssimo Sacramento sobre o altar lateral, entre fileiras de flores e velas cintilantes. Ele então esvaziou o altar-mor e o outro altar lateral, retirando a toalha e as velas do local. A cerimônia lembrava aos fiéis que Jesus fora despido das suas vestes para ser açoitado. Sua Paixão tinha começado.

Quando Bowdern entrou no quarto de Robbie na noite da Quinta-feira Santa, os católicos jorravam para dentro das igrejas para rezarem diante do Santíssimo Sacramento. Por costume, eles iriam a sete igrejas naquela noite — uma noite de tanta devoção universal e solene que Bowdern deve ter sentido a onda de força espiritual engolfando a ele e aos outros que estavam no quarto.

As orações e os rosários inundaram o cômodo. Robbie aceitou as orações em paz.

Na manhã da Sexta-feira Santa, um dia de luto e perda, Bowdern parou diante do altar-mor na Saint Xavier e segurou no alto um crucifixo coberto de roxo. "Contemplem a madeira da Cruz", disse, "da qual pendeu a Salvação do Mundo." Em seguida, em três estágios, ele retirou o véu da cruz e beijou os pés de Jesus crucificado. Um a um, os paroquianos foram à frente para beijar os pés.

Os católicos reverenciam as três horas entre o meio-dia e as 15 horas como sendo o período que Jesus sofreu e morreu na cruz. Ao meio-dia, na Saint Louis Cathedral, a *Tre Ore,* a devoção de três horas, teve início. Uma estação de rádio de Saint Louis transmitiu a missa. No seu quarto, sob a vigilância de irmãos em oração, Robbie ouviu com atenção as três horas de preces, hinos e sermões das últimas sete palavras de Jesus.

O irmão-reitor Cornelius comprara uma segunda estátua, esta de São Miguel Arcanjo. Uma das orações que Cornelius acreditava ser especialmente eficaz era uma a São Miguel, o "gloriosíssimo príncipe das milícias celestes", o defensor contra "os dominadores deste mundo de trevas". A oração termina com uma visão que evoca um abismo como aquele que Robbie vira: "Domineis o dragão, a serpente antiga, que é o diabo e Satã, e o precipiteis encadeado no abismo, para que não seduza os povos da terra".

No Sábado Santo, Cornelius levou a estátua para o quarto de Robbie. Ele conversou com o menino por alguns minutos, fez algumas orações e ordenou que a estátua fosse colocada sobre uma mesa em um canto do quarto. A estátua, de quase um metro de altura, retratava um Miguel alado, a cabeça descoberta, o corpo protegido por uma cota de malha sob um manto vermelho e amarelo. Ele segurava com as duas mãos uma lança que estava prestes a enfiar pela garganta de um demônio que se debatia preso no chão aos seus pés.

Quinta-feira Santa, Sexta-feira Santa e agora Sábado Santo — três dias de paz no quarto do quinto andar. Nesse dia, também chamado de Sábado de Aleluia, os catecúmenos do princípio do cristianismo tinham renunciado a Satã e se tornaram cristãos em preparação para a glória da Páscoa. Bowdern esperava que o tormento de Robbie seguisse esse antigo calendário e ele encontrasse paz durante o triunfo da Páscoa. Depois da meia-noite de sábado, conforme os primeiros minutos da data corriam, o exorcista disse aos irmãos que fizessem preparativos para que acordassem o garoto às 6h30 da manhã de Páscoa, lhe dessem a comunhão e o levassem à missa na capela dos aleixanos.

Pouco antes das 6h30 do Domingo de Páscoa, o padre Widman saiu do elevador e, de cabeça baixa, começou a atravessar o corredor do quinto andar. Diante dele andava um irmão em um hábito branco, tocando um sininho para sinalizar que o padre carregava o Santíssimo

Sacramento. Os dois homens entraram no quarto de Robbie. O irmão Theopane, que era o enfermeiro de plantão, se ajoelhou.

Enquanto estava de plantão, Theopane usava por cima da batina que chegava aos tornozelos um escapulário branco, uma vestimenta semelhante a um manto que era passada por cima da cabeça e que descia até a cintura na frente e atrás. Naquela manhã quente, ele tinha tirado e dobrado o escapulário e o pendurado em uma cadeira. O irmão olhou para o objeto, como se planejasse colocá-lo para benefício de Widman.

O padre gesticulou para que ele se levantasse e lhe pediu que acordasse Robbie. O irmão balançou o garoto com delicadeza. Ele não abriu os olhos. Theopane o balançou de novo, com um pouco mais de força. Robbie permaneceu em um sono aparente. Theopane lançou um olhar interrogativo para Widman. O padre colocou o píxide sobre a mesa, foi até a cama e agarrou os ombros do menino. Ele o chacoalhou com vigor, depois esbofeteou seu rosto. Robbie acordou, grogue e taciturno.

Widman tirou a hóstia do píxide e, segurando-a entre o indicador e o polegar da mão direita, fez o sinal da cruz sobre os olhos fechados de Robbie. Ele disse ao garoto para se sentar. O padre fez uma curta oração de comunhão e levou a hóstia à boca de Robbie. Ela continuou fechada. *Abra a boca!* O menino afastou o rosto. *Abra a boca!*, Widman tentou uma segunda vez e, logo em seguida, uma terceira. *Abra a boca!* Finalmente, na quarta tentativa, ele conseguiu colocar a hóstia na boca de Robbie.

Widman fez uma oração pós-comunhão e saiu para começar uma Páscoa agitada. Era a sua voz que ribombava dos alto-falantes do hospital nas orações matinais e noturnas, e ele precisava celebrar duas missas. Theopane, que tinha se ajoelhado quando o Santíssimo Sacramento estava sendo oferecido a Robbie, foi até a cadeira ao lado da cama para retomar sua leitura silenciosa de um livro de orações à Virgem Santíssima. Ele não percebeu que o menino tinha saído da cama até que o livro de orações foi arrancado das suas mãos.

Theopane tentou segurar o garoto, mas ele disparou para longe e arrancou o escapulário da outra cadeira. Ao tentar pegá-lo de Robbie, Theopane recebeu uma escarrada viscosa no rosto. Atordoado e confuso, ele limpou o rosto enquanto Robbie pulava em cima do escapulário. Enquanto pisoteava o traje, uma voz profunda que saía dele disse: *Não permitirei que ele vá à missa. Todos pensam que isso vai lhe fazer bem.* Theopane chamou ajuda. Reforços subjugaram o menino e o levaram de volta à cama.

Na Saint Xavier Church, Bowdern, resplandecente em paramentos brancos e dourados, celebrava a primeira de suas Missas Pascais. Mais tarde naquela manhã, um enfermeiro de plantão conseguiu dar-lhe um recado: ele era requisitado com urgência no hospital. Algo tinha acontecido.

Robbie se debatia e xingava na cama quando Bowdern chegou. Poucos minutos depois de entrar no quarto, o garoto se acalmou. O padre foi embora, sua esperança de uma Páscoa triunfal despedaçada.

Ao entardecer, alguns irmãos levaram Robbie para fora para brincar de bola e desfrutar algumas horas de diversão. Ele parecia relaxado e até mesmo feliz. Conforme a noite caía, Emmet, o irmão que tinha gostado de Robbie desde o começo, disse ao menino que era hora de voltar. Eles entraram no hospital pela porta do porão e seguiram para o elevador. De repente, Robbie parou, se virou e acertou um soco no rosto de Emmet, que foi jogado para trás. Como tinha bastante experiência em lidar com pacientes perturbados, o irmão reagiu depressa. Esticou o braço para girar o garoto e prender seus cotovelos nos costas. No entanto, Robbie era rápido demais para ele. O garoto bateu em Emmet, empurrando-o contra a parede do porão deserto. Emmet gritou pedindo ajuda.

Quando os outros irmãos chegaram até Emmet, ele estava exausto e machucado. Espantado que o garotinho franzino conseguisse fazer aquilo, um irmão deu um passo à frente — e foi atingido por um soco forte. Diversos irmãos se engalfinharam com Robbie. Ele se pôs a gritar: *Vou matar vocês! Vou matar vocês!* Eles o derrubaram e, segurando os braços e as pernas, conseguiram carregá-lo para dentro do elevador e atravessar o corredor até seu quarto, onde o amarraram, xingando e cuspindo, na cama.

Bowdern foi chamado outra vez. Robbie, de olhos fechados, arqueava as costas contra as correias, cuspindo e gritando. Durante as orações de exorcismo, uma voz estrondeou saindo do garoto. Soava como a voz que dissera: *Não permitirei que ele vá à missa.* O diabo, como uma testemunha chamou a voz, disse que iria mostra seu poder novamente: *Vou fazer Robert acordar e pedir uma faca.* Emmet, Theopane e os outros irmãos trocaram olhares ansiosos. Ele tinha ameaçado matar seus opressores.

Em um instante, Robbie despertou e pediu uma faca. Disse que queria cortar um ovo de Páscoa. Voltou a mergulhar em um torpor de olhos fechados, e as orações foram retomadas. Em poucos minutos, a voz falou: *Vou fazer Robert acordar e pedir um copo d'água.* Os olhos do garoto se abriram e ele pediu água. Uma mão trêmula estendeu um copo para ele. Ele bebeu a água e prontamente fechou os olhos e voltou a se deitar na cama.

A sessão de exorcismo do Domingo de Páscoa, uma que Bowdern não imaginara realizar, terminou com ofensas e xingamentos de quem ou o que quer que estivera na cama. Robbie parecia estar sob o controle absoluto de uma força desconhecida. O garoto parecia cansado de tudo aquilo. Mas quem era ele agora? E ainda tinha a questão daquela voz. Será que era a voz de algo que levara o garoto embora para sempre?

O Domingo de Páscoa pareceu ser um momento decisivo. A voz — a voz do diabo, como Bishop a chamava — agora falava com mais frequência e autoridade, isso estava claro. E havia alguma coisa no ar, algo que afetava cada homem de um modo diferente. Testemunhas não concordavam com o que tinham visto e ouvido, sentido e cheirado. Quando entravam naquele quarto, elas pareciam conjurar horrores que existiam simultaneamente nas suas mentes e no próprio cômodo.

Testemunhas falaram sobre sentirem um calafrio atravessá-las quando estavam no quarto. Bowdern, disseram, usava um casaco por cima da sobrepeliz e da batina. O fedor era quase insuportável para o padre, afirma um relato baseado em entrevistas feitas com testemunhas oculares. Esse mesmo relato diz que "a barriga de Robbie dilatava e suas feições ficavam tão distorcidas que ele parecia ser uma pessoa completamente diferente".

Outras histórias contam sobre a habilidade do possuído em entender latim e que ele às vezes lia as mentes das pessoas no quarto. Um relatório diz que a "personalidade diabólica" dentro dele sentia a bondade e os pecados daqueles que entravam no quarto e "berrava e rugia" sempre que "uma pessoa em estado de graça entrava no quarto". Não houve reação alguma quando um médico entrou no quarto durante um dos episódios de Robbie. Bowdern supostamente se virou para o médico e disse que aquilo era um sinal de que ele não estava em estado de graça. De acordo com o relato, o médico, confuso, saiu e voltou quase meia hora depois. Ele foi saudado com um rugido. Naquele intervalo, ele fora ao confessionário e se livrara dos pecados.

Experiências físicas e psicológicas dentro daquele quarto continuaram a se intensificar em 18 de abril, a segunda-feira depois da Páscoa. Robbie acordou às 8 horas, chutou o irmão ao lado do seu leito e pulou da cama. Outro irmão entrou correndo. Robbie apanhou uma garrafa de água benta, ameaçou jogá-la neles e depois a arremessou por cima das suas cabeças. A garrafa se espatifou contra o teto, banhando os homens com água e cacos de vidro. Esse foi um incidente particularmente assustador porque a água benta deveria repelir os demônios, não servir como munição para eles.

Os irmãos ainda retiravam os cacos quando Widman chegou, precedido por um irmão tocando um sino. O capelão levara a comunhão. Robbie cuspiu no rosto do padre. Widman recuou, apertando o píxide. A hóstia dentro dele, como a água benta, deveria repelir o mal.

Widman insistiu que Robbie — se ele ainda estivesse ali — fizesse a comunhão espiritual. O possuído cuspiu de novo e, como sempre, não errou. Widman, limpando o rosto, pensou ter ouvido *Não posso*. Porém, alguns momentos depois, o menino balbuciou a fórmula: *Quero receber-Vos em comunhão*. Ele voltou a cair na cama, exausto.

Ele recebeu a comunhão espiritual, Widman pensou, e ouviu uma voz dizer alguma coisa. De acordo com o registro de Bishop, a mensagem foi algo como: *Um demônio saiu. Robert deve fazer nove comunhões, e, então, eu partirei.*

O que quer que tenha sido dito, o padre ficou ali por mais de uma hora, tentando forçar Robbie a fazer mais nove comunhões espirituais. O garoto, entretanto, parecia incapaz de falar. Widman encurtou a fórmula para *desejo receber-Vos*, sabendo que, de um ponto de vista teológico, aquelas poucas palavras ainda eram suficientes para uma comunhão espiritual válida.

A voz do diabo, como Widman imaginou que fosse, riu e disse: *Isso não é suficiente. Ele tem que dizer mais uma palavra, uma palavrinha. Quer dizer, uma palavra* GRANDE. *Ele nunca vai dizê-la. Ele tem que fazer nove comunhões. Ele nunca dirá a palavra. Estou sempre com ele. Posso não ter muito poder o tempo todo, mas estou dentro dele. Ele nunca dirá a palavra.*

Widman saiu, derrotado e se perguntando qual seria a palavra. Robbie começou a cantar músicas incompreensíveis. Estava urinando em enormes quantidades, ameaçando os irmãos, xingando. De repente, ele se acalmou e sorriu. Era agora um garoto que estava com fome. Percebeu a sujeira fedorenta na qual estava e pediu um banho. Os irmãos decidiram esperar trinta minutos para ver se o humor dele mudaria de novo.

Ao meio-dia, eles lhe levaram uma bandeja com um copo de leite, um pedaço de bolo e sorvete. Ele sorriu e atirou o copo que se estilhaçou contra uma parede. Nenhum irmão queria chegar perto dele agora. Ele tinha uma aparência perversa e emanava uma aversão que os homens quase conseguiam tocar.

O padre Van Roo chegou e passou grande parte do dia no quarto tentando compreender esse fenômeno tão estranho ao seu intelecto. Para ele, a teologia era o alicerce da fé e do propósito. Qual era a relação da teologia com aquele mal imundo e sem sentido? "Eu era um tipo de monitor", relembra ele. "Eu ficava sentado ao lado da cama do menino. Observava seus olhos... Era tudo imprevisível; não consigo me lembrar de um padrão."

No final da tarde, depois de Van Roo ir embora, os irmãos levaram uma bandeja e arrumaram pratos e talheres em uma mesinha. Queriam que Robbie saísse da cama para que pudessem banhá-lo, vesti-lo com um pijama limpo e trocar os lençóis encharcados de urina. O garoto saiu da cama, foi até a mesa, sorriu e pegou um prato de carne fatiada. Andou depressa até a janela, se virou e, segurando o prato como um disco de lançamento, ameaçou quebrar a cabeça de quem se mexesse.

Um irmão foi para debaixo da cama. Robbie riu. No entanto, o irmão não estava tentando escapar. Ele rastejou até os pés de Robbie e, quando se lançou para agarrá-los, outro irmão deu um passo para o lado para segurar o braço do menino. Robbie se virou e arremessou o prato, que se quebrou contra a parede, espalhando carne fatiada por todo o quarto.

Bowdern passara grande parte do dia relendo as instruções no *Ritual*, instruções que ele já tinha praticamente decorado. E, entre cada conto de terror que vinha do hospital, ele leu relatos de outros casos de possessão. O padre sentia que deixara alguma coisa escapar. O *Ritual* o avisara para ficar atento "contra as artes e os subterfúgios", e ele acreditava que tinha feito isso.

Não, os diabos não o tinham enganado. Ele enganara a si mesmo. Colocara muita fé na sua teoria de que os demônios seguiriam um calendário litúrgico e partiriam na Páscoa. Qual era a relação da Páscoa com aquilo? Sua teoria foi baseada no raciocínio humano. Bowdern se lembrava de como ele e Ray Bishop tinham interpretado de maneira errônea o X como um sinal da partida dos demônios em dez dias. Isso parecia ter sido há tanto tempo... Números. Houvera tantos. *Quatro, oito, dez, dezesseis, dezoito*. Esse era o mais recente. *Dezoito*. Aquele era o dia 18 de abril. Bom, vai saber? E o que o garoto tinha dito sobre uma palavra específica? "Não vou embora até que uma certa palavra seja pronunciada, e este garoto nunca a dirá."

Ele ligou para Bishop e O'Flaherty e lhes disse que iriam para o hospital às 19 horas. O'Flaherty dirigiria. E ele tinha um novo plano. *Vou pedir respostas em inglês*. No dia 31 de março, o demônio dissera que não respondia em latim porque usava o idioma da pessoa possuída. *Vamos nos adaptar ao diabo. E vamos prender medalhas em Robbie independentemente do que ele diga. E assim que ele tiver um dos seus episódios, vamos colocar um crucifixo na sua mão.*

E se Robbie afirmasse estar livre dos demônios, Bowdern jurou que não daria atenção. Ele seguiria uma frase que constava nas instruções ao pé da letra: "Ainda assim, o exorcista não deve desistir até ver os sinais da libertação". Bowdern queria um sinal, um sinal inequívoco.

Quando os sacerdotes entraram, encontraram Robbie sendo contido pelos irmãos. Tinham acabado de carregá-lo para lá, disseram. Alguns momentos antes, ele se transformara em um garotinho gentil e implorado por uma chance de ligar para a mãe. Os irmãos o escoltaram até um telefone, e o menino ficou feroz. Eles o tinham derrubado e o arrastado de volta, mas fora por pouco. Ainda estavam cheios de pavor sobre o que ele poderia ter feito caso tivesse escapado. Ele estava homicida naquele dia, homicida.

Em vez de ler as orações na sua costumeira voz autoritária, Bowdern mudou para um tom mais calmo. No *Praecípio*, o padre pediu aos demônios, em latim, um sinal que indicaria o dia e a hora da sua partida. Então, mudando para o inglês, disse que a resposta poderia ser dada em inglês.

Nada aconteceu. Bowdern retomou as orações em latim. Durante uma oração a Deus como "Criador e Defensor da raça humana", ele traçou o sinal da cruz na testa de Robbie. Disse algumas outras palavras e então traçou três cruzes no peito do menino, dizendo: *"Tu péctoris hujus intérna custódias. Tu víscera regas. Tu cor confírmes"*. Quando Bowdern chegou ao *Tu víscera regas*, Robbie perguntou o que aquilo significava. "Vigie sua razão, governe sobre suas emoções, leve alegria ao seu coração", o padre respondeu. Robbie assentiu e, então, repetiu as palavras em latim.

Bowdern forçou um crucifixo na mão direita do garoto. Ele se debateu. Dois irmãos o seguraram. Ele desvencilhou a mão e jogou o crucifixo no chão.

Alguns minutos depois, ele saiu do transe por alguns instantes e fez perguntas sobre o latim. O'Flaherty sugeriu que ele tentasse aprender a Ave-Maria em latim. "*Ave Maria*", começou o padre... Em quinze minutos, Robbie conseguiu recitar boa parte da oração sem ajuda. O'Flaherty continuou prendendo a atenção de Robbie ao contar-lhe a história das crianças que viram Nossa Senhora de Fátima. Robbie parecia estar bastante interessado. Ele pediu um livro didático católico da oitava série e o folheou, parando de vez em quando para ler alguns parágrafos de um conto ou um trecho de poesia. Fechou o livro de repente e o equilibrou nos joelhos, depois na cabeça.

O'Flaherty e Bowdern trocaram olhares. Algo parecia estar funcionando. Então, o livro saiu voando pelo quarto e se chocou contra a parede. Os olhos do garoto estavam fechados, o corpo rígido. Bowdern prosseguiu com as orações. Eram aproximadamente 21h30.

Outra mudança. Robbie disse que queria recitar o rosário enquanto Bowdern e os irmãos davam as respostas. O exorcista assentiu e sorriu, entregando-lhe um rosário. O menino apertou o crucifixo que pendia do círculo de contas e, vacilando, começou a dizer a oração que começava o rosário, o credo dos apóstolos. "Creio em Deus Pai, todo-poderoso, Criador do Céu e da Terra; e em Jesus Cristo..." Em seguida, vieram o Pai-Nosso, três Ave-Marias... no começo da primeira dezena, ele parou e disse algo vago sobre os mistérios. Alguém o incitou: "Gloriosos, os Mistérios Gloriosos". A pessoa conduzindo o rosário deve citar os mistérios (como a liturgia católica se refere a certos eventos da vida de Jesus e da sua mãe) para que os declamadores ponderem enquanto passam as contas. *A Ressurreição*. Esse era o primeiro Mistério Glorioso.

Naquela noite, havia em Robbie uma reverência vacilante. Ele disse que sentia que precisava rezar sempre que pudesse. *Posso receber a comunhão espiritual sozinho?* No entanto, estava assolado pela dúvida, se perguntando o que o fazia entrar e sair da possessão. *Se eu rezar, isso vai me fazer...?* A voz foi sumindo. Ele tentou fazer a comunhão espiritual. *Quero... quero*. E, em um instante, ele já não estava mais lá, rígido e cego para o mundo de orações, em outro sono que lembrava um transe.

De olhos bem fechados, ele se contorceu e choramingou sobre as medalhas religiosas que tinham sido colocadas em volta do seu pescoço. *Elas estão quentes. Elas machucam.* Naquela noite, as medalhas não seriam retiradas. Bowdern enfiou o crucifixo na mão de Robbie, que não o derrubou.

Widman se adiantou, segurando seu pertence mais precioso, o crucifixo que tinha em mãos quando foi ordenado padre. Ele abençoou Robbie e pediu a ele que beijasse a imagem de Jesus. O menino afastou a cabeça com violência e explodiu em um ataque de fúria.

Ele "cuspia no rosto do exorcista com uma precisão espantosa, sempre acertando o padre nos olhos", de acordo com um relatório que, segundo alguns, teve O'Flaherty como fonte. Um dos jesuítas segurava um travesseiro entre Robbie e Bowdern como um escudo.

Então "a língua do garoto começou a se agitar para fora da boca e sua cabeça a se mover para frente e para trás em movimentos serpenteantes. De súbito, ele fazia um movimento rápido para cima, para baixo ou para o lado do travesseiro e cuspia muco nos olhos do exorcista".

Bowdern seguiu recitando com sua nova voz tranquila. Robbie gritava e arqueava o corpo contra o tormento. O padre disse seu último "Amém". Houve então um silêncio absoluto, um silêncio que pareceu preencher o quarto. Bishop sub-repticiamente verificou a hora. Eram 22h45.

De Robbie veio uma nova voz, uma voz clara e imperiosa, rica e profunda: "Satã! Satã! Eu sou São Miguel e ordeno-te, Satã, e os outros espíritos malignos a deixarem o corpo em nome de *Dominus*. Imediatamente! Agora! Agora! Agora!".

Dominus. Aquela, Bowdern percebeu, era a *palavra*, a palavra que o demônio dissera que o garoto jamais pronunciaria.

Segundo o diário de Bishop, naquele momento começaram "as contorções mais violentas de todo o período de exorcismo". No que Bishop acreditou "ser uma luta até o fim", durante sete ou oito minutos, Robbie gritou e se debateu na cama. Depois, o garoto disse com calma: "Ele se foi!".

Robbie olhou para os padres e irmãos à sua volta e falou que estava se sentindo bem.

Estava acabado. Todos souberam disso. O demônio se fora. Os irmãos se levantaram e se abraçaram, com lágrimas nos olhos. Bishop e O'Flaherty deram tapinhas no braço de Bowdern e esperaram por seu sorriso, suas lágrimas, sua oração de agradecimento. O exorcista, porém, não estava sorrindo nem chorando. Ele tinha uma aparência severa e feroz. Estava esperando pelo sinal.

Robbie estava radiante enquanto contava aos padres o que acabara de ver com os olhos da mente. Foi um sonho, mas ainda assim foi mais do que um sonho. Havia algo de real nele. O garoto disse que viu uma figura bonita, com cabelo esvoaçante e ondulado, de pé em uma luz branca brilhante. Usava um traje de cor clara que se ajustava apertado ao seu corpo e parecia ser feito de malha. Robbie sentiu que a figura era um anjo em forma corpórea. Na mão direita, o anjo segurava uma espada de fogo e, com a mão esquerda, apontava para um abismo ou caverna, onde o diabo estava entre chamas, cercado por outros demônios. Robbie pôde sentir o calor do fogo.

O diabo, rindo como louco, investiu na direção do anjo e tentou lutar contra ele. O anjo se virou para Robbie e sorriu, depois encarou o diabo e proferiu a palavra *Dominus*. O diabo e seus demônios correram de volta para o que agora era claramente uma caverna. Depois de desaparecerem dentro dela, Robbie viu barras na entrada e letras que soletravam *SPITE*.

Conforme os demônios desapareciam, disse Robbie, ele sentiu um puxão na barriga. Então algo pareceu se romper e, de repente, ele estava relaxado e feliz, o mais feliz que se sentia desde a noite de 15 de janeiro.

Na manhã seguinte, Robbie acordou de um sono profundo, repetiu seu lindo sonho para o irmão sentado ao lado da cama e se preparou para ir à missa e receber a comunhão na capela do hospital. O padre Van Roo, o consumado intelectual arrastado para uma experiência além da razão, conduziu a missa. Quando chegou a hora de Van Roo distribuir a comunhão, Robbie se juntou aos outros pacientes e irmãos na caminhada até o anteparo do altar. Ajoelhou-se ali, ergueu a cabeça e abriu a boca. Van Roo colocou a hóstia consagrada na língua do garoto. Ele parecia feliz e sereno. Contudo, Bowdern ainda não tinha seu sinal.

Robbie voltou ao quarto. Tirou um cochilo à tarde. Quando acordou, parecia não se lembrar de nada sobre sua provação. Esfregou os olhos e se levantou. "Onde estou? O que aconteceu?", perguntou ao irmão sentado ao lado da cama.

Nesse instante, uma explosão que soou como um disparo ecoou por todo o hospital. Todos, desde o irmão-reitor Cornelius até os cozinheiros e pacientes, a ouviram. Cornelius, outros irmãos, enfermeiros — todos correram para o elevador ou para as escadas para chegar ao quinto andar. O irmão que estava no quarto tinha aberto a porta. Robbie estava em pé ao lado da cama, sorrindo.

O som ainda reverberava pelos corredores. Enfim, Bowdern recebeu seu sinal. Há uma oração para a libertação e, em algum lugar, em algum momento, o exorcista a recitou: "Imploramos, Ó Deus todo-poderoso, que o espírito da iniquidade nunca mais tenha poder sobre Vosso servo, Robert, mas que ele parta para longe e nunca mais retorne..."

THOMAS B. ALLEN

EXORCISMO

Capítulo 14

O SEGREDO

Quando Robbie deixou o hospital, o irmão-reitor Cornelius, um homem baixo, taciturno e de olhos escuros, foi até o corredor do quinto andar da antiga ala, mandou que a estátua de São Miguel fosse retirada do quarto que Robbie ocupara, virou uma chave na fechadura e declarou que aquele quarto ficaria trancado para sempre. Ele e os irmãos iriam manter o segredo do exorcismo. A comunidade jesuíta, por respeito à promessa que Bowdern fizera ao arcebispo Ritter, se juntou à conspiração.

O reverendo Luther Miles Schulze não tinha feito tal promessa. Logo depois de os Mannheim voltarem para casa em abril, ele percebeu que a família não estava indo à sua igreja aos domingos. Ele lhes fez uma visita para perguntar se tinham deixado a religião. Karl e Phyllis disseram que Robbie se convertera ao catolicismo e que estavam planejando fazer o mesmo.

Schulze parece ter sentido que a conversão o libertava de qualquer relacionamento confidencial que tivera com os Mannheim. Em 9 de agosto, ele disse em uma reunião da filial da Sociedade para Parapsicologia de Washington, D.C., que vira um poltergeist na casa de uns tais de "sr. e sra. Fulano" que viviam em um subúrbio de Washington. Usando o verdadeiro nome de "Robbie", ele contou aos colegas parapsicólogos que as manifestações do poltergeist tinham o garoto como centro. Schulze então descreveu os eventos estranhos que aconteceram quando o menino passou a noite na casa do pastor. Concluiu seu discurso dizendo que em seguida o garoto tinha sido levado a uma cidade no Meio-Oeste.

Durante março e abril, Schulze estivera trocando correspondências com o dr. J.B. Rhine, o pioneiro da parapsicologia, contando-lhe em detalhes coisas a respeito de uma família da sua congregação que estava "sendo perturbada por fenômenos causados por um poltergeist". Schulze contara como ele levara o garoto para a própria casa. "Cadeiras se moveram com ele sentado nelas e uma o jogou longe", escreveu Schulze. "O colchão chacoalhava sempre que ele se deitava. Quando esteve deitado comigo, a minha cama vibrou. Não havia nenhum movimento aparente vindo do corpo dele. Eu então improvisei uma cama para ele no chão e esta deslizou pelo assoalho [...] A família mencionou outros fenômenos, como cadeiras se movendo, mesas tombando, objetos voando e arranhões e pancadas. O chão deles está riscado devido ao arrastar da mobília pesada." Rhine sugeriu que Schulze providenciasse que o garoto fosse examinado pelo dr. Winfred Overholzer no Saint Elizabeth's Hospital, em Washington, conhecido como United States Government Hospital for the Insane.[1] Em vez disso, o pastor deu à família os nomes de duas "mulheres cristãs muito devotas, sendo que uma delas organiza regularmente círculos de orações em sua casa nos quais algumas doenças foram curadas. A outra é a nora do dr. Vincent, um missionário presbiteriano aposentado que teve experiência com casos parecidos".

As cartas de Schulze para Rhine continham detalhes que aparentemente estiveram na sua palestra. As reportagens nos noticiários sobre o discurso de Schulze não o identificaram, embora ele tivesse se disponibilizado para uma entrevista. Nenhum exorcismo é mencionado nessa entrevista, a qual manteve todas as identidades em segredo. Porém, no que pode ter sido um relato adulterado sobre os comentários de Schulze, um jornal noticiou que quando o garoto esteve na cidade não identificada do Meio-Oeste, *três* exorcismos foram realizados, um por um pastor luterano, outro por um padre episcopal e um terceiro por um padre católico romano. (Não há registros de um exorcismo episcopal e não existe um ritual luterano de exorcismo.)

O ato de expulsar o demônio de alguém era uma ideia tão exótica que os repórteres abandonaram o interesse no poltergeist e se concentraram nos supostos exorcismos. Repórteres começaram a ligar para contatos na chancelaria da arquidiocese de Washington.

---

[1] Hospital do Governo dos Estados Unidos para os Doentes Mentais. [NT]

As investigações deram início a uma reação em cadeia. Porta-vozes do arcebispo O'Boyle não deram nenhuma informação à imprensa de Washington. No entanto, detalhes do exorcismo vazaram para o *Catholic Review*, um jornal semanal semioficial de circulação nacional. Na edição datada de 19 de agosto, o jornal católico publicou uma reportagem de três parágrafos com cabeçalho de Washington:

> Um garoto de 14 anos de Washington, cuja história de possessão demoníaca foi amplamente anunciada na impressa ao longo da semana passada, foi exorcizado com sucesso por um padre depois de ser recebido na Igreja Católica, como se descobriu aqui.
>
> O padre envolvido se recusou terminantemente a discutir o caso. No entanto, é sabido que inúmeras tentativas foram feitas para libertar o garoto das manifestações.
>
> Outro padre católico foi chamado para ajudar. Quando o menino expressou o desejo de entrar para a Igreja, com o consentimento dos pais, ele recebeu as instruções religiosas. Mais tarde, o padre o batizou e então realizou com sucesso o ritual de exorcismo. Os pais do garoto afligido não são católicos.

A "possessão demoníaca" não fora "amplamente anunciada"; houvera apenas uma referência enganosa aos três exorcismos. Essas locuções no *Catholic Review* aparentam ser um plano para que a arquidiocese obtivesse uma publicidade controlada sobre o exorcismo através da imprensa católica. Contudo, a história conseguiu apenas aguçar o apetite da imprensa de Washington.

Jeremiah O'Leary, um jovem editor assistente de notícias locais do *Washington Star-News*, viu a história, recortou o artigo e o colou em uma tabela de tarefas rosa, com a intenção de enviar um repórter para conseguir mais informações sobre o exorcismo. "Como católico de longa data", O'Leary escreveu depois, "eu tinha um conhecimento vago de que havia um fenômeno conhecido como possessão demoníaca e que a igreja tinha algum tipo de histórico sobre a expulsão de demônios por meio de um ritual de exorcismo."

Ele verificou com seu superior, Daniel Emmet O'Connell, editor chefe de notícias locais, que disse: "Acho melhor a gente deixar essa história para lá". O'Leary insistiu e O'Connell o deixou levar a ideia a Charles M. Egan, o editor chefe. Egan aprovou com relutância, mas disse a O'Leary para cuidar da história ele mesmo, em vez de designar um repórter.

O'Leary distribuiu "telefonemas para todos os padres que conhecia" e escreveu um curto artigo, que foi impresso na tarde de 19 de agosto em uma página interna do seu jornal. No dia seguinte, o *Washington Post* publicou na primeira página um artigo longo e detalhado sobre o exorcismo, o qual o jornal dizia ter sido realizado em Washington e em Saint Louis. O exorcista foi descrito como "um jesuíta de aproximadamente cinquenta anos".

Entre os leitores do artigo estava William Peter Blatty, um estudante de bacharelado na Georgetown University. Blatty, na época no terceiro ano, estava pensando em se tornar um jesuíta. Em vez disso, tornou-se um escritor e, em 1970, escreveu um livro inspirado pela reportagem do *Post*. O livro tinha o mesmo título do filme que mais tarde foi baseado nele: *O Exorcista*.

Enquanto fazia pesquisas para o livro, Blatty rastreou o padre Bowdern, que então tinha deixado a Saint Louis University e era responsável pelos retiros na Casa Branca. O sacerdote contou a Blatty sobre o diário, mas disse que não podia ajudá-lo por causa da promessa que fez a Ritter e por medo de que a vida do garoto fosse perturbada devido à publicidade.

"Meus próprios pensamentos", o padre escreveu para Blatty, "eram que muita coisa boa poderia ter advindo disso, se o caso tivesse sido divulgado e as pessoas viessem a perceber que a presença e a atividade do diabo são coisas muito reais. E possivelmente nunca foram mais reais do que no momento em que vivemos [...] Posso lhe garantir uma coisa: o caso no qual me envolvi foi a coisa de verdade. Não tive dúvidas na época e não tenho dúvidas agora."

Por um pedido de Bowdern, Blatty, no ato de romantizar o exorcismo, transformou o endemoniado em uma garota, a fim de proteger ainda mais a identidade do menino que é chamado de "Robbie" neste livro. Linda Blair fez o papel de Regan, a menina possuída, e o cenário do exorcismo foi transferido para Washington, com a cooperação dos jesuítas da Georgetown University e da Fordham University. Embora Blatty tenha baseado o livro e o filme no exorcismo de 1949, ele se inspirou também em outros casos e na própria imaginação. Todavia, ao fazer com que Regan se tornasse possuída em meio ao ódio — criado pelas brigas dos pais —, Blatty estabeleceu um clima psicológico que especialistas em possessão reconheceram como sendo válido.

"Vemos isso com frequência", disse um padre que esteve envolvido em diversos casos de possessão. "A vítima é inocente, mas há um ódio intenso ou algum outro mal poderoso ao redor dela." O padre, um jesuíta, disse que compreendera que o ódio que cercava Robbie era motivado pelo racismo. Naquela área segregada, o Ku Klux Klan estava bastante ativo nos subúrbios de Maryland, e, em Saint Louis, a intolerância ainda fervilhava no rastro da dessegregação da arquidiocese e da universidade.

O set principal do filme, uma reprodução do interior de uma casa de Georgetown, foi construído em um armazém em Nova York. O padre Thomas Bermingham, S.J., da comunidade jesuíta da Fordham University, se tornou um conselheiro técnico do filme, junto com o padre John J. Nicola, que, embora não fosse jesuíta, recebera educação de teólogos jesuítas na Saint Mary of the Lake Seminary, em Mundelein, Illinois. Enquanto estudava em Roma, Nicola escrevera uma tese de doutorado sobre possessão. Ele, na época diretor assistente do National Shrine of the Immaculate Conception, em Washington, estava disponível para dar assistência ali mesmo em Washington. Bermingham e o padre William O'Malley, S.J., estavam disponíveis em Nova York.

O diretor, William Friedkin, se lembra de uma ligação que recebeu do gerente de produção às 4 horas. "Ele disse: 'Nem se dê ao trabalho de vir trabalhar... O set todo pegou fogo... E ninguém faz a menor ideia de como ou por que isso aconteceu". Tantos acidentes aconteceram no set em Nova York que Friedkin pediu a Bermingham para exorcizar o armazém. O padre disse ao diretor que não havia evidências suficientes de atividade satânica para justificar um exorcismo. Porém, deu uma bênção solene em uma cerimônia que contou com todos que estavam no set naquele dia, desde Friedkin e Max von Sydow (que fez o papel do padre Merrin, o exorcista) aos motoristas dos caminhões e eletricistas. "Não aconteceu mais nada no set depois da bênção", diz Bermingham. "Porém, naquela mesma época, houve um incêndio no dormitório jesuíta em Georgetown."

Friedkin diz que conversou com o padre Bowdern "em algum momento antes de começarmos" e descobriu alguns detalhes do exorcismo de Robbie. Ele também diz que recebeu de Roma uma fita de um exorcismo real e acrescentou os "terríveis berros" do possuído à trilha sonora de O Exorcista, mixando-os com os gemidos e gritos de Linda Blair, a atriz que fez o papel da endemoniada Regan no filme.

"Acredito que o caso era mesmo o que foi anunciado", diz Friedkin. "Acho que foi possessão demoníaca, seja lá o que isso significa."

Quando o filme foi lançado, em 1973, ele inspirou um grande interesse em exorcismo. Em Daly City, Califórnia, perto de São Francisco, por exemplo, o padre Karl Patzelt, um sacerdote católico, realizou um exorcismo amplamente divulgado na casa de uma jovem funcionária de uma empresa aérea. Depois, realizou mais meia dúzia de exorcismos. Um novo arcebispo, preocupado com esse tipo de publicidade, ordenou que Patzelt encerrasse sua carreira como exorcista.

Em Saint Louis, o diário de Bishop continuou a ser um segredo. O quarto seguro no quinto andar do Alexian Brothers Hospital permaneceu fechado. Todos que trabalhavam no hospital — desde os trinta ou mais irmãos no edifício aos leigos nas oficinas de manutenção — sabiam o porquê daquilo.

Com o passar dos anos, histórias sobre o quarto fechado foram passadas para os novos irmãos que chegavam ao local. Eles sabiam que o cômodo ficava na ala para os pacientes mentais extremamente perturbados. O irmão Bruno e os outros que tinham trabalhado naquela ala com certeza estavam acostumados a lidar com a loucura. Então, por que o quarto trancado? Em uma ala para os insanos, que tipo de loucura poderia manter aquele local fechado?

Muitos anos depois de o quarto ter sido lacrado, um dos irmãos estava trabalhando como socorrista em Camp Don Bosco, um acampamento de verão para garotos administrado pela arquidiocese de Saint Luois, perto de Hillsboro, Missouri. Ele era um homem gentil e amigável de 1,93 metro de altura e que pesava mais de noventa quilos. Ele estava sentado a uma mesa do refeitório com vários outros jovens de diversas ordens religiosas. Todos conversavam e apreciavam sua refeição, quase sem notar o rádio tocando ao fundo. Então, veio uma música baseada no tema dos desenhos do Pica-Pau — uma música com a risada maníaca e ruidosa do personagem: "Há-Há-Há-*Há*-Há".

O homem corpulento se jogou por cima da mesa e arrancou o fio do rádio da tomada. "Não suporto essa música", disse. Sentou-se, trêmulo, e começou a suar. Quando se acalmou, contou aos colegas à mesa que, noite após noite durante primavera de 1949, ele e outros irmãos foram mantidos acordados por uma risada louca e de arrepiar os cabelos que vinha de um dos quartos de uma antiga ala do Alexian Brothers Hospital.

Outro irmão relatou uma pancada estrondosa na porta da sua cela. Noite após noite, ele abria a porta apenas para não encontrar ninguém ali.

Para aqueles poucos irmãos que sabiam do segredo do quarto, o que acontecera ali transcendia a insanidade mundana. Ao longo dos anos, mesmo depois de os irmãos que conheciam o segredo terem morrido, e mesmo depois de as lembranças do quarto terem desvanecido, ele ainda era mantido trancado.

Em maio de 1976, as reformas para um novo hospital começaram. Na primeira fase da construção, antigos anexos foram demolidos e uma nova torre de seis andares com alas de dois andares foi construída. Enfim, na última fase, em outubro de 1978, depois de os pacientes terem sido retirados do prédio original de 110 anos, o empreiteiro mandou que a estrutura fosse demolida.

Os trabalhadores primeiro fizeram uma varredura pelo prédio antigo à procura de móveis que deveriam ser retirados e vendidos. Um deles encontrou um quarto trancado na antiga ala psiquiátrica e arrombou a porta. O quarto estava todo mobiliado — cama, mesa de cabeceira, cadeiras, uma mesa com uma gaveta, tudo coberto de pó. Antes de retirar a mesa, o trabalhador, por curiosidade, vasculhou a gaveta. Dentro dela, ele encontrou alguns papéis. Nem ele nem mais ninguém chegaria a descobrir como ou por que aquele relatório estava naquela mesa, naquele quarto, que, presumia-se, estivera trancado desde 1949.

Os móveis, incluindo tudo o que fora encontrado no quarto fechado, foram vendidos para uma empresa dona de uma casa de repouso a cinco quarteirões dali. Na época, o exorcismo no hospital já era bastante conhecido em Saint Louis. Os móveis recuperados do hospital foram armazenados em um cômodo no quarto andar da casa de repouso e nunca foram usados. Quando a própria casa de repouso foi demolida depois, muitos dos trabalhadores de demolição, assim como os funcionários e os inspetores da cidade antes deles, se recusaram a subir até o quarto andar.

Os papéis que o trabalhador encontrou pareciam algum tipo de registro ou diário. As páginas datilografadas estavam acompanhadas de uma carta endereçada ao irmão Cornelius e datada de 29 de abril de 1949. "O relatório anexo", a carta começava, "é um resumo do caso que você teve conhecimento durante as inúmeras semanas passadas. O papel dos irmãos foi tão importante que pensei que você deveria ficar com o histórico do caso para seu arquivo permanente."

O trabalhador entregou os papéis ao seu chefe, que os passou para o administrador do hospital, um leigo. O administrador leu a carta, que foi assinada pelo padre Raymond J. Bishop, um jesuíta da Saint Louis University. Então, o administrador folheou as páginas do diário. As palavras — *Satã, demoníaco, um enorme diabo vermelho, exorcismo* — o deixaram aturdido. Horrorizado, ele se deu conta de que o relatório revelava o segredo do quarto fechado.

Sua filha, que frequentava uma escola de secretariado em Saint Louis, conseguiu dar uma olhada no documento antes que o pai o escondesse de vista. Ela reconheceu *Halloran*, o nome de um dos jesuítas mencionados no texto. Ela contou ao pai que Halloran era um jesuíta e tio de um dos seus colegas de classe. O administrador entregou os papéis para o irmão do jesuíta, um advogado. O segredo foi trancafiado depressa outra vez, dessa vez em um cofre de banco.

Quando comecei a trabalhar neste livro, encontrei um jesuíta que fizera parte do exorcismo. Era o padre Walter Halloran, S.J. Ele me informou que achava que havia um diário. Através do irmão, o padre adquiriu o diário, o qual não tinha visto antes, e comprovou que era uma cópia em carbono do diário que o padre Bishop mantivera durante aquelas longas noites em 1949. Halloran mandou que os papéis fossem copiados e os devolveu ao cofre do banco. Em seguida, enviou a cópia do diário para mim, concordando em me deixar usá-la como fonte preliminar para este livro.

Depois da primeira edição deste livro ter sido publicada, me foi dado o nome do irmão aleixano que foi encarregado de manter um registro do conteúdo do hospital quando este estava sendo demolido. Ele me disse que nunca ouvira a história sobre a descoberta do diário. Porém, como todos os outros irmãos no hospital, ele sabia o que tinha acontecido no quarto do quinto andar. Começando em alguma época por volta de 1958, disse, a antiga parte do hospital parou de funcionar como uma unidade de psiquiatria e os quartos nela foram usados, em sua maior parte, para armazenamento. Durante a demolição, ele entrou no quarto onde sabia que tinha ocorrido o exorcismo. Ele lembrava-se de que o lugar estava cheio de móveis.

Na época, uma enorme bola de demolição já tinha derrubado grande parte do antigo edifício e ele se deu conta de que, dentro de um dia, o quarto seria destruído. "Eles já tinham demolido grande parte da frente do prédio", relembrou ele, "e, por alguma razão, o quarto ainda estava lá. Tudo ao seu redor estava destruído. A única forma de chegar a ele era por uma escada nos fundos."

Ele não sabe por quê, mas decidiu verificar o quarto pela última vez. Subiu a escada e entrou. "Alguém havia estado ali", ele me contou. "Havia marcas em todas as paredes. Palavrões, escritos com tinta spray ou giz de cera. Havia uma quantidade de velas queimadas no chão. Aquilo me deixou arrepiado. Quem poderia saber que tinha sido aquele quarto em particular?"

Ele ficou ali parado — inocente a respeito de cultos satânicos — e sentiu que "algo tinha acontecido naquele local", alguma coisa que ele podia sentir. Teve a sensação de que mais do que uma pessoa estivera ali. Desceu a escada e nunca mais voltou a ver o quarto, pois ele se tornou parte da última leva de entulho do antigo hospital.

Depois disso, quando falou sobre a experiência, um padre perspicaz sugeriu que o quarto fora usado para rituais satânicos. Quando o pressionei por mais detalhes sobre o que ele viu, o irmão não conseguiu me fornecer nenhum. Lembrava-se apenas de sentir que um grupo esteve ali e do pensamento: *Eles, de alguma forma, sabiam sobre este quarto.*

O padre Bishop manteve o segredo do diário até a morte, assim como o padre Bowdern. Há algumas evidências interessantes de que ele esteve envolvido em pelo menos mais um exorcismo. Em junho de 1950, o bispo de Steubenville, Ohio, ciente do exorcismo de 1949 em Saint Louis, escreveu ao arcebispo Ritter e pediu ajuda. O bispo de Ohio disse que um jovem da diocese de Steubenville estava atacando padres e freiras, e suspeitava de uma possessão demoníaca. Ritter, através do seu chanceler, pediu para Bowdern examinar o caso. O breve registro termina neste ponto. Halloran diz que Bowdern nunca mencionou outro exorcismo.

Os irmãos aleixanos mantiveram segredo. As pessoas ligadas ao caso acreditavam que, se revelações fossem feitas, elas divulgariam a identidade da pessoa que fora a vítima, o garoto que chamei de Robbie. Seu nome verdadeiro — que eu conheço — nunca foi revelado, e nunca vou dizê-lo.

Robbie era um típico garoto norte-americano daquela época. O que aconteceu a ele, acredito, ocorreu sem qualquer ação ou provocação da sua parte. Ele parece ter sido uma vítima inocente do terror. Foi como se, em um dia claro, sem carros vindo de nenhuma direção, ele descesse da calçada e fosse atropelado por um carro que nem ele nem ninguém tivesse visto. Robbie foi, acredito, uma vítima de um evento estranho e incompreensível, um fenômeno de outro mundo cujas raízes culturais e psicológicas são mais profundas do que as do cristianismo.

A única pessoa que poderia saber exatamente o que aconteceu é o próprio Robbie. Entretanto, ele não quer falar sobre aqueles terríveis inverno e primavera de 1949. As pessoas que com delicadeza sondaram as lembranças de Robbie dizem que ele sequer se lembra do que aconteceu. Ele frequentou um colégio católico e permanece um católico devoto. Seus pais se converteram ao catolicismo e receberam a primeira comunhão no Natal de 1950. Fui informado que o garoto de 1949 se transformou em um homem que vive uma vida feliz e recompensadora. Também fui informado que ele batizou o primeiro filho de Michael em homenagem ao arcanjo.

Como Robbie, os jesuítas envolvidos no exorcismo saíram daquele pesadelo maligno incólumes. Nenhuma das previsões de morte em 1957 vieram a acontecer. Bowdern, que seguiu como pastor da Saint Xavier's Church até 1956, se dedicou a outras tarefas, indo encerrar sua carreira jesuíta como Confessor da Fé na Saint Xavier. Morreu em 1983, aos 86 anos. O padre Bishop, depois de 22 anos na Saint Louis University, foi enviado à Creighton University, em Omaha, Nebraska, onde lecionou por mais vinte anos. Morreu em 1978, aos 72 anos. O padre O'Flaherty, que serviu como pastor e pastor assistente na Xavier's e em outras igrejas até 1976, se aposentou na Regis College, em Denver, Colorado, e morreu de pneumonia no Saint Louis University Hospital em 1987, aos 80 anos. O padre Halloran morreu em 2005, aos 83 anos. O padre Van Roo morreu em 2004, aos 89 anos.

O único sacerdote marcado pelo exorcismo foi o padre E. Albert Hughes. Seu colapso durou alguns meses. Em 1973, ele retornou como pastor na Saint James. "Ele estava muito mais piedoso", um paroquiano relembra. "Ficou mais consciente, mais cheio de espírito, mais compreensivo." O padre nunca falou sobre o que aconteceu em 1949. Sua relutância parecia estar bem enraizada, mas ele também estava proibido oficialmente de fazer quaisquer observações escritas por conta própria. Em maio de 1950, porém, a convite de teólogos da Georgetown University, Hughes fez uma palestra que durou mais de uma hora para um grupo do corpo docente e de alunos. Ele discursou com base no que pareceu ser seu relatório oficial ao arcebispo O'Boyle. Esse relatório, como aquele feito pelo padre Bowdern ao arcebispo Ritter, permanece em arquivos secretos disponíveis apenas para o arcebispo. Porém, o arquivista de Georgetown esteve presente na palestra e fez oito páginas de anotações com base no relatório de Hughes. Esse conjunto de anotações é uma das fontes deste livro.

Muitos paroquianos da Saint James estavam cientes de que seu pastor tivera alguma participação misteriosa no caso de possessão que se tornou famoso graças ao filme. E as freiras na Saint James School contaram aos alunos o suficiente sobre o exorcismo para "colocar o medo do diabo na gente", como um deles relembra.

Em 1980, o padre Frank Bober chegou à Saint James como novo assistente do padre Hughes. Bober, que ouvira boatos sobre o exorcismo, finalmente juntou coragem para perguntar a Hughes sobre o acontecimento. "Foi no dia 8 de outubro", relembra Bober. "Falei por quase duas horas e acho que o convenci de que outros jovens padres como eu seriam beneficiados ao aprenderem sobre o caso. Ele cogitou organizar um seminário, pois queria que outros soubessem a respeito de Satã e dos seus poderes." Segundo Bober, Hughes sempre acreditou que Robbie o feriu com "uma explosão de força satânica". Porém, disse que a experiência aprofundou sua fé. "Ele me contou", relembra Bober, "que o exorcismo o deixou mais consciente do tremendo poder do sacerdócio. O poder de Cristo através do sacerdócio levou toda a situação a uma conclusão positiva."

Depois de enfim desabafar sobre o exorcismo, Hughes pareceu exausto. Ele contou a Bober que eles teriam que adiar o restante da conversa e os planos para o seminário para outro dia. Quatro dias depois, em 12 de outubro, o padre Hughes sofreu um enfarto e morreu. Tinha 62 anos. Alguns paroquianos acreditam que Robbie, na época um homem de 45 anos, compareceu ao funeral.

Embora os clérigos envolvidos no exorcismo tenham mantido a identidade do menino em segredo, seus vizinhos em Mount Rainier o conheciam e tratavam a casa na Bunker Hill Road, 3210, como uma ameaça ao bairro. Desde a primeira edição deste livro, muitas dúvidas surgiram quanto a esse endereço ser mesmo o de Robbie. (Veja as notas do Capítulo 2, na página 258.) Acredito que a família, em determinado momento, tenha ocupado essa casa e se restabelecido nas proximidades de Cottage City. Pelo menos uma vez depois de 1949, os vizinhos andaram ao redor da casa abandonada em Bunker Hill Road aspergindo água benta.

A casa permaneceu vazia durante anos. De tempos em tempos, alguns adolescentes da vizinhança entravam na casa por causa de alguma aposta. Eles chamavam o lugar de "Casa do Diabo". As pedras jogadas pelas crianças quebraram a maioria das janelas. As portas pendiam abertas. Vagabundos, como eram chamados na época, às vezes dormiam ali, ficavam bêbados com vinho barato, desmaiavam e debandavam de manhã. De vez em quando, geralmente no inverno, um vagabundo acendia uma fogueira para se manter aquecido e o fogo fugia ao controle. Um vizinho via as chamas e chamava o corpo de bombeiros voluntários de Mount Rainier.

Um caminhão de bombeiros saía acelerado do prédio de tijolos da sede do departamento de bombeiros a alguns quarteirões dali. Os voluntários faziam o trabalho depressa, enrolavam as mangueiras e voltavam para a sede. Eles apagavam o fogo com rapidez, mas havia algo perturbador naquilo, algo além do alcance da razão. Apagar um incêndio naquela casa não era o mesmo que salvar uma casa de verdade e com vida.

Em abril de 1964, depois de um inverno repleto de ligações sobre incêndios na casa vazia, os voluntários começaram a conversar entre si. Nenhum deles gostava de entrar naquele lugar. Havia os riscos de sempre — uma queda através do chão podre, um passo errado em uma escada, intoxicação por fumaça. E havia o medo de ficar preso por... bem, quem sabia o quê? Era uma casa que atraía os bombeiros para as chamas, colocando-os em perigo, forçando-os a salvá-la. Alguns voluntários desejavam que ela fosse logo destruída por um incêndio.

O prefeito e os bombeiros voluntários de Mount Rainier acreditavam saber o que acontecera na casa em 1949. Portanto, quando começaram a conversar sobre o que fazer, chegaram facilmente a um acordo. O capitão dos voluntários conseguiu o que ele decidiu ser uma permissão válida para o que chamou de um exercício de treinamento na Casa do Diabo. Em um dia quente de primavera em abril de 1964, os caminhões rodaram até a esquina onde ficava a casa. Um caminhão-tanque foi conectado a um hidrante e os homens levaram mangueiras até o lado de fora da casa. Em ambos os lados da propriedade, eles estenderam uma mangueira perfurada e ligaram a água, criando um escudo de borrifos para proteger as moradias contíguas à Casa do Diabo.

Grupos pequenos e silenciosos de vizinhos se reuniram nas calçadas do outro lado da rua. Alguns voluntários usando botas, capacetes e casacos brilhantes desapareceram no interior da casa. Através de uma janela quebrada, as pessoas puderam ver as chamas subindo pelas paredes de um cômodo. Alguns jovens, os estudantes do exercício de treinamento, entraram atrás de um poderoso jato d'água.

Chamam isso de incêndio controlado: incendeie um cômodo e envie uma equipe para apagar as chamas. Cada cômodo foi queimado e todos os homens ganharam experiência em entrar em um cômodo e extinguir um incêndio. Então, quando o treinamento chegou ao fim, os voluntários se alinharam ao redor da propriedade. Homens entraram carregando latas. Eles podiam ser vistos do lado de fora, outra vez indo de cômodo chamuscado a cômodo chamuscado. Alguns instantes depois de saírem, as chamas começaram a crepitar por toda a casa.

Os voluntários assistiram até a casa queimar por inteiro.

Mais tarde, homens vieram e levaram embora a madeira carbonizada e a fundação de concreto enegrecida. Uma escavadeira preencheu o porão e alisou o terreno. Quando vi o local pela primeira vez, sete degraus de concreto em ruínas se erguiam a partir da calçada onde a casa ficava. Árvores altas e esguias lutavam para crescer por entre as rachaduras nos degraus que terminavam na beira de um terreno coberto por ervas daninhas e moitas. Um cano enferrujado, meio escondido por entre as moitas, despontava do chão no meio do terreno.

O dono da propriedade tomara providências elaboradas para permanecer anônimo. Registros mostram que o terreno teve os mesmos donos titulares, dois executivos locais, desde 1952. Conversei com um dos homens listados, que era um corretor imobiliário. Ele falou que seu nome fora usado por um parente, que também era corretor imobiliário. Esse homem, que a princípio se recusou a falar, finalmente admitiu não ser o dono verdadeiro. "O dono verdadeiro não quer ser identificado", ele me contou. Quando perguntei se o desejo do dono de permanecer anônimo tinha como base a notoriedade da casa, o corretor declarou não saber de nada sobre a história da Casa do Diabo.

Em junho de 1992, os donos do registro venderam o terreno, por 22.500 dólares, para a Maryland-National Capital Park and Planning Commission.[2] Depois de Robert M. Arciprete, membro da agência, comprar o terreno, um funcionário foi até seu escritório e lhe contou algo que ele não sabia: "Você vendeu o terreno do Exorcista!" A prefeita de Mount Rainier, Linda M. Nalls, declarou em 1993 que não conhecia a história sombria do local. Porém, ela esperava enterrar o passado ao usar a área para ampliar o playground de uma escola adjacente. Quando voltei ao local recentemente, crianças brincavam no que fora o terreno da Casa do Diabo.

2   Agência responsável por administrar parques e pelo planejamento urbano. [NT]

O segredo final é o que realmente aconteceu em Maryland e posteriormente em Saint Louis. Será que demônios de fato possuíram Robbie? Ou será que a crença religiosa mascarou um fenômeno psiquiátrico?

A Igreja Católica Romana nunca confirmou se demônios possuíram o menino ou não, apesar do que parecem ser evidências eclesiásticas suficientes para apresentar um veredito. O diário do padre Bishop é a crônica mais detalhada de uma possessão escrita em tempos modernos. E a esse diário podem ser acrescidos os relatórios dos arquivos secretos de duas arquidioceses e dos arquivos da Companhia de Jesus. Um padre que viu alguns desses arquivos me contou que o principal relatório eclesiástico sobre o exorcismo foi assinado por 48 testemunhas. O diário de Bishop lista nove jesuítas que viram Robbie possuído.

A Igreja Católica Romana deve ter informações suficientes para fazer uma declaração sobre este exorcismo. Todavia, a história que vazou no *Catholic Review* é o único relatório católico semioficial publicado sobre o caso.

O arcebispo Ritter, seguindo os procedimentos da Igreja, designou um examinador — um professor de filosofia jesuíta da Saint Louis University — para investigar o caso. O examinador tinha a autoridade para interrogar participantes sob juramento. De acordo com um jesuíta familiarizado com os resultados dessa investigação, o examinador concluiu que Robbie não foi vítima de possessão demoníaca. Corroborando esse relatório existiam declarações de psiquiatras da Washington University. Eles disseram que não viram evidência alguma do sobrenatural ou preternatural.

"O examinador disse que o caso pode ser explicado por um distúrbio psicossomático e por alguma atividade cinética que não compreendemos, mas que não é necessariamente preternatural", foi-me dito. (O examinador parece não explicar em profundidade essa referência à "atividade cinética", mas muitos especialistas em parapsicologia acreditam na existência de telecinesia, o movimento de objetos pelo poder da mente.)

De acordo com a minha fonte jesuíta, "quando o arcebispo Ritter recebeu o relatório, ele pediu que todos parassem de falar sobre aquilo. Não é que estivessem escondendo alguma coisa. É só que sentiam que o efeito geral daquele caso seria contraprodutivo".

Nem o relatório do examinador, nem qualquer outro foi publicado. "Nunca houve uma declaração oficial afirmando que aquele foi um caso real de possessão", diz Halloran. "Eu me lembro de conversar com o padre Bowdern sobre isso, e ele disse que nunca fariam uma declaração sobre o caso."

Segundo Halloran, as palavras de Bowdern foram: "De qualquer modo, que diferença faz? Faça uma declaração a respeito e você terá um grupo de pessoas que vai querer destruir o caso, e outro grupo que vai querer transformá-lo em um exorcismo verdadeiro. Não acho que eles [as autoridades da Igreja] vão algum dia dizer algo a respeito. Acho que nunca vão dizer se foi verdadeiro ou não". E então, Halloran relembra, Bowdern fez uma pausa e acrescentou: "Você e eu sabemos. Nós estávamos lá".

Sim, Halloran estava lá, mas rememorando o que viu, tocou e cheirou, ele diz: "Nunca me sentirei confortável ou capaz de fazer uma declaração absoluta. Sabe, temos algumas coisas que são consideradas características de um exorcismo. Por exemplo, se o garoto demonstrou força prodigiosa. Bom, isso não aconteceu. E outra coisa é a habilidade de usar idiomas estrangeiros sem ter nenhuma experiência com eles. Digamos que, se uma pessoa estivesse possuída, ela poderia ser capaz de falar suaíli. Outra característica são os feitos de destreza, andar pela parede e coisas assim. Isso também nunca aconteceu. Não faço a mínima ideia de por que o diabo precisaria de uma possessão. Com certeza, Satã teria meios mais eficazes de espalhar o mal do que possuir alguém".

Halloran, ele mesmo um alvo do punho de Robbie, não acredita que a força do garoto foi maior do que aquela que um adolescente consegue reunir. Quanto ao uso de latim por parte do menino, o padre atribuiu isso ao fato de Robbie ter ouvido repetições das mesmas frases pronunciadas pelo exorcista.

Halloran foi um capelão do exército norte-americano no Vietnã. "Vi o mal mais vezes no Vietnã", diz, "do que naquela cama de hospital." Ele acredita no mal, no mal de um lugar. Ele se lembra de conversar com um jesuíta que acabara de voltar de um longo período de trabalho na África. "Esse homem me contou que, no lugar onde estivera trabalhando, ele, a princípio, sentiu que estava em um confronto constante com a presença do mal. Isso não parou até que a presença do Santíssimo Sacramento fosse estabelecida. Então, segundo ele, parece que o poder foi quebrado." Para Halloran, esse foi um "exemplo prático do mal". No entanto, o padre falou como um católico romano sobre o que, para ele, foi uma fantástica manifestação do poder do Santíssimo Sacramento.

Encontrar o mal fora de uma estrutura religiosa põe à prova a mente racional, sobretudo na era da psiquiatria. Na tradição judaico-cristã, a existência do mal é um dogma. Porém, como os demônios que atormentaram o homem no país dos gadarenos, as teorias do mal são uma Legião.

O rei Saul é a única pessoa no Antigo Testamento que é possuída por "um espírito maligno vindo de Deus". A ideia de que o mal podia de alguma maneira estar ligado a Deus era um conceito do Antigo Testamento. O Novo Testamento, com suas inúmeras referências a possessão e exorcismos, reflete um novo modo de pensar sobre a disseminação e o controle do mal: os poderosos anjos caídos, liderados por Satã, habitam e atormentam os seres humanos. Contudo, os demônios podem ser expulsos por Jesus. Ele ordena que eles partam, e os demônios cumprem a ordem, amargurados e raivosos — mas, ainda assim, obedientes à vontade de Deus através do comando de Cristo.

Na época de Jesus, uma crença popular na Galileia afirmava que os diabos causavam doenças mentais. A força para expulsar esses demônios era um poder enorme, assim como hoje em dia. Como um teólogo católico modernista observou: "A diferença entre a concepção antiga da possessão demoníaca e concepção moderna das doenças mentais é, na sua maior parte, apenas uma diferença na terminologia. Embora a possessão seja chamada de neurose ou psicose nos dias de hoje, a cura é a mesma: a sugestão".

A possessão demoníaca desapareceu do judaísmo, mas outra forma de possessão surgiu entre os judeus na Europa medieval: a crença de que a alma de um morto podia entrar em um corpo vivo. Narrativas sobre exorcismos judaicos assemelham-se aos registros de exorcismos cristãos. No entanto, o possessor, o *dybbuk*, é o espírito de uma pessoa morta. Em relatos cristãos, o possessor é um demônio das legiões do diabo ou o próprio Satã. O judaísmo moderno não aceita nenhuma forma de possessão.

O cristianismo, desde o início, debateu a existência do mal e de Satã. O que surgiu do debate foi a ideia de que Deus criou todas as coisas. Satã e seus demônios foram criados bons por natureza, mas se tornaram maus por vontade própria. Eles são os anjos caídos, seres criados pelo divino que, através do orgulho, da inveja e do desespero, se viraram contra Deus.

A primeira epístola de João personifica o Diabo, dizendo que Cristo veio para derrubá-lo: "Para isto o Filho de Deus se manifestou, para desfazer as obras do Diabo".

A luta entre o bem e o mal não será fácil, alerta o Novo Testamento. O demônio é tão forte e resoluto que ousa tentar Jesus. Em outra parte dos evangelhos, Cristo cita o exorcismo como mais uma prova de seu poder espiritual e da sua realeza: "Mas se eu expulso os demônios pelo Espírito de Deus, logo é chegado a vós o reino de Deus". O papel de Jesus como exorcista deu ao cristianismo a base para a crença solene de que Satã podia possuir um ser humano e que Deus, através do rito do exorcismo, podia expulsá-lo para fora da vítima.

O padre Juan Cortes, S.J., um psicólogo com um extenso interesse em possessões demoníacas, questionou até mesmo o exorcismo de Cristo. Ele examinou os registros de casos conhecidos de exorcismo, incluindo o de Robbie, e concluiu que não havia evidência de possessão em lugar algum. Ele acreditava que "intepretações equivocadas das palavras e das expressões escritas pelos evangelistas" foram "as principais responsáveis pela crença profunda nas mentes de tantos (em tempos antigos e modernos) a respeito das possessões por demônios e também da conveniência e até mesmo necessidade de expulsar tais demônios através da realização de exorcismos".

Alguns dos equívocos, escreveu ele, podem ter ocorrido porque as palavras "diabo" e "demônios" foram consideras de modo errôneo como sendo intercambiáveis. Por esta interpretação, a expressão bíblica traduzida como "possessão por demônios" deve ser lida como "afligido por forças nocivas", por "poderes estranhos e desconhecidos" ou por "espíritos malignos" — este último com o mesmo sentido de "mau humor". Os Evangelhos, escreveu ele, "não contêm nenhum caso de possessão pelo *Diabo* [...] nenhum caso real e definitivo de *possessão* demoníaca pode ser encontrado neles."

Os exorcismos de Jesus, pela interpretação de Cortes, foram curas de doenças, não verdadeiros exorcismos. Como o padre explica: "Quando o possuído era curado, a causa invisível, traduzida de maneira errada como 'diabo', teve que ser expulsa e, por consequência, a longa — ainda que injustificável — tradição dos exorcismos (ou a expulsão de demônios) por Jesus se tornou realidade. No entanto, o método que Cristo usou nas curas daqueles afligidos por um ou outro tipo de doença (interna ou externa) foi exatamente o mesmo: sua presença, seu toque, suas palavras, sua vontade ou seu comando. Não há nenhum motivo para considerarmos algumas curas como exorcismos enquanto excluímos outras."

No mundo moderno, pessoas de muitas culturas acreditam que podem ser dominadas por agressivos espíritos malignos. E toda cultura tem um ritual para exorcizar os demônios, sendo eles do mundo dos mortos ou de algum reino infernal e maligno. O exorcista, representando autoridade popular e poder sobrenatural benigno, trata a pessoa demente ao extrair o demônio. Se o exorcismo não funciona, o indivíduo possuído é entregue a qualquer destino que a comunidade considere justo. Ele ou ela pode ser julgado como um feiticeiro ou uma bruxa e condenado à morte. Ou a comunidade pode decidir ter compaixão da pessoa demente como sendo uma presa infeliz dos demônios.

Em culturas onde a psiquiatria é uma força de cura, o psiquiatra costumava ser o exorcista. Psiquiatras com os quais conversei apresentaram inúmeras explicações possíveis para o fenômeno. Um especialista em transtornos de múltiplas personalidades disse que um exorcista faz essencialmente o que ele está tentando fazer: se livrar da entidade que está dentro do paciente torturado. "Já lidei com diversos pacientes de múltiplas personalidades que pensavam estar possuídos por Satã", disse ele. "Eles eram muito suscetíveis à autossugestão e incrivelmente abertos à sugestão hipnótica." Em um caso típico, ele contou sobre segurar uma das mãos na frente de uma paciente e lhe dizer que ela estava desaparecendo devagar. "A mulher acreditou que a viu desaparecer. Na mente dela, não havia dúvida de que minha mão tinha sumido, assim como não havia dúvida sobre ela estar possuída. Essa crença é tão profunda que é extremamente difícil de desalojar. No paciente de múltiplas personalidades, cada terminação nervosa pode ser uma pessoa." Geralmente, essas terminações nervosas que podem ser pessoas têm personalidades humanas. De vez em quando, porém, o habitante interior é um demônio ou o próprio Satã.

Ele disse que não sabia como seus pacientes ficavam possuídos, embora fosse muito comum encontrar um histórico de abuso sexual no começo da infância. O psiquiatra imaginou se houve alguma história assim no caso de Robbie. Ele ficou particularmente interessado em como a tia Harriet assombrou o estágio inicial da possessão e em como o menino reagiu quando foi confrontado pelas Estações da Via-Sacra, especialmente em relação à estátua que retratava Jesus sendo despido das suas vestes. "Será que houve algum tipo de encontro sexual?", perguntou-se. "Será que havia culpa e a repressão de uma lembrança?"

Outros psiquiatras sugeriram a síndrome de Tourette como uma causa médica para a possessão. Vítimas desse transtorno xingam, gritam, gemem e se contorcem sem controle e podem gritar palavrões sem ter a intenção. Alguns especialistas dessa síndrome dizem que Regan, a jovem possuída no filme *O Exorcista*, mostrou tantos sintomas de Tourette que ela lembrava, de forma exagerada, alguns dos seus pacientes. Robbie, no entanto, pareceu curado do que o estivera afligindo e, no atual estágio da pesquisa, a síndrome é incurável.

A dra. Judith L. Rapoport, uma especialista mundialmente renomada em transtorno obsessivo-compulsivo (TOC), acredita que os endemoniados podem ser vítimas da escrupulosidade, uma forma de TOC há muito reconhecida pela Igreja Católica e definida como "hesitação ou dúvida costumeira e irracional unida à ansiedade mental, ligada à criação de julgamentos morais". Ela chama as vítimas de escrupulosidade de "pecadores inocentes" que fazem "milhares de promessas a Deus".

O fundador da Companhia de Jesus, Santo Inácio de Loyola, "proporcionou à Igreja Católica sua primeira definição de escrupulosidade através de uma descrição do comportamento obsessivo do próprio Loyola e seu insight sobre sua força irracional, mas ainda assim angustiante", ela escreve. Como exemplo, ela oferece o seguinte, retirado dos *Exercícios Espirituais* de Loyola:

> Depois de andar sobre uma cruz formada por duas hastes de palha ou depois de ter pensado, dito ou feito alguma outra coisa, vem a mim um pensamento "externo" que diz que pequei, e, por outro lado, parece a mim que não pequei; não obstante, sinto alguma inquietação quanto ao assunto, embora duvide e, ao mesmo tempo, não duvide.

Robbie é um exemplo improvável para a escrupulosidade: não era católico e não demonstrava nenhum sinal de fanatismo religioso.

Rapoport também sugere uma doença mental muito rara, a esquizofrenia infantil. Geralmente, a esquizofrenia é um transtorno que ataca no final da adolescência ou no começo da vida adulta. Porém, segundo ela, "existem casos atípicos de crianças — na maioria meninos — que se desenvolvem normalmente até, digamos, os 8 anos, quando começam a apresentar os sintomas típicos de esquizofrenia, como ouvir vozes". Ela falou sobre o exame que fez em um garoto que ouvia vozes, incluindo a do diabo, "que está me mandando machucar pessoas e fazer coisas perigosas".

O padre Nicola, que foi um dos conselheiros de *O Exorcista*, mais tarde orientou psiquiatras que acreditavam que seus pacientes precisavam ser exorcizados. Ele inevitavelmente era contra o ato a não ser que houvesse o que ele chamava de sinais preternaturais, tais como a habilidade de ler mentes ou falar um idioma que era desconhecido do endemoniado. Quando conversei com o padre, ele disse que não acreditava que Robbie estivera possuído pelo demônio.

Nicola disse que a Igreja Católica estava tentando ficar em cima do muro a respeito da possessão, ao mesmo tempo que ainda sustentava, de um ponto de vista teológico, que existe um mal agindo em nosso mundo. "A Igreja está andando na corda bamba", ele me contou. "Se o Diabo está agindo no mundo, então vamos fazer o exorcismo. Pelo ponto de vista científico, a ciência diz que a possessão não é possessão de fato. É uma questão de ver qual fé e qual natureza cada um pode mostrar." Como outros especialistas em exorcismos, ele se perguntou com cautela se a parapsicologia poderia ter algumas respostas para os fenômenos inexplicáveis associados à possessão.

O padre Herbert Thurston, S.J., uma autoridade em ocultismo, ao escrever sobre possuídos, também pondera sobre forças que ainda não compreendemos: "Não nego que pode haver algo diabólico, ou de qualquer modo maligno, dentro deles. No entanto, por outro lado, também é possível que haja forças naturais envolvidas que são até agora pouco conhecidas para nós como as forças latentes da eletricidade eram para os gregos. É possível que seja a complicação desses dois elementos que forma o âmago do mistério".

Por fim, acho que existe um toque de fábula no exorcismo, se uma fábula for o véu jogado sobre a face da verdade. Certo dia eu estava conversando com um teólogo jesuíta sobre possessão e as complexidades do bem e do mal. Ele recitou os livros que eu deveria ler sobre o assunto e demonstrou o desdém apropriado de um jesuíta por qualquer coisa que seja menos do que a razão ferrenha. Conforme a entrevista chegava ao fim, ele me perguntou de modo casual se eu tinha ouvido falar sobre o que aconteceu na Saint Xavier depois do fim do exorcismo. Não, eu não tinha. E, então, ele me contou — me contou como se aquilo também fosse importante para uma discussão sobre o bem e o mal.

Logo depois do término bem-sucedido do exorcismo no hospital, disse ele, algo estranho aconteceu na Saint Francis Xavier Church. Era noite, e a igreja estava mergulhada em uma penumbra parcial. Inúmeros jesuítas tinham se reunido no templo para uma missa. De repente, o alto espaço sombreado da elevada abside resplandeceu em luz. Os jesuítas olharam para cima e viram, preenchendo o espaço imenso acima do altar, o que Robbie disse ter visto — São Miguel, com a espada flamejante na mão, defendendo o bem e repelindo o mal.

THOMAS B. ALLEN

EXORCISMO

O DIÁRIO DO EXORCISTA

Nota do autor: adquiri este diário do padre Walter Halloran, que participou do exorcismo e que, muitos anos depois, conseguiu uma cópia do diário sob as circunstâncias estranhas que descrevi no Capítulo 14. Acompanhando as 24 páginas do diário havia uma carta, datada de 29 de abril de 1949, escrita pelo padre Bishop ao irmão Cornelius, o reitor do hospital. A carta dizia:

> O relatório anexo é um resumo do caso do qual você teve conhecimento durante as inúmeras semanas passadas. O papel dos irmãos foi tão importante que pensei que você deveria ficar com o histórico do caso para seu arquivo permanente.
>
> Em duas ocasiões diferentes — uma em 16 de março e outra em 27 de abril —, fomos informados pela chancelaria que o caso em questão não deve ser divulgado. Temo que as notícias já foram espalhadas em diversas áreas da cidade por pessoas pedindo orações e talvez por indivíduos que fizeram parte do caso. A dificuldade de manter alguns dos fatos em segredo está praticamente além do nosso controle agora, mas até onde pudermos, não iremos divulgar este caso até termos uma declaração definitiva por parte da chancelaria. [Nota: nenhuma declaração chegou a ser emitida.]

Um dos melhores benefícios que me ocorreram como resultado deste caso é uma grande estima pelo trabalho e pela devoção religiosa dos Irmãos Aleixanos. A ajuda com as orações por parte de sua comunidade foi com certeza um fator importante para que vencêssemos a batalha contra Satã. Sua própria cooperação em estabelecer uma devoção pública para Nossa Senhora de Fátima sempre será associada aos aspectos inspiradores do caso.

A família [NOME APAGADO] foi conquistada pela caridade sincera dos irmãos. Não há dúvida de que a intenção de se tornarem católicos foi profundamente influenciada pela atitude característica de Cristo por parte dos irmãos que trabalharam com [NOME APAGADO].

Será sempre um privilégio distinto para mim lembrar de você e de sua Comunidade no Santo Sacrifício [da Missa].

O diário começa com uma sessão intitulada "ESTUDO DE CASO", no qual o nome do garoto e outras informações estão documentadas. Apaguei as informações de identificação dessa sessão. Em outros lugares do diário, onde os nomes das famílias são fornecidos, eu os omiti com [NOME APAGADO]. Mudei dois nomes que aparecem com frequência, indicando as mudanças ao fazer as primeiras referências, i.e., Robbie e Harriet, em negrito. Existem alguns erros de escrita; onde necessário para esclarecimento, eu os indiquei com o convencional [sic]. O diário que me foi dado fora fotocopiado do texto datilografado original; a fotocópia contém algumas palavras ininteligíveis. Eu as indiquei com [ilegível]. O autor do diário usa "R" para identificar o garoto; eu mantive essa identificação.

ESTUDO DE CASO

[NOME E ENDEREÇO APAGADOS.] Filho de [NOMES APAGADOS].
Nascimento: [DIA E MÊS APAGADOS] de 1935.
Religião: luterano evangélico, batizado seis meses depois do nascimento por um pastor luterano.
Avó materna — católica praticante até os 14 anos de idade.
Avô paterno — católico batizado, mas não praticante.
Pai — católico batizado, não instruído e não praticante.
Mãe — luterana batizada.
[NOME APAGADO] e a mãe visitados em Saint Louis em [NOME E ENDEREÇO APAGADOS].

HISTÓRICO DO CASO

Em 15 de janeiro de 1949, na casa de Robbie em Cottage City, Maryland, um ruído de goteira foi ouvido por **Robbie** e sua avó no quarto dela. Esse barulho continuou por um breve período de tempo e então a imagem de Cristo na parede balançou como se a parede em questão tivesse sido atingida. Quando os pais de R voltaram para casa, havia um som bem definido de arranhões sob as tábuas do piso perto da cama da avó. A partir desse dia, os arranhões foram ouvidos todas as noites por volta das 19 horas e prosseguiam até meia-noite. A família achou que os arranhões eram causados por algum tipo de roedor. Chamaram um dedetizador, que colocou produtos químicos sob as tábuas do piso, mas o som de arranhões continuou e se tornava mais distinto quando as pessoas pisavam com força no chão.

Os arranhões prosseguiram por dez dias e, então, pararam. A família finalmente acreditou que o roedor tinha morrido. O menino, R, parecia pensar que ainda escutava o barulho, mas a família não ouviu nada por um período de três dias. Quando o som se tornou audível outra vez, já não estava no quarto do andar

de cima, mas tinha se transferido para o quarto do
garoto no andar de baixo. Foi ouvido como o som de
sapatos rangentes ao redor da cama e surgia apenas
à noite, quando R ia para a cama. O rangido de
sapatos continuou por seis noites, e, na sexta noite,
os arranhões se tornaram audíveis de novo. A mãe, a avó
e o garoto, enquanto estavam deitados na cama nessa
noite, ouviram algo indo na direção deles, parecido com
o ritmo de pés marchando e a batida de tambores. O som
atravessava o comprimento do colchão e então retrocedia
e repetia essa ação até que a mãe perguntou: "É você,
tia **Harriet**?" Harriet [SOBRENOME APAGADO] tinha morrido
em Saint Louis, duas semanas depois dos primeiros
ruídos serem ouvidos na csa [sic] de R. A mãe continuou
a fazer perguntas, mas não obteve nenhuma resposta
verbal. Ela fez a pergunta: "Se você for Harriet,
bata três vezes". Houve ondas de ar que atingiram a
avó, a mãe e o menino, e três batidas distintas foram
ouvidas no chão. A mãe perguntou de novo: "Se você
for Harriet, me dê uma resposta afirmativa batendo
quatro vezes". Quatro batidas distintas foram ouvidas.
Em seguida, houve garras arranhando o colchão.

Quando a mãe ou a avó não prestavam atenção aos
arranhões na cama, o colchão inteiro começava a tremer.
Às vezes, a ação era muito violenta. Em certa ocasião,
a coberta da cama foi arrancada de debaixo do colchão
e as bordas se levantaram acima da superfície da
cama em uma forma curvada como se estivesse sendo
mantida ereta por goma. Quando os presentes tocaram
a roupa de cama, as laterais voltaram à posição
normal. Os arranhões no colchão foram contínuos
desde a primeira noite em que foram ouvidos.

Em 26 de fevereiro de 1949 apareceram arranhões
no corpo do menino por aproximadamente quatro
noites consecutivas. Depois da quarta noite,
apareceram palavras escritas em letra de
forma. Essas letras eram nítidas, mas pareciam
ter sido riscadas no corpo por garras.

Já que a sra. [NOME APAGADO] é nativa da cidade de Saint Louis, ela pensou em deixar sua casa e levar o menino a Saint Louis para evitar algumas dessas manifestações estranhas. Parece que a força, qualquer que fosse, que estava escrevendo as palavras era a favor de fazer a viagem até Saint Louis. Em uma noite, a palavra "Louis" foi escrita nas costelas do menino em vermelho-escuro. Em seguida, quando houve algumas questões sobre a hora da partida, a palavra "sábado" surgiu nitidamente no quadril de R. Quanto ao tempo que a mãe e o menino deveriam ficar em Saint Louis, outra mensagem foi escrita no peito do menino, "3 semanas". As impressões sempre apareciam sem nenhum movimento das mãos do menino. A mãe o mantinha sob minuciosa supervisão. Parecia haver uma dor aguda quando as marcas surgiam, fazendo o garoto se dobrar e emitir um som aterrorizante. As marcas não poderiam ter sido feitas pelo garoto já que, em certa ocasião, apareceram escritos nas suas costas. Mesmo em Saint Louis as escritas continuaram a aparecer. Houve discussões sobre mandar R. para a escola durante sua visita, mas a mensagem, "Não", apareceu nos seus pulsos; além de um enorme "N" em ambas as pernas. A mãe temia desobedecer a ordem.

OUTRAS MANIFESTAÇÕES

Uma laranja e uma pera saíram voando por toda a extensão do cômodo onde R. estava. A mesa da cozinha foi derrubada sem qualquer movimento por parte do garoto. Leite e comida foram jogados para longe da mesa e do fogão. A tábua de pão foi lançada ao chão. Do lado de fora da cozinha, um casaco em um cabide saíram voando pela sala; um pente fez um voo agressivo pelo ar e apagou velas abençoadas; uma Bíblia foi jogada diretamente aos pés de R., mas não o feriu de nenhuma maneira. Enquanto a família [sic] visitava um amigo em Boonesboro, Maryland, a cadeira de balanço na qual R.

estava sentado fez um giro completo sem esforço algum
por parte do menino. A carteira escolar de R deslizou
pelo chão como se fosse a *planchette* de um tabuleiro
Ouija. Ele parou de frequentar a escola por vergonha.

TESTEMUNHAS

Desde o começo dos incidentes descritos acima,
houve quatorze testemunhas diferentes para comprovar e
atestar os estranhos fenômenos. Dois pastores luteranos
foram chamados para examinar o caso. Um dos pastores
convidou o menino para passar a noite na sua casa e
dormiu na mesma cama que ele. Durante a noite, os sons
de garras arranhando o chão foram ouvidos assim como o
tinham sido na casa de R. O pastor rezou, mas a atividade
ficou mais forte. R. foi amarrado a uma cadeira, que
tombou de lado. Um psiquiatra foi consultado, mas
declarou que não acreditava nos fenômenos. Seu relatório
dizia que o garoto era normal. R. ficou irritado com
as perguntas e com o procedimento. Um médico realizou
um exame físico completo e o declarou um menino sadio,
mas um tanto temperamental. Um espiritualista foi
chamado para usar sua fórmula para livrar pessoas
de espíritos, mas não obteve sucesso. (Deve ser
observado aqui que a tia Harriet acreditava muito em
espiritualismo e costumava consultar espiritualistas.)

O padre Hughes, um padre católico da Saint James Parish
em Mount Rainier, Maryland, foi consultado e sugeriu
velas abençoadas, água benta e orações definitivas.
Ele não conheceu o menino pessoalmente. A mãe levou
a garrafa de água benta para casa, aspergiu todos os
cômodos e quando colocou a garrafa em uma prateleira,
o objeto voou pelo quarto, mas não se quebrou.
Quando ela segurou a vela acesa ao lado de R. à
noite, a cama inteira, a mãe e o filho se moveram
para frente e para trás juntamente com o colchão
oscilante. Orações costumavam agravar os fenômenos.

O padre Hughes estava tentando obter a permissão do bispo para realizar um exorcismo na mesma época em que os [NOME APAGADO] estavam indo para Saint Louis. Por consequência, ele não pôde proceder com seu plano.

SAINT LOUIS

Demonstrações diferentes foram testemunhadas por duas tias, quatro tios e quatro primos do menino em Saint Louis. A escrita, "Nada de escola", foi vista por quatro pessoas diferentes. O balanço do colchão, os movimentos dos móveis do quarto e os arranhões no colchão foram observados por todo o grupo.

Em 9 de março de 1949, os movimentos violentos do colchão e os arranhões no corpo do garoto foram observados pela mãe, por uma tia, por um tio, por uma prima em idade universitária, por um amigo da família e pelo padre Bishop.

Uma das primas de R que frequentava as aulas do padre Bishop perguntou ao padre se ele poderia proporcionar alguma ajuda com o caso. Bishop consultou o padre Kenny e o padre Reinert, o presidente da universidade, e decidiram que seria bom pedir que o garoto fizesse algumas orações e que lhe déssemos a bênção sacerdotal.

Além disso, o padre Bishop concordou em ir à casa dos [NOME E ENDEREÇO APAGADOS] para que pudesse abençoar o local e o quarto onde R. dormia. Uma relíquia de segunda classe de Santa Margarida Maria foi presa à cama do menino.

Mesmo depois da bênção da casa e apesar da relíquia, a oscilação ficou evidente e os arranhões apareceram. Os parentes do menino disseram, porém, que a noite de quarta-feira foi a mais tranquila que tiveram desde que R. chegara a Saint Louis.

EVENTOS DIÁRIOS EM SAINT LOUIS

Segunda-feira, 7 de março de 1949

Casa do tio e da tia não católicos de R. Cinco ou seis parentes presentes. Espírito interrogado por um médium através do alfabeto, em uma mesa de porcelana na cozinha. Letras escritas em uma folha eram sublinhadas sempre que a mesa se movia. Um código de mensagens se tornou evidente. Os fenômenos indicaram que o espírito não era o diabo, mas a alma da falecida Harriet. O espírito confirmou de novo para todos os presentes que era Harriet ao arrastar uma cama pesada por sessenta ou noventa centímetros sem nenhum dos presentes estar perto dela. Todos do grupo viram esse acontecimento. Além disso, escritos apareceram no corpo de R. enquanto ele lia uma revista em quadrinhos. Houve uma dor aguda. A escrita foi feita através das roupas.

Quando R. foi dormir, houve tremores violentos na cama e arranhões no colchão. Não houve quase nenhum alívio durante a noite.

Terça-feira, 8 de março de 1949

Na casa da tia católica, dois primos e um tio não católico de R. Estremecimento do colchão, arranhões, banquinho arrastado vários centímetros para longe da cama. Fenômenos observados pelo primo que passou a noite com R. Colchão continuou a se mover na direção das colunas da cama, mesmo enquanto o primo estava deitado ao lado de R. Todos os membros da família observaram o estremecimento violento do colchão e ouviram o ruído de arranhões.

Quarta-feira, 9 de março

Na casa como na terça-feira. O padre Bishop abençoou toda a casa e usou uma bênção especial no quarto e na cama de R. Uma relíquia de segunda classe da Santa

Margarida Maria foi presa com um alfinete a uma das
pontas do travesseiro de R. Logo depois de o garoto
se recolher, o colchão da sua cama começou a se mover
para frente e para trás na direção das colunas da
cama. O menino ficou deitado perfeitamente imóvel e
não exerceu nenhum esforço físico. O movimento em uma
direção não excedia oito centímetros, a atividade foi
intermitente e foi interrompida por completo depois
de um período de aproximadamente quinze minutos.
Quando o padre Bishop aspergiu água benta de Santo
Inácio na cama na forma de uma cruz, o movimento
parou de maneira abrupta, mas recomeçou assim que
o padre saiu do quarto. Durante os quinze minutos de
atividade, uma dor aguda pareceu atingir R. na barriga
e ele gritou. A mãe arrancou depressa as cobertas
da cama e levantou a camisa do pijama do menino
o bastante para revelar arranhões que ziguezagueavam
em linhas grossas e vermelhas no abdômen do garoto.
Deve ser observado que durante os quinze minutos,
o menino não ficou longe da vista dos seis presentes.
Quando a oscilação do colchão parou, houve paz
pelo restante da noite, i.e., depois das 23h15.

Quinta-feira, 10 de março

Mesmo lugar da terça e da quarta-feira. Mesmas
pessoas presentes na casa, assim como na quarta-feira,
exceto pelo padre Bishop. Estremecimento do colchão
e arranhões que soavam como um ritmo de soldados
marchando. A relíquia de segunda classe da Santa
Margarida Maria foi jogada no chão. O alfinete foi
aberto, mas nenhuma mão humana tocara a relíquia. R.
pulou assustado quando a relíquia foi jogada no chão.

Sexta-feira, 11 de março

Mesmo lugar do relato anterior. Mesmos presentes da
quinta-feira, com o acréscimo dos padres Bowdern e
Bishop. O padre Bowdern concluíra a novena na College
Church às 21 horas. Foi combinado que os parentes

do menino levariam os dois padres mencionados até
a casa de R. Visto que a novena foi em homenagem
a São Francisco Xavier, o padre Bowdern, o pastor,
achou que seria apropriado levar a relíquia de
primeira classe de Xavier com ele para uma bênção
de novena. Ele também levou um crucifixo contendo
relíquias de primeira classe de inúmeros mártires
norte-americanos e de São Pedro Canísio.

Pouco tempo depois de R. ter se recolhido às 23 horas,
ele gritou do andar de cima dizendo que tinha sido
assustado por uma força poderosa que jogara alguns
objetos contra o espelho no seu quarto. Com o
alfinete aberto, a relíquia de Santa Margarida Maria
fora lançada contra o espelho e o som foi como o
de uma bala [sic] de chumbinho atingindo o vidro.
Outro acontecimento foi a marca de uma cruz na parte
posterior do antebraço de R. A dor foi parecida com
aquela causada por um corte de um espinho. A cruz
permaneceu evidente por aproximadamente 45 minutos.

O padre Bowdern leu a oração da novena de São Francisco
Xavier e então abençoou R. com a relíquia (um pedaço do
osso do antebraço de São Francisco Xavier). Em seguida,
o relicário em forma de crucifixo foi preso com um
alfinete embaixo do travesseiro do menino. Não houve
estremecimento do colchão nem arranhões nesse momento.

Depois da bênção mencionada, o grupo de espectadores
foi para o andar de baixo para rever um pouco do
histórico do caso quando um estrondo alto foi ouvido
no quarto de R. O garoto estava cochilando quando a
garrafa com a água benta de Santo Inácio foi jogada
de uma mesa a sessenta centímetros da cama de R. para
um canto ali perto, uma distância de aproximadamente
1,80 metro. A garrafa não se quebrou. Então o padre
Bowdern colocou seu rosário em volta do pescoço de
R. e os dois padres recitaram o rosário, um padre
de cada lado da cama. O padre Bowdern ensinou a R
diversos pedidos à Nossa Senhora de Fátima. Com uma

bênção para R e para a família, os padres deixaram a casa por volta da meia-noite e meia do sábado.

Cinco minutos depois de os padres Bowdern e Bishop deixaram a casa, houve um ruído de algo pesado sendo arrastado vindo do quarto de R. Uma estante de livros foi movida ao longo da cama e virada completamente para ficar de frente à porta do quarto. O banquinho diante da penteadeira se moveu para longe dela foi em direção à cama, uma distância de aproximadamente sessenta centímetros. O banquinho foi levado de volta à sua posição inicial e, depois de alguns instantes, foi derrubado. A mãe e R. estavam na cama quando o crucifixo com as relíquias se moveu de sob o travesseiro até o pé da cama. A relíquia de Santa Margarida Maria foi perdida no quarto.

Depois se seguiram arranhões violentos e estremecimentos rítmicos. As cinco pessoas na casa decidiram então fazer perguntas ao espírito. Existe uma questão sobre uma quantia de dinheiro que foi escondida pela tia Harriet antes de ela morrer. Através de muitas perguntas diferentes, teve-se a impressão de que o mapa que localizaria o dinheiro escondido em um cofre de metal seria encontrado no sótão da casa da tia Harriet, mas apenas [NOME APAGADO], o pai de R, que mora em [ENDEREÇO APAGADO] poderia encontrá-lo. Quando o nome de [NOME APAGADO] foi sugerido, a cama estremeceu com violência. Mais perguntas revelaram que o dinheiro era para [NOME APAGADO], a filha de [NOME APAGADO]. Sempre que os interrogadores queriam que a cama parasse de tremer, eles gritavam, "Harriet, pare!", e a cama parava como se Harriet estivesse esperando uma pergunta.

Na noite em Harriet morreu, ela disse a todos na casa para irem dormir às 22 horas, e ela morreu entre as 2 horas e 2h30 da manhã seguinte. O que o impressionante paralelo indica é que o estremecimento da cama e o barulho sempre paravam às 2h30.

Sábado, 12 de março de 1949

Os padres Bowdern e Bishop chegaram à casa de R às 23h45. Antes da chegada dos padres naquela noite, a estante no quarto de R foi afastada da parede com velocidade e precisão. (A estante com livros devia pesar mais de 22 quilos.) Então de novo, pouco antes de os padres subirem para o quarto de R, um barulho de algo sendo arrastado com rapidez foi ouvido. A estante tinha se afastado da parede ao lado da cama de R em um arco de 1,50 ou 1,80 metro. O padre Bishop a colocou de volta ao lugar. Em seguida, o padre Bowdern abençoou R. com a relíquia de São Francisco Xavier e água benta. Os padres rezaram o rosário em voz alta e depois rezaram em silêncio da meia-noite às 3 horas. R. teve um sono normal e não houve nenhuma manifestação de um espírito maligno.

Domingo, 13 de março

A família estava sozinha. Houve estremecimento do colchão e arranhões na superfície inferior. Os fenômenos não persistiram por mais de uma hora ou uma hora e meia.

Segunda-feira, 14 de março

Os padres não estavam presentes. Um banquinho foi arremessado por cima da cama de R e caiu com um baque ruidoso, mas ninguém se feriu. O colchão estremeceu, como em muitas outras ocasiões. Os tremores continuaram por aproximadamente duas horas.

Terça-feira, 15 de março

Houve o costumeiro estremecimento do colchão. A relíquia de Santa Margarida Maria foi arrancada do travesseiro. A movimentação do colchão continuou por duas horas.

Quarta-feira, 16 de março

Permissão foi dada pelo reverendíssimo arcebispo Joseph E. Ritter para que o padre William S. Bowdern, S.J., pastor da College Church em Saint Louis pudesse ler as orações de exorcismo de acordo com o Ritual Romano. Os padres Bowdern, Bishop e o sr. W. Halloran, S.J. chegaram à casa de [NOME APAGADO] entre 22h15 e 22h30. Pouco depois das 22h30, R foi mandado para a cama, e o padre Bowdern o ajudou a examinar sua consciência e fazer um Ato de Contrição. Em seguida, o padre Bishop, o sr. Halloran, a mãe de R e seu tio e sua tia foram chamados para o quarto para que se preparassem para o exorcismo. Todos os presentes se ajoelharam ao lado da cama de R e juntos recitaram os Atos de Fé, Esperança, Caridade e Contrição (R também fez as orações).

Em seguida, o padre Bowdern, usando a sobrepeliz e a estola, iniciou as orações de exorcismo. R estava acordado e a luz no teto do quarto foi mantida acesa. R manteve as mãos em cima das cobertas. Ao primeiro "Praecípio", houve uma reação imediata. Três enormes barras paralelas foram riscadas na barriga do menino. A partir de então, após os nomes de Nosso Senhor, de Sua Abençoada Mãe e de São Miguel, arranhões apareceram nas pernas, coxas, barriga, costas, peito, rosto e garganta do menino. Esses arranhões eram muito dolorosos e causavam marcas vermelhas no corpo, e essas marcas se erguiam acima da superfície da pele, parecidas com entalhes. Apenas um arranhão atravessou a camada externa da pele, parecida com uma laceração muito leve, e fez com que uma pequena quantidade de sangue escorresse. Esse arranhão apareceu na perna esquerda de R. O garoto se retraía devido à dor que sentia à medida que cada marca era feita. R afirmou que algumas das marcas pareciam feitas por espinhos, outras por ferro em brasa. As marcas que pareciam com ferros em brasa eram as mais doloridas [*sic*].

As marcas mais distintas no corpo foram a imagem do diabo na perna direita de R e a palavra "HELL" [INFERNO] gravada no peito de tal forma que o garoto podia olhar para ela e ler as letras claramente. A gravação do diabo e "HELL" apareciam a cada repetição do "Praecípio" exigindo que o espírito maligno se identificasse. O diabo foi retratado em vermelho. Seu [sic] braços estavam erguidos acima de sua cabiça [sic] e pareciam ter membranas, lhe dando a aparência horrenda de um morcego. Todos os presentes no quarto concordaram que os dois sinais mencionados não poderiam ser interpretados de outra maneira. Em outras respostas à oração "Praecípio", duas letras "GO" [IR] e uma terceira marca apontavam na direção da virilha, uma indicação que poderia dizer que o diabo pardiria [sic] por meio da urina ou das fezes. Para a pergunta quantos demônios? uma única linha foi riscada na perna direita de R. Havia pelo menos quatro marcas fortes na forma de um "X". Essa impressão pode ter indicado que o exorcismo terminaria em dez dias ou que o diabo partiria às 22 horas. Pelo menos durante os primeiros dias de exorcismo, o "X" não teve nenhum significado. As marcas nas pernas pareciam ser arranhões longos sem significado especial. Elas foram feitas no corpo do menino mais de 25 vezes diferentes ao longo da noite, cada marca fazendo com que o menino se dobrasse de dor.

A fase seguinte da reação teve a aparência de um sono tranquilo. R pareceu relaxar e não houve nenhum arranhão doloroso. As orações prosseguiram com os padres Bowdern e Bishop se alternando. Quando as orações a São Miguel começaram, R começou a se mexer em seu sono aparente. Ele sorriu e, então, deu uma risada. Em seguida, começou a se debater. Ele atingiu a cabeceira da cama com fortes golpes do seu punho e então começou a socar o travesseiro com uma força maior do que o normal. Enquanto girava os braços com ferocidade, falou sobre o conflito que lhe aparecia. Em todas as manifestações desde o começo de janeiro não houve palavras proferidas por R quando ele aparentava estar sob a influência do diabo. A família não tinha visto reações violentas como aquelas demonstradas nessa noite e na seguinte. Ficou evidente que as orações de exorcismo tinham agitado o demônio. Água benta foi aspergida sobre R e ele despertou do seu sono aparente. Foi perguntado a R o que ele esteve fazendo e o que viu. O menino disse que estava lutando contra um enorm [sic] diabo vermelho que era gosmento ao toque e muito poderoso. O diabo estava tentando impedi-lo de atravessar os portões de ferro no topo de um abismo que tinha aproximadamente sessenta metros de profundidade e era muito quente. R queria lutar com aquele diabo e sentiu que era forte o bastante para subjugar o inimigo. Ele mencionou que havia outros diabos menores.

Quando as orações de exorcismo foram retomadas, R voltou a ter um ataque de fúria e, depois de respirar fundo algumas vezes, retomou o combate furioso com o diabo, que tentava mantê-lo no fundo do abismo. Houve luta corpo a corpo.

A partir da meia-noite foi preciso segurar R durante suas lutas contra o espírito. Foram necessários dois homens para prendê-lo à cama. R gritou ameaças de violência contra eles, mas não foi usada linguagem vulgar. R. cuspiu em seus oponentes muitas veses [sic]. Ele usava grande força sempre que conseguia se libertar, e seus golpes estavam além da capacidade normal do menino.

R podia ser trazido de volta a um estado desperto por breves períodos ao se aspergir água benta sobre ele. À medida que a noite avançava tornou-se quase impossível evitar que R mergulhasse no torpor agitado e aparente durante o qual ele se mexia em birros [sic] violentos. Eram quase 5 horas do dia 17 quando os ataques começaram a ficar moderados. Quando R foi acordado desse estado mais calmo, ele estava tão mole e fraco que não conseguia ficar sentado ou manter os olhos abertos. Não conseguia permanecer acordado tempo

suficiente para beber um copo d'água. (A necessidade
de água ao longo da noite foi sempre o primeiro pedido
dele assim que acordava.) Ele reclamou do calor
intenso com o qual sofrera durante os combates.

A última fase das manifestações noturnas consistiu
em um sono aparente no qual R começou a cantar. Ele
cantou com uma voz aguda e em tremendo volume músicas
como "Swanee" e "Old Man River". As canções não eram
completas e eram versões deturpadas, acompanhadas de
amplos gestos dos braços e uma tentativa insana de
interpretação. No estágio das canções, R ficou mais
dócil e não tinha que ser contido fisicamente, exceto
em alguns casos. Seus músculos ficaram relaxados e toda
sua atitude corporal demonstrava compostura. Durante
a fase de cantoria, o menino acordou diversas vezes
por conta própria, i.e., sem tapas e água benta.

Por volta das 7h30, R pegou em um sono natural
e continuou pacífico até as 13 horas do dia
17. Então fez uma refeição comum e participou
de uma partida de Banco Imobiliário.

Quinta-feira, 17 de março

Os padres Bowdern e Bishop e o sr. Halloran chegaram à
casa de R entre as 21 horas e 21h30. O pai de R voltara
de avião a Maryland devido aos eventos extraordinários
da noite anterior. O garoto declarou que estava com
muito sono por volta das 21 horas. Seus pais o ajudaram
a se preparar para dormir, mas tiveram dificuldades
em mantê-lo acordado tempo suficiente para despi-
lo. R mergulhou em um sono profundo e agitado como
na noite anterior. Foi preciso que o pai e o tio o
segurassem com uma força considerável devido a seus
movimentos biratórios [*sic*]. Através da água benta e
de inúmeros tapas fortes no rosto do menino, o padre
Bishop conseguiu trazer R. de volta à consciência.
Mas em poucos segundos R voltou ao seu pesadelo
agitado. Esse estado não é como um sono natural devido

às contorções e porque os gritos não traziam R de volta à consciência. Ele não podia ser desperto por meios comuns. Às vezes era impossível acordá-lo.

As orações de exorcismo foram retomadas enquanto a família rezava o rosário. Os comandos da fórmula causavam reações violentas em R. A nova fase do caso enfatizava cusparadas diabólicas. R cuspiu nos três homens que o seguravam. Cuspiu no padre Bowdern, que lia as orações de exorcismo, e rasgou sua estola. Cuspiu no padre Bishop que o abençoava frequentemente com água benta. R cuspiu diretamente nos rostos do seu pai, da sua mãe e do seu tio. Seus olhos estavam bem fechados, mas ele conseguia mirar bem apesar do pano suspenso perto do seu rosto. Quando R estava consciente ele não sabia que cuspia durante os ataques, nem sabia que lutava contra aqueles que o prendiam. Sentiu-se exausto depois da provação, mas ainda assim sua pulsação não variou muito do normal.

Não houve arranhões rasgando o corpo do menino ao longo da noite, mas as contorções foram tão severas quanto as da noite anterior. As ameaças àqueles que seguravam R não foram vulgares, mas foram estrondosas e sinistras. De vez em quando ele cantarolava uma pequena canção ou cantava versos de "Swanee River". Sua melodia era falsa e o tom era alto ao extremo.

O sono natural acometeu R à 1h30.
Então os padres foram embora.

Sexta-feira, 18 de março

R sofreu um episódio por volta das 13 horas. Seu pai o prendia com força enquanto a mãe e a tia rezavam o rosário. A luta terminou aproximadamente uma hora depois. Os padres Bowdern, Bishop e o sr. Halloran, S.J. chegaram à casa de R às 19 horas, conversaram e jogaram um jogo com o menino. Ele se recolheu às 20h15. R rezou o rosário com o clero ao lado da sua cama. As orações de novena à Nossa Senhora de Fátima foram recitadas no idioma comum. Em seguida os padres começaram a Ladainha de Todos os Santos, como indicado no ritual de exorcismo. Ao longo da Ladainha, o colchão começou a tremer. R estava acordado. Os tremores pararam quando o padre Bowdern abençoou a cama com água benta. As orações de exorcismo foram retomadas e R foi dominado com tanta violência que começou a lutar com o travesseiro e com a roupa de cama. Os braços, as pernas e a cabeça de R tiveram que ser segurados pelos três homens. As contorções revelaram força física além da força natural do garoto. Ele cuspiu nos rostos daqueles que o seguravam e naqueles que oravam por ele. Cuspiu nas relíquias e nas mãos dos padres. Contorceu-se sob a água benta aspergida. Lutou e gritou com uma voz diabólica e aguda. Durante uma das reações mais calmas ele moveu os pés de uma maneira rítmica. O padre Bowdern segurou o Santíssimo Sacramento a oito ou dez centímetros da sola do pé que se mexia. O movimento parou no pé que estava mais perto do Santíssimo Sacramento. A manifestação do poder do Santíssimo Sacramento foi revelada diversas vezes sem falhar.

Durante breves intervalos R ficou consciente, mas não sabia muita coisa do que tinha acontecido. Sentia dor nos braços devido à enorme força que usou e que era usada contra ele.

Quando o exorcismo foi retomado outra vez, R voltou a ter um ataque mesmo enquanto tentava repetir algumas orações curtas junto com o padre Bowdern. R ficou em pé na cama e lutou contra todos ao seu redor. Gritou, pulou e agitou os punhos. Seu rosto estava demoníaco, e ele bateu os dentes em fúria. Tentou morder a mão do padre durante as bênçãos. Mordeu aqueles que o seguravam.

Por volta da meia-noite houve sinais de mudança. R ficou em pé na cama; depois se ajoelhou e em silêncio fez saudações. As mesuras foram repetidas quatro ou cinco vezes. Em diversas ocasiões durante o processo de se curvar, R disse "Nossa Senhora de Fátima, orai por nós" e também repetiu as palavras da Ave-Maria. O estágio seguinte foi batucar um compasso no travesseiro, algo parecido com o ritmo de cavalos trotando. Então R se levantou mais uma vez e começou sua luta furiosa para a expulsão do diabo. Seus movimentos giratórios iam em todas as direções. Ele arrancou a parte superior da roupa de baixo e ergueu os braços para o alto em sinal de súplica. Então fez como se fosse vomitar. Seus gestos se moviam para cima, próximos ao corpo. Parecia estar tentando levar o diabo do estômago até a garganta. Ele pediu que a janela fosse aberta e então, com uma disposição alegre e vitoriosa, disse com uma voz doce "Ele está saindo! Ele está saindo..." e, finalmente, "Lá vai ele". Seu corpo caiu flácido sobre a cama em uma condição perfeitamente relaxada. Tudo parecia indicar vitória. Em instantes ele estava normal e parecia aliviado. A família inteira se ajoelhou em volta da cama e fez orações de graças. A mãe estava exultante de alegria. Foi perguntado a R sobre suas experiências durante a última parte da noite. Ele disse que viu uma enorme nuvem negra de vapor na sua frente avançando para além da sua visão. Uma figura em capuz e mantos pretos, e [ilegível] branco caminhou na direção da nuvem.

R saiu da cama, vestiu um robe e acompanhou os padres até a porta. Ele estava muito feliz. Parecia ter se recuperando completamente à 1 hora, e os clérigos foram embora por volta da 1h30. Por volta das 2 horas ou um pouco depois, R sentiu coisas estranhas no estômago e em poucos momentos começou a gritar, cheio de temor, "Ele está voltando! Ele está voltando!". O padre Bowdern foi chamado às 3h15 e os três exorcistas voltaram para mais um pouco da fórmula. Não foi feito nenhum progresso evidente, e por volta das 7h30 o menino pegou em um sono natural.

Sábado, 19 de março

Os exorcistas chegaram à casa de R às 19 horas. O garoto se recolheu às 20 horas e a rotina de exorcismo recomeçou. Gritos violentos com gargalhadas demoníacas fizeram parte dos fenômenos. Os gritos lembravam os latidos de um cachorro e as batidas dos dentes eram realmente diabólicas. Deve ser declarado outra vez que as reações violentas sempre seguiam as orações de exorcismo. Não houvera nenhuma violência por parte do menino antes de o exorcismo ter começado na noite de 16 de março.

Quando o exorcista pediu um sinal através da oração "Praecípio", R urinou em três ou quatro ocasiões diferentes, aparentemente sem controle. Ele reclamou depois de acordar que a urina o queimava. Antes de urinar, R se dobrava de dor na barriga e acordava chorando. Reclamava também que a garganta estava doendo.

Músicas foram cantadas com muita beleza com uma voz clara e com uma delicadeza real. A melhor execução foi o "la la" de "Danúbio Azul" com gestos fluídos e precisos de interpretação. Outra música foi o hino "Old Rugged Cross". O mais surpreendente a respeito da cantoria nessa noite foi a habilidade profissional demonstrada. R não canta bem na sua vida normal e nem mesmo gosta de cantar. O padre Bishop cantarolou o ritmo de "Danúbio Azul" depois de R acordar, mas o menino não conseguiu seguir a melodia. Disse que não conhecia a música. E fez essa mesma afirmação muitos dias depois.

Outro desempenho da noite foi um chamado brincalhão para um dos padres presentes. R repetiu o chamado inúmeras vezes com uma voz muito agradável, mas como não recebeu nenhuma resposta, a voz dele ficou dura e a expressão se transformou em "padre _____, você fede".

Em seguida veio uma luta violenta e demoníaca até R ficar completamente exausto às 3 horas e mergulhar em um torpor profundo. Os exorcistas esperaram meia hora e então foram embora.

Vale a pena mencionar que Deus parecia ter pena do menino quando ele ficava exausto. O diabo não tinha permissão para perturbar R depois de ele pegar em um sono natural. Contudo, R foi forçado até o ponto da exaustão todas as noites do exorcismo.

Domingo, 20 de março

R [ilegível] um ataque às 20h45 com mais ferocidade do que em ocasiões anteriores. Toda a violência veio depois das orações de exorcismo. Os pontos altos da noite foram a urina que queimavam muito, a liberação de gases através do reto em três momentos diferentes e os insultos aos exorcistas.

Segue abaixo algumas das vulgaridades:
Fique longe de mim —
Seus cuzões —
Vão para o inferno, seus filhos da puta imundos —
Seus malditos filhos da puta —
Seus cuzões imundos —

E de vez em quando R usava orações a Maria e à Nossa Senhora de Fátima. A atividade parou às 2 horas.

Segunda-feira, 21 de março

A família de R estava sofrendo de privação de sono, e a mãe teve que ser levada a um médico, então foi considerado que seria melhor levar R a um hospital para que os outros membros da família pudessem descansar. Visto que o menino ficava tão tempestuoso durante os ataques, foi decidido que os Irmãos Aleixanos teriam um quarto afastado dos pacientes regulares onde R pudesse gritar sem prejudicar o restante do hospital. Além disso, os irmãos têm equipamentos para prender os pacientes às camas quando houver violência. R foi levado para a cama às 22 horas, mas ficou com medo do ambiente do hospital: a janela com barras, o quarto com poucos móveis, as correias na cama e a porta sem maçaneta. Sua reação foi de medo intenso. O padre Bowdern começou a Ladainha do exorcismo e prosseguiu por toda a fórmula. Diversos irmãos estavam presentes junto com o padre Bishop, o sr. Halloran, S.J. e o pai de R. Quando o exorcismo chegou ao fim, todos se ajoelharam para rezar o rosário. R não pegou no sono e não houve nenhuma reação discernível por parte do diabo. O grupo exorcista saiu do quarto enquanto o pai de R leu orações para o filho durante o período de meia hora. Uma das cenas mais edificantes desde o início do caso foi ver o pai usando orações para fazer o filho dormir. Às 23h30, R pegou em um sono profundo e normal e continuou em paz pelo restante da noite. Seu pai dormiu em um sofá no mesmo quarto. R acordou às 6h30 e foi levado para casa para passar o dia.

Terça-feira, 22 de março

R foi para a cama na casa do tio por volta das 21h30. Pouco tempo depois de ter se recolhido, a cama começou a tremer e pareceu que as operações estavam em progresso de novo. A mãe de R ligou para o padre Bishop, e ele e outros dois padres foram até a casa e chegaram lá com o Santíssimo Sacramento às 23 horas. Os três padres se ajoelharam ao lado da cama do menino e começaram as orações de exorcismo. A cama chacoalhou durante breves intervalos em três ocasiões diferentes. Quando o exorcismo chegou ao fim, o rosário foi recitado e R pegou em um sono natural. Os padres foram embora à meia-noite e não houve mais nenhuma atividade.

Quarta-feira, 23 de março

O padre Bowdern providenciou que R tivesse um quarto no presbitério da College Church. Duas camas foram providenciadas para que o pai de R pudesse dormir no mesmo quarto com o filho. R recebeu uma breve instrução sobre a religião católica e então foi para a cama às 21h30. Curtos Atos de Fé, Esperança, Caridade e Contrição foram recitados por todo o grupo, incluindo o menino. Imediatamente depois das primeiras invocações da Ladainha, R teve um ataque. Ele lutou, chutou e cuspiu tanto que os três homens mal conseguiram contê-lo. Ao longo da noite, R quebrou o nariz do sr. Halloran e fez com que o nariz do padre Van Roo sangrasse. Os primeiros golpes foram certeiros, rápidos e mortais, apesar de os olhos de R estarem fechados. Após o "Praecípio", ele urinou de maneira copiosa e ao despertar reclamou da sensação de queimação. Houve quatro ou cinco momentos ao longo da noite em que ele urinou. Houve liberação de gases pelo reto diversas vezes.

A linguagem de R se tornou ofensiva e obscena. Ele encontrou um dos padres no inferno e afirmou que o ano era 1957. Demonstrou surpresa ao encontrar o padre no inferno. A conversa vil e imoral que se seguiu faz com que qualquer um estremeça. R falou sobre seu pênis como sendo um "pinto lindo, um pipi, um piu-piu, um pingolim... tão redondo, tão firme com uma ponta vermelha e um buraco no meio". Afastou a toalha do quadril e balançou o corpo de uma maneira sugestiva e bamboleante. Sua expressão era depravada e sugeria o abuso do sexo. Quando R de tempos em tempos voltava a si, ele dizia que os homens lá embaixo estavam usando linguagem obscena. R nunca teve o costume de usar expressões impróprias na sua vida normal.

Com mais contorções, latidos e cantoria, o garoto finalmente caiu em um sono natural às 2h30. Seu corpo estava mole e completamente exausto.

Quinta-feira, 24 de março

No presbitério. As atividades começaram às 21h45 e prosseguiram até as 2h30. O padre Bishop acreditava que essa seria a última noite, visto que era a festa de São Gabriel e o dia seguinte seria a festa de Anunciação. O padre Bowdern acreditava que a marca do "X" que apareceu em R na primeira noite do exorcismo deveria ser interpretada como o décimo dia, então não esperava que o diabo partisse antes da noite seguinte.

R tinha uma enorme força física. Quatro homens o seguravam. R executou toda uma gama de gritos, berros, latidos, cantos, expressões gentis, urina e gases fétidos. Um dos padres assistentes foi encontrado no inferno em 1956. Ele foi chamado de bundão e de mula. Michael, o trabalhador que ajudava R, foi vítima constante das imprecações amargas ou das rimas bobas do possuído. "Michael, forcado, pirado, chapado... Michael, você parece tão sujo."

A conversa mais obscena foi iniciada após a meia-noite da festa de Anunciação. R falou sobre beijar seu pinto e usá-lo para o prazer. Então ele dizia: "Ele não é lindo?" Ele se virou para os padres ao lado de sua cama. "Vocês também têm pintos grandes e gostam de esfregá-los para cima e para baixo... Você tem tetas grandes, sua vaca enorme." Então se seguiu um som de sucção. Ele gritou para o exorcista... "Parem com esse maldito latim... Fiquem longe de mim, seus desgraçados malditos."

Por volta das 2 horas, R percebeu durante seu ataque que os presentes iriam ficar até o fim. Com um tom recatado ele comentou: "Vocês gostam de ficar comigo. Bom, eu também gosto".

O Santíssimo Sacramento não surtiu nenhum efeito perceptível ao longo da noite.

R dormiu das 2h30 até as 11h30.

Sexta-feira, 25 de março

No presbitério. R estava muito inquieto e não conseguia dormir. O grupo de padres rezava do lado de fora do quarto. Por breves períodos R mergulhava em um repouso agitado que não era um sono verdadeiro. Em certa ocasião, R caiu da cama, mas não se machucou. Em seguida andou desajeitado para os braços dos padres Bowdern e Van Roo. Pouco antes da meia-noite, ele se deitou esticado de costas com os braços duros ao lado do corpo. Começou um movimento com as pernas e os braços, como um exercício de ginástica. Os braços se moviam para longe do corpo e depois voltavam em linhas retas para o lado do corpo. Não houve nenhum barulho.

Depois da meia-noite houve um pouco de agitação, mas não por longos intervalos. R xingou o pai e cuspiu nele, e então chutou os padres à sua volta. Empurrou uma cadeira perto dele com o pé diversas vezes e finalmente mergulhou em um sono profundo à 1 hora. Essa era a noite de sexta-feira, a décima desde o começo do exorcismo. Talvez o "X" que apareceu na primeira noite queria dizer dez dias. Na noite de segunda-feira, a casa de [NOME APAGADO] foi abençoada pelo padre Bowdern. Não ocorreu nenhum distúrbio nas noites de segunda-feira, terça-feira e quarta-feira, e R estava voltando à vida normal.

Quinta-feira, 31 de março

Às 23h30, R desceu ao primeiro andar e reclamou que estava se sentindo mal e que seus pés ficavam frios e depois quentes. Quando a família subiu ao quarto com ele, as perturbações começaram. Primeiro o chacoalhar da cama. Ele, então, começou a escrever no lençol com o dedo, explicando entre episódios que parecia estar lendo algo em um quadro-negro. A família não conseguiu decifrar o que ele estava escrevendo no lençol. Então o menino começou a falar, contando o que via no quadro-negro. Seguem as anotações feitas pela prima:

Ficarei dez dias, mas retornarei em quatro.
Se Robbie ficar (não informado)
Se você ficar e se tornar católico ele ficará longe.
[NOME APAGADO]
Deus vai retirá-lo quatro dias depois
de ele ter partido por dez dias.
Deus está ficando poderoso.
No último dia quando ele desistir ele
deixará um sinal na minha testa.
Padre Bishop — todas as pessoas que mexerem
[sic] [esse sic aparece no diário] comigo
vão sofrer uma morte terrível.

A família ligou para o presbitério por volta da meia-noite. Os padres Bowdern e VanRoo [sic] chegaram à casa por volta da 1 hora, e o padre Bowdern iniciou o rito de exorcismo.

Após o "Praecípio", R (sofrendo de um episódio) pediu um lápis. Neste ponto, e com frequência no começo dos episódios subsequentes, ele se dirigia a uma ou a duas pessoas: "Pete" (com mais frequência) e "Joe".

Depois de pegar o lápis, ele começou a escrever na cabeceira da cama, a qual estava coberta com um pano branco. O tipo de grafia e escrita de R foi repetida talvez oito ou dez vezes. A maior parte do que ele escreveu foi registrada. A família lavou a escrita algumas vezes, criando espaço para mais, e [NOME APAGADO] prendeu grandes folhas de papel de embrulho à cama. O que se segue é um registro da maior parte do que foi escrito, embora não esteja completo. Algumas das coisas escritas foram repetidas:

1). Em resposta ao primeiro conjunto de perguntas, ele escreveu o numeral romano X. (Com certeza era o numeral, pois havia barras em cima e em baixo). Isso foi escrito quatro vezes na primeira ocasião e foi repetido diversas vezes durante o exorcismo, geralmente em resposta à pergunta "diem".

2). Ficarei dez dias e então voltarei depois de passados quatro dias.

3). Sou o próprio Diabo. Vocês terão que rezar durante um mês em uma Igreja Católica.

4). (Em resposta à ordem para dar "nomen lingua Latina".)
Falo o idioma das pessoas. (a palavra "1dioma" foi escrita de forma errada).
Vou colocar na mente de Robert quando ele tomar uma decisão que os patres [*sic*] [esse *sic* aparece no diário] estão errados sobre escrever em inglês. Vou, quer dizer, o Diabo vai tentar fazer com que a mãe e o pai odeiem a Igreja Católica. Vou atender pelo nome Despeito.

5). Em dez dias colocarei um sinal no peito dele, ele terá que mantê-lo coberto para mostrar meu poder.

6). Ele desenhou uma coisa estranha que se parecia um pouco com um mapa, com "610 metros" escrito nele (aparentemente ligado aos primeiros sonhos sobre o tesouro escondido e um mapa para encontrá-lo). Acredito que tenha sido com essa conexão que ele também disse: "Sim, foi isso que consegui no tabuleiro Ouija". Ele também desenhou um rosto e escreveu as palavras: "Bishop morto".

7). Você pode não acreditar em mim. Então Robbie vai sofrer para sempre.

8). Quando ordenado que desse um sinal em latim, ele escreveu marcas sem sentido no papel, cujas letras não eram sequer do alfabeto romano.

Sexta-feira, 1º de abril

R estivera recebendo instruções sobre a doutrina católica desde quarta-feira, 23 de março, sob a orientação do padre McMahon. O pai e a mãe de R deixaram que o próprio filho escolhesse sua religião. Eles tinham concordado que R não seria confirmado na igreja luterana, como tinha sido planejado anteriormente.

Com a recaída na possessão depois de cinco dias de descanso, a mãe, o pai e R concordaram que o mais apropriado a fazer era batizar R como um católico. Padrinhos foram escolhidos e o grupo batismal deveria chegar à College Church entre as 20 horas e 20h30. Enquanto o grupo de cinco parentes deixava a casa de R, o garoto teve uma sensação estranha nos pés. Houve alterações de sensações quentes e frias, e então R teve um dos seus episódios. Ele começou dizendo: "Então vocês vão me batizar! Ha! Ha!... E acham que vão me expulsar com a comunhão! Ha! Ha!". R agarrou o volante do automóvel e seu tio foi forçado a subir na calçada para reprimir a violência. R se enrijeceu e lutou. Foi uma tarefa difícil tirá-lo do banco dianteiro e forçá-lo na traseira do carro. O pai e o tio seguraram o menino no banco traseiro enquanto a tia dirigia. Mesmo com uma supervisão cuidadosa, R deu um pulo para agarrar a tia enquanto ela dirigia. Um detalhe interessante é que o rádio do carro não funcionava enquanto R sofria um episódio, embora funcionasse antes e depois.

No presbitério da College Church outra disputa difícil fez com que fosse quase impossível para [ilegível] os homens carregarem R do carro para o presbitério. No interior do presbitério R gritou e cuspiu. Ele foi derrubado no chão de uma das saletas e continuou com sua violência física. Nem mesmo água fria surtiu muito efeito nele. O pai e o tio estavam totalmente exaustos devido à batalha.

R foi levado ao terceiro andar do presbitério e
posto na cama. Havia pouca esperança de que o batismo
pudesse ser realizado na pia batismal na presença dos
padrinhos escolhidos. Michael, o funcionário, foi
escolhido como representante. R entrava e saía de
seus ataques durante breves períodos, mas não havia
tempo para a longa declaração de fé e abjuração da
heresia. O padre Bowdern fez R repetir as palavras de
uma maneira mais breve. Depois o procedimento regular
para o batismo de bebês foi seguido. Contudo, quando
perguntaram ao garoto "Renuncias a Satã?", ele foi
acometido por um episódio. A ação foi repetida três ou
quatro vezes, mas R tinha ataques antes que pudesse
responder à pergunta com as palavras "Eu o renuncio".

Finalmente R ficou normal tempo suficiente para
dar as respostas. Quando o padre Bowdern chegou ao
batismo em si, a resistência física excedeu qualquer
violência dessa noite. R permaneceu consciente
para as palavras "Ego te baptizo in nomine Patris",
e então houve uma explosão violenta. Não obstante,
o batismo foi completado com uma generosa quantidade
de água batismal. A julgar pela reação, parece
que ou o batismo luterano não fora administrado
de maneira apropriada, ou não surtiu efeito algum.

Depois do batismo, as orações de exorcismo foram
retomadas. As costumeiras cusparadas, contorções,
insultos e violência física continuaram até as 23h30.

Sábado, 2 de abril

R acordou às 9h30, mas não estava calmo. Ele arremessou
um travesseiro contra a luminária e quebrou a cúpula
e a lâmpada. O guarda-louça em seu quarto também foi
quebrado. Essa era a manhã em que R deveria receber a
primeira comunhão. Os padres Bishop e O'Flaherty foram
chamados para ajudar o padre Bowdern na preparação da
comunhão. Ficou evidente que uma batalha se aproximava.
Não houve nenhuma dificuldade em passar pela confissão

condicional. Talvez essa quietude indicasse que o batismo da noite anterior tinha surtido efeito.

Quando o padre Bowdern deu início às orações para a comunhão, R teve um episódio, manteve os olhos apertados e a boca fechada, mas não foi difícil segurá-lo dessa vez. Ele resistiu por breves momentos, mas sempre que o padre Bowdern levava a partícula da Eucaristia para perto de R, o menino tinha um ataque. Em cinco ocasiões diferentes, quando a partícula foi colocada na boca de R, ele a cuspiu no corporal ou no purificador que era sempe [sic] seguro na frente da sua boca por precaução.

Depois de quase duras horas de tentativas vãs, o padre O'Flaherty sugeriu que rezássemos o rosário em homenagem à Nossa Senhora de Fátima, principalmente porque esse era o primeiro sábado do mês. Quando os padres tinham completado o rosário, foi feita outra tentativa com a comunhão. Dessa vez, R conseguiu engolir e fizera sua primeira comunhão com uma resistência extraordinária.

R acabou de se vestir e se preparou para ir para casa. O padre Bowdern pediu ao padre O'Flaherty que dirigisse enquanto ele próprio, o pai de R e R ficavam no banco traseiro. Eram aproximadamente 11h45. Após alguns poucos minutos com o carro em movimento, R pulou do assento e agarrou o padre O'Flaherty e teve que ser puxado para trás com muita força. R não voltou ao normal por mais de alguns minutos de cada vez durante o trajeto.

Em casa ele voltou a si por tempo suficiente para tomar um café da manhã bem generozo [sic]. Durante o restante do dia houve apenas breves intervalos de consciência. Os sacramentos tinham mexido mais com Satã do que qualquer outra coisa administrada pelos sacerdotes. A família estava com os nervos à flor da pele devido ao longo dia de luta. Os padres

Bowdern, Bishop e O'Flaherty, além do funcionário Michael, chegaram à casa de R às 19h40. Os episódios continuaram. Não houve nenhuma reação ao "Praecípio" antes das 20h40. Houve um breve episódio que durou menos de um minuto entre as 20h40 e 23h15. Durante esse período, R. tomou uma taça de sorvete.

Às 23h15, R correu para o andar de baixo e se sentou no braço de uma cadeira na sala de estar. Ele estava ficando tão nervoso que mal podia permanecer no quarto. O padre Bowdern temeu que R ficasse violento ali no primeiro andar, então pediu que o menino voltasse ao quarto. Ele subiu a escada trotando, de um jeito infantil, entrou no quarto e correu direto para o relicário da Santa Cruz. O padre O'Flaherty [sic] segurou a mão dele bem a tempo, mas R estendeu o braço para o Ritual aberto e arrancou quatro páginas da fórmula do exorcismo. Ele o apanhou com a velocidade de um raio.

Em seguida veio um episódio no qual o padre Bowdern ordenou que R respondesse ao "Praecípio" em latim — "Dicas mihi nomen tuum, et horam exitus tui finalis". As únicas respostas foram as repetições das palavras em latim seguidas de um comentário "Enfie isso no cu", ou de "Não!", ou por uma risada desdenhosa.

Às 00h15, os episódios prosseguiram com o mesmo tipo de respostas ao "Praecípio". Houve uma imitação atrapalhada das perguntas em latim. Entretanto, nesse estágio surgiram escritos no menino. As letras "GO" foram impressas em vermelho como na primeira noite de exorcismo. Ao comando, "dicas mihi tiem", três arranhões paralelos apareceram na coxa de R. Após "horam", um X foi marcado. Três [ilegível] foram marcados em diferentes partes do corpo de R.

À 1h15, R estava tão nervoso que implorou para sair da cama e sentar em uma cadeira. Suas mãos tremiam em um frenesi inquieto. Implorou que o pai o levasse

de volta a Washington no domingo; não conseguia
mais aguentar a provação; temia estar enlouquecendo.
O alívio chegou à 1h40 com um sono natural.

Domingo, 3 de abril

Às 7 horas, R arremessou um travesseiro contra a
luminária do teto, mas depois voltou a dormir. Houve
outro ataque breve às 8h30, mas R voltou a dormir
e acordou às 11h30, depois tomou café da manhã.

Por volta do meio-dia, R desceu para o primeiro andar,
mas sofreu episódios diversas vezes. No entanto, não
houve nada muito sério até as 16 horas. R participou
de um jogo de bola com o pai, dois tios e um primo.
Em um determinado momento, ele tentou jogar a bola
[sic] para o pai, mas começou a cambalear como um
bêbado. Seu pai correu para ajudá-lo, mas então
o menino começou a correr em linha reta através
dos gramados de dois dos vizinhos. Correu com os
olhos fechados e em alta velocidade. Três homens o
alcançaram e o carregaram de volta à casa. Na cozinha,
R levantou a pesada mesa com apenas uma perna.

R comeu muito pouco e não parecia normal. Em uma
ocasião, ele enrolou as pernas em volta de uma
das pernas de uma mesa e foi puxado para longe
pelo uso de força intensa e [ilegível].

Os padres Bowdern, Van Room [sic], Bishop e
O'Flaherty chegaram à csa [sic] às 19 horas.
Em poucos minutos, R teve um episódio no qual
agarrou a tia e teria arrancado seu vestido se
vários homens não tivessem ido ajudá-la.

R foi levado para cima enquanto lutava, mas voltou
a si pouco depois de ser jogado na cama. Aquele dia
era Domingo da Paixão, então os padres pensaram que
Deus colocaria um fim no sofrimento de R naquela

noite. O exorcismo foi retomado desde o princípio, mas não houve nenhuma resposta ao "Praecípio".

Um aspecto novo nessa noite foi um tipo de profecia diabólica a respeito do priminho de R, [NOME APAGADO]. Gritando e cantando em harmonia, ele a repetiu inúmeras vezes por aproximadamente dez minutos, "Você vai morrer esta noite. Você vai morrer esta noite". Foi difícil acalmar R de qualquer outra maneira a não ser por um travesseiro no rosto.

Das 21h30 à meia-noite não houve nenhum distúrbio a não ser pelo ronco e pelo sono agitado. Os padres foram embora à meia-noite; no entanto, mais problemas começaram à meia-noite e meia. Foi necessário amarrar os braços de R com fita adesiva e colocar luvas nas suas mãos. Depois ele reclamou da dor causada pela fita adesiva e de calor por causa das luvas. Contudo, quando a fita e as luvas foram removidas, o garoto voltou ao seu estado de violência. Eram 3h30 quando a calmaria chegou.

Segunda-feira, 4 de abril

Providências foram tomadas para que a família [NOME APAGADO] voltasse para Washington, D.C., no trem das 9h50. O pai de R perdera muito tempo de trabalho e a tensão com a família [NOME APAGADO] em Saint Louis estava ficando visível. Os padres Bowdern e Van Roo iriam acompanhar R e seus pais na viagem.

Foi difícil acordar R de seu zono [sic], mas água fria jogada no seu rosto o despertou tempo suficiente para que pudesse se vestir. Ele foi levado à estação ferroviária acompanhado do pai, da mãe, do tio e de um amigo da família. Não houve nenhuma dificuldade em subir a bordo do trem. R andava e conversava normalmente. O que aconteceu na viagem e depois dela fará parte de outro relatório.

Jesuítas que viram Robbie sob possessão:

Rev. George Bischofberger, S.J.
Raymond J. Bishop, S.J.
Joseph Boland, S.J.
William S. Bowdern, S.J.
Edmund Burke, S.J.
John O'Flaherty, S.J.
William Van Roo, S.J.
Sr. Walter Halloran, S.J.
Irmão Albert Schell, S.J.

CONTINUAÇÃO DO ESTUDO DE CASO INCLUINDO A VIAGEM A WASHINGTON, D.C., E A ESTADIA NA VOLTA A SAINT LOUIS.

Segunda-feira, 4 de abril

Não houve nenhum problema no trem no caminho a Washington durante o dia inteiro. Um breve episódio de violência ocorreu quando R se recolheu às 23h30.

Terça-feira, 5 de abril

R acordou normalmente no trem e foi levado para sua casa na [ENDEREÇO APAGADO] e sem nenhum incidente. Ao longo da manhã o padre Bowdern se encontrou com o padre Hughes, um pastor assistente na Saint James Church, em Mount Rainier, e descobriu que ele tinha tomado providências com o chanceler da arquidiocese de Washington para que o padre Bowdern tivesse permissão total para continuar o exorcismo. Nem o pastor, nem o assistente na Saint James, na paróquia na qual R. vivia, conseguiram assumir total responsabilidade pelo caso por falta de espaço para o menino. Foi considerado aconselhável por todos os envolvidos que R não fosse mantido em casa. Os padres Bowdern e Hughes tentaram diversos hospitais em Washington, mas, devido à natureza do caso, nenhum estava disposto a aceitar o fardo.

Quarta-feira, 6 de abril

Os padres Bowdern e Hughes foram de carro para Baltimore para indagar a respeito de um quarto no Seton Institute. As filhas da caridade estavam dispostas a aceitar o menino, mas os médicos foram contra, visto que o caso não era considerado psiquiátrico. Além disso, como o hospital dependia da ajuda do estado de Maryland, cada paciente tinha que ser incluído nos registros. Teria sido ruim ao extremo incluir um tratamento de exorcismo.

Com a decepção em Washington e em Baltimore, o padre Bowdern decidiu ligar outra vez para seus amigos devotos, os Irmãos Aleixanos em Saint Louis. Ele fez uma chamada interurbana e assegurou um lugar para R graças à gentileza do irmão-reitor (Cornelius).

R esteve normal durante o dia inteiro. Ele fez um pouco de exercício à tarde. Na hora de ir para a cama, teve um episódio muito leve que durou apenas alguns segundos e pode ter sido um pesadelo.

Quinta-feira, 7 de abril

Na [ENDEREÇO APAGADO], R esteve normal o dia todo. Ele trabalhou à tarde, revirou um pouco o solo e cortou a grama. Mas o episódio noturno durou cinco horas, das 21h15 às 2h15.
Marcas: R estava desperto. Durante o exorcismo, ao "Praecípio", pelo menos vinte marcas apareceram no corpo dele. Muitas delas surgiram com a menção do nome de Jesus enquanto ele recitava a Ave-Maria. A primeira marca era claramente o número "4". Algumas outras marcas podem também ter sido o número "4", mas eram obscuras. Ostras [sic; devia ser "Outras"] marcas: um risco smples [sic], riscos duplos, com a aparência de um tridente, riscos quádruplos ou marcas de garras apareceram diversas vezes com comprimentos diferentes na barriga ou nas pernas. Um conjunto dessas tais marcas

de garras descia a partir da coxa até o tornozelo,
arrancando uma casquinha de ferida perto do tornozelo.
Quando essas marcas apareceram, as mãos do menino
estavam sendo mantidas longe do seu corpo. Uma
marca surgiu na perna assim que ele voltou a se
deitar, depois da marca anterior ter sido notada.
A maior parte das marcas apareceu sob as roupas
ou pelo menos embaixo do lençol que o cobria.
Cuspe, violência.
Canto: cantoria de Ave-Maria.
Conversa obscena.
As palavras "HELL" e "CHRIST [CRISTO]" em grandes
letras maiúsculas escritas no próprio corpo com unhas.
Através de R o diabo disse que manteria os padres
ocupados até as 6 horas. Ele fez essa afirmação às
2 horas, quando todos estavam exaustos. Ele disse que
iria provar a ameaça ao fazer com que R acordasse de
imediato. Ele acordou assustado, mas os padres foram
liberados quando o sono profundo chegou quinze minutos
depois das 2 horas. Durante toda a possessão, parecia
que sempre que R ficava totalmente exausto, Deus o
deixava adormecer e ordenava que o diabo ficasse quieto.

Sexta-feira, 8 de abril

R esteve normal o dia todo. Houve uma sessão de
cinco horas durante a noite das 20h15 à 1h20.
Começou quando R estava sozinho no banheiro, poucos
minutos antes de os padres chegarem. Duas horas
e quinze minutos de enorme violência física. Meia
hora de choro. Então se seguiram episódios breves
até à 1h20: violência, cuspes, imitações deturpadas
de perguntas em latim, cantoria do "Danúbio Azul",
Ave-Maria etc. Houve expressões e movimentos
obscenos e ataques vulgares contra aqueles em
volta da cama sobre masturbação e anticonceptivos,
relações sexuais de padres e freiras.

Irritado e impaciente depois de uma luta demorada.
Os padres Hughes e Canning chegaram com o

Santíssimo Sacramento por volta das 23 horas.
A casa foi abençoada pelo padre Hughes. Por duas
vezes, R arremessou o travesseiro na direção do
Santíssimo Sacramento. Ele tomou um sedativo,
o cuspiu fora, mas depois finalmente o engoliu.

Sábado, 9 de abril

Na viagem de volta a Saint Louis, R esteve
normal o dia inteiro. Ele sofreu um breve
episódio quando se recolhia à noite.

Domingo, 10 de abril

Quando R voltou para Saint Louis, ele foi levado
imediatamente para o Alexian Brothers Hospital.
Lá, os irmãos o levaram para uma das suas salas
particulares para passar o dia. Os padres Bowdern,
O'Flaherty, Van Roo e Bishop chegaram ao hospital pouco
depois das 19 horas. R foi levado ao quinto andar, onde
ocupou o mesmo quarto que lhe fora reservado em sua
primeira visita. O exorcismo foi terminado e inúmeros
rosários recitados, mas não houve perturbação alguma.
R caiu em um sono benigno por volta das 23 horas,
mas os padres decidiram acordá-lo depois da meia-
noite para lhe darem a comunhão. R estava tão fatigado
que parecia quase impossível mantê-lo acordado por
mais do que alguns segundos de cada vez. Quando os
padres planejavam abandonar o experimento, R ficou
normal e conseguiu receber a comunhão sem nenhum
esforço especial. O Santíssimo Sacramento trouxe
paz para R. Ele voltou a se acomodar no travesseiro
com um sorriso e logo estava dormindo a sono cheio.
Nada perturbador aconteceu ao longo da noite.

Segunda-feira, 11 de abril

O irmão Emmet manteve R ocupado com trabalhos
manuais no seu andar do hospital e, mais
importante, ganhou a amizade e a confiança do

menino para que o ambiente psiquiátrico se
tornasse mais compreensível e agradável.

Os padres Bowdern, Van Roo, Bishop e o sr. Halloran
chegaram ao hospital às 20 horas. O padre Bishop
levou alguns livros e histórias católicas para R
para que ele pudesse estudar e ler outras coisas
além do catecismo. R foi para a cama às 21 horas e
o exorcismo foi concluído. Houve muitas razões para
que esperássemos uma noite tranquila. Enquanto os
padres recitavam o rosário, R sentiu uma pontada no
peito, mas um exame mostrou apenas uma mancha vermelha.
O rosário foi retomado até R. ser atingindo com mais
intensidade por uma marca no peito. As letras eram
maiúsculas e liam-se na direção da virilha do menino.
A palavra "EXIT" [SAÍDA] parecia muito claro. Em outra
marca, uma seta grande, seguiu a palavra "EXIT" e
apontava para o pênis de R. A palavra "EXIT" apareceu
em três momentos diferentes em diversas partes do
corpo do possuído. R sentiu dores terríveis nos rins
e no pênis. Chorou devido à sensação de queimação.
Quando urinava, reclamava ainda mais da dor intensa.

À meia-noite, os padres planejaram dar a R a comunhão,
mas Satã não permitiria. Mesmo enquanto a instituição
do Santíssimo Sacramento era explicada a R, seu corpo
se enchia de arranhões e marcas. A palavra "HELL"
foi gravada no peito e na coxa. Depois da explicação
sobre os apóstolos se tornando padres e recebendo
Nosso Senhor na Última Ceia, arranhões surgiram dos
quadris até os tornozelos de R em linhas grossas,
aparentemente como protestos contra a comunhão.

Quando o padre Bowdern tentou dar a R uma pequena
partícula da hóstia sagrada, o menino foi dominado
por uma rápida convulsão, e o diabo disse que
não iria permitir que R a recebesse. Depois de
quatro ou cinco tentativas, foi decidido que uma
comunhão espiritual teria que ser suficiente.
Mas até mesmo a pronunciação das palavras "Eu quero

receber-Vos em comunhão" foi interrompida por uma convulsão antes da palavra "comunhão".

Com base em todas as outras indicações ao longo da noite, parecia que as tentativas de administrar o sacramento da eucaristia inflamavam o diabo mais do que o normal. Ele passou pela rotina de luta, latidos, xingamentos, ofensas, cusparadas e [ilegível], mas não demorou mais do que o normal. Não houve sono tranquilo até as 21 horas. Um dos eventos edificantes da noite foi a devoção dos Irmãos Aleixanos com as orações constantes e atitude profissional ao lado do leito.

Terça-feira, 12 de abril

As atividades começaram depois de terminadas as orações de exorcismos. Durante a declamação geral do rosário pelos padres e irmãos, as proezas costumeiras começaram, mas com a omissão dos escritos no corpo de R. O barulho e a cantoria foram muito perturbadores para todos. R não deu nenhuma resposta ao "Praecípio", exceto para imitar as palavras em latim, para depois rir ou dizer "Enfie isso no cu".

Uma nova fase foi a demonstração do poder do diabo sobre os sentidos e a personalidade externa de R. Em certo momento, o diabo disse que faria R acordar e o menino estaria agradável e encantador. A promessa do demônio foi verdadeira. Poucos minutos depois, o diabo disse que faria R acordar, mas dessa vez ele seria detestável. Verdadeiro à sua promessa, R saiu do episódio muito irritável e reclamou de uma maneira extremamente amarga com aqueles que o seguravam.

Inúmeras tentativas foram feitas para dar a R a comunhão depois da meia-noite, mas cada tentativa foi infrutífera. O diabo mostrou definitivamente que ele não era R falando, pois disse: "Não permitirei que Robbie receba a comunhão". Era quase 1h30 quando um sono tranquilo o acometeu.

Quarta-feira, 13 de abril

R recebeu a comunhão ao acordar de manhã sem encontrar dificuldades. Durante a tarde R foi levado à Casa Branca (casa de retiro) e visitou a capela, assim como as Estações da Via-Sacra ao ar livre. Na décima quarta estação, quando R se encontrava o mais distante do automóvel, ele teve um episódio e precisou ser carregado de volta ao carro à força. O ataque durou vinte minutos.

À noite, R estava pronto para ir para a cama às 20h45. Ele estava animado e alegre e gostou principalmente de alguns quebra-cabeças que o padre McMahon e [*sic*] tinham lhe dado. Quando estava sentado na cama e antes de qualquer oração começar, R sofreu um ataque rápido mas violento. Aos exorcistas pareceu que essa seria uma noite importante. R falou quase de imediato e disse que Deus lhe ordenara que partisse às 23 horas dessa noite, mas que ele não iria embora sem lutar. Ele provou essa última parte da promessa ao demonstrar uma força física relativamente maior do que das vezes anteriores. Ele permaneceu nesse estado por vinte minutos enquanto o padre Bowdern trabalhava no exorcismo e os irmãos rezavam o rosário em homenagem à Nossa Senhora de Fátima.

No "Praecípio", o padre Bowdern tinah [*sic*] sempre insistido em obter uma resposta em latim e manteve essa exigência. O diabo ignorou a ordem, respondeu em Pig Latin, imitou de maneira brincalhona as ordens ou usou a expressão costumeira "Enfie isso no cu". Ele começou a cantar as palavras "enfie, enfie isso". Em nenhum momento até então o diabo respondera em latim, embora sua imitação do latim fosse clara e distinta.

Expressões obscenas e ameaças condenatórias para aqueles ao lado da cama prosseguiram como nas outras noites. Um novo tom da noite foi a gritaria estridente e incômoda de "Fogo!". Às 22h45, R começou a imitar o som do enorme sino da igreja que anunciava as 23 horas. Ele sustentou o som do "que" ao final da palavra "bongue". Depois desse horário, os mesmos sons do sino da catedral foram repetidos, mas ficou muito evidente que o diabo enganara a todos com seu primeiro comentário da noite.

Depois da meia-noite, foram feitas tentativas infrutíferas de dar a R a comunhão. Satã disse de novo que não iria permitir isso. Ele riu a cada tentativa. R não conseguia repetir a palavra "comunhão" antes de sofrer um episódio.

Os irmãos já tinham rezado com coragem durante muitas horas quando a meia-noite chegou. Eles completaram mais de cinquenta dezenas do rosário, e a ajuda com as orações é digna do maior elogio. Uma adoração contínua ao Santíssimo Sacramento foi iniciada pelos irmãos na noite de segunda-feira ou terça-feira.

Quinta-feira Santa — Sexta-feira Santa — Sábado Santo, 14, 15, 16 de abril

R recebeu a comunhão do capelão do hospital, o padre Widman, na manhã de quinta-feira. Os padres chegaram para as orações de exorcismo à noite. Os irmãos continuaram rezando o rosário. Não houve nenhuma reação antes ou depois da meia-noite da quinta-feira. Os padres foram informados nessa noite que o irmão-reitor tinha comprado uma nova estátua da Nossa Senhora de Fátima e mandou que fosse colocada em um local conspícuo no corredor do primeiro andar do hospital. Ela foi dedicada à Santa Virgem com o pedido de que Nossa Senhora de Fátima intercedesse por R na sua provação. Os irmãos prometeram devoções à Nossa Senhora de Fátima por toda a comunidade caso R fosse poupado de mais aflições.

Não ocorreu nenhuma perturbação de qualquer tipo na Quinta-feira Santa, na Sexta-feira Santa ou no

Sábado Santo. R ouviu com atenção à missa Tre Ore
transmitida pela rádio WEW na Sexta-feira Santa.

No Sábado Santo, o irmão-reitor comprou uma
pequena estátua colorida de São Miguel Arcanjo.
A estátua foi colocada no quarto de R. Deve ser
observado aqui que uma das orações mais eficazes
do exorcismo era aquela dedicada a São Miguel.

Depois da meia-noite do sábado, providências
foram tomadas para que R fosse acordado para a
comunhão das 6h30 e que ele comparecesse à segunda
missa na capela dos irmãos na manhã de Páscoa.

Domingo de Páscoa, 17 de abril

O padre Widman, capelão do hospital, fez três
tentativas infrutíferas de dar a R a comunhão no
seu quarto. Depois de alguma espera e alguns tapas
no garoto, a quarta tentativa foi bem-sucedida.

O irmão Theophane, que era o enfermeiro de plantão
no quarto de R, lia o Ofício da Santa Virgem. Eram
por volta das 6h45, quando ele chegou ao "Regina
Caeli", e R pulou da cama, em seguida agarrou o
Ofício das mãos do irmão e estendeu os braços
para o escapulário do hábito do irmão que estava
em uma cadeira próxima. R lutou e cuspiu no irmão
e pisoteou o escapulário em uma dança indígena de
guerra. O diabo disse: "Não permitirei que ele vá
à missa. Todos pensam que isso vai lhe fazer bem".
Foi impossível levar R à capela devido aos ataques
frequentes. O padre Bowdern foi chamado ao hospital,
e pouco depois da sua chegada, o episódio acabou.
Não houve mais nenhuma reação até o anoitecer.

À noite, R estava passando um tempinho brincando com os
irmãos fora do hospital. O irmão Emmet estava acompanhando
R de volta ao porão do hospital quando o menino foi
dominado por um episódio violento. O irmão estava sozinho

e gritou pedindo ajuda, mas demorou um pouco até que outros irmãos o ouvissem. O irmão Emmet estava muito cansado por causa da luta. R foi carregado para o elevador e colocado no seu quarto no quinto andar. De imediato, os padres começaram as orações de exorcismo e as costumeiras indicações de violência continuaram. O diabo demonstrou seu poder mais uma vez dizendo que faria com que R acordasse e pedisse uma faca. Ele tinha ameaçado matar aqueles que o molestassem enquanto estivesse sofrendo de um ataque. Quando R saiu do episódio, ele pediu uma faca para que pudesse cortar um ovo de Páscoa. Um pouco mais tarde, o diabo disse que faria com que R acordasse e pedisse um copo de água, e o garoto seguiu o plano.

Não houve nenhuma resposta ao "Praecípio", exceto comentários provocadores direcionados aos exorcistas. Todos, incluindo R, estavam se cansando do desempenho prolongado. O possuído só adormeceu à meia-noite. Os padres deixaram o hospital às 00h45.

Segunda-feira, 18 de abril

8h —
R acordou depois de um episódio, chutando o irmão ao lado da cama. Ele pulou da cama, apanhou a garrafa de água benta, ameaçou jogá-la nos irmãos, depois borrifou água na direção deles. Finalmente, jogou a garrafa por cima das cabeças deles, quebrando-a contra o teto.

8h15 —
O padre Widman tentou dar a R a
comunhão. Foi impossível.
Cusparadas. Incapaz de até mesmo fazer a comunhão espiritual. Fez uma comunhão espiritual. O
diabo então o dominou e disse que um demônio tinha partido e que R precisaria fazer mais
nove comunhões (sacramentais ou espirituais, aparentemente) e então ele deixaria seu corpo.
R continuou incapaz de fazer a comunhão espiritual ou de receber o sacramento por mais uma hora.

10h —
Houve mais episódios durante tentativas
de fazer a comunhão espiritual.
R conseguiu dizer: "Eu desejo receber-Vos".
(Isso foi tudo que o padre queria que ele
tentasse dizer, já que era o bastante.)
O diabo riu e disse: "Isso não é o suficiente. Ele tem
que dizer mais uma palavra, uma palavrinha. Quer dizer,
uma palavra GRANDE. Ele nunca vai dizê-la. Ele tem que
fazer nove comunhões. Ele nunca dirá a palavra. <u>Estou
sempre com ele</u>. Posso não ter muito poder o tempo todo,
mas estou dentro dele. Ele nunca dirá a palavra".
Diversos episódios: violência, cantoria, micção.

11h30 —
R disse que estava com fome e que queria tomar um
banho e comer. Nós o deixamos esperando até o meio-
dia. Então, lhe demos uma bandeja: bolo, sorvete,
leite. Ele arremessou o copo contra a parede,
espalhando cacos de vidro por toda parte. Violência
intermitente até mais ou menos 13h30. R estava
muito desencorajado, desgostoso e mesquinho.

À tarde, os irmãos levaram para ele uma porção de
carne fatiada e colocaram a bandeja de R em uma
mesinha no quarto. R pegou o prato, correu até
a janela, segurou o prato na palma da mão em um
ângulo quase perpendicular e desafiou os irmãos a se
aproximarem. Um dos irmãos rastejou por baixo da cama
para agarrar os pés do menino, o outro deu a volta
pela cama para prender seus braços, mas o prato foi
disparado com força contra a parede oposta. Ninguém
foi ferido, mas o objeto se quebrou em pedacinhos.

Na viagem até o hospital nessa noite, os padres
tinham decidido que no "Praecípio" o padre Bowdern
pediria respostas em inglês. Além disso, as medalhas
deveriam ser mantidas em R a despeito dos seus
protestos contrariados. Um crucifixo deveria ser
colocado na mão do possuído quando este estivesse

sofrendo um episódio. Essas decisões foram discutidas e executadas graças às informações reunidas a partir da leitura de inúmeros outros casos de possessão.

Os padres Bowdern, O'Flaherty e Bishop chegaram ao hospital às 19 horas. O padre Van Roo estivera com R durante grande parte do dia, mas foi liberado pelos irmãos pouco antes da refeição noturna.

R pediu para telefonar para a mãe, mas, no caminho até o telefone, teve um episódio e precisou ser carregado de volta ao quarto em um estado violento.

O padre Bowdern leu o rito de exorcismo em voz baixa. Quando chegou às palavras "Tu pax confirmes, Tu fiscera regas", ele abençoou R com sinais da cruz. De imediato, R repetiu as expressões perfeitamente e quis saber seus significados. Ele repetiu as frases em latim muitas vezes depois disso. Os sinais da cruz e o crucifixo foram muito eficazes. R lutou com determinação quando o crucifixo foi forçado na sua mão. Em certo momento, jogou o crucifixo para longe.

Em seguida, o padre O'Flaherty começou a ensinar a R a primeira metade da Ave-Maria em latim, porque R tinha expressado um interesse verdadeiro pelo idioma. No intervalo de quinze minutos, R conseguia recitar uma boa parte da oração sem ajuda. Depois do teste de memória, o padre O'Flaherty contou ao garoto a história completa da Nossa Senhora de Fátima, na qual R prestou muita atenção. Um pouco mais tarde, ele pediu um livro católico que continha prosa e verso da oitava série, e depois folheou as diversas histórias sentado na cama. Por último, de um jeito infantil, começou a equilibrar o livro sobre os joelhos e a cabeça.

R sofreu um ep1sódio [*sic*] enquanto mantinha o livro sobre os joelhos e de imediato o livro foi jogado a um canto do quarto. Das 21h30 às 23 horas, R entrou e saiu das convulsões. Durante os momentos calmos, a oração mais impressionante da noite foi R guiando o rosário, enquanto os padres e os irmãos respondiam. A reverência do menino pareceu realmente excepcional.

R esteve mais cooperativo nessa noite do que jamais esteve antes. Ele sentia que devia rezar sempre que saía de um ataque. Perguntou se poderia fazer comunhões espirituais por conta própria e imaginou se ele mesmo causaria um ataque através das suas orações. Seus esforços para fazer a comunhão espiritual causaram ataques em momentos diferentes. Sempre que estava em um estado normal, ele retomava as orações. Afirmou diversas vezes que via mais luz a cada episódio. A luz parecia ser o fim de um túnel escuro.

R reclamou inúmeras vezes que as medalhas [sic] em volta do pescoço estavam quentes e pediu que fossem retiradas, mas elas não foram. O padre Bowdern forçava um pequeno relicário em forma de crucifixo na mão de R quando este sofria um episódio. A reação às medalhas e ao crucifixo foram excepcionais. Quando o padre Widman abençoou R com o crucifixo da sua ordenação e pediu que R beijasse a imagem, o menino teve um ataque.

Durante todos os ataques mencionados acima, o padre Bowdern continuou com o "Praecípio" e pediu que as respostas fossem dadas em inglês. Esse procedimento foi uma mudança na rotina habitual. Nos comandos até este ponto, tinha se insistido no latim. O diabo, em uma ocasião, 31 de março, tinha escrito que os padres estavam errados em pedir respostas em latim e afirmou que usava o idioma da pessoa possuída. Enquanto o padre Bowdern usava o "Praecípio", o padre Bishop repetiu diversas vezes a oração de exorcismo a São Miguel.

†

Nota do autor: a fotocópia do documento datilografado com espaçamento simples de 24 páginas que o padre Halloran me deu termina neste ponto. Parece que outras páginas foram perdidas ou omitidas quando esta cópia foi encontrada no Alexian Brothers Hospital (vide Capítulo 14). Eu obtive as páginas 25 e 26, as páginas finais, de outra fonte, um padre que tinha um arquivo completo do exorcismo de Saint Louis. Ele usa o arquivo como guia para outros exorcismos, como era a intenção do padre Bowdern. A página 25 dá continuidade aos eventos da segunda-feira, 18 de abril:

Às 22h45, ocorreu o evento mais impressionante
da noite. R sofria um episódio, mas deitava-
se calmo. Em tons nítidos e autoritários, e com
dignidade, uma voz interrompeu as orações.
O que se segue é uma citação precisa:

"Satã! Satã! Eu sou São Miguel e ordeno-te, Satã, e os
outros espíritos malignos, a deixarem o corpo em nome
de Dominus. Imediatamente! Agora! AGORA! AGORA!"

Então aconteceram as contorções mais violentas
de todo o período do exorcismo, ou seja, desde
16 de março. Talvez essa fosse a luta final.
O padre O'Flaherty e os irmãos estavam cansados
e fisicamente doloridos devido ao esforço. Depois
de sete ou oito minutos de violência, R, em um tom
de alívio total, disse: "Ele se foi!" De imediato
R voltou ao normal e disse que se sentia bem.

R agora explicou o que viu. Disse que havia uma luz
branca ofuscante, e nessa luz encontrava-se um homem
muito bonito, com cabelo ondulado esvoaçante que era
soprado pela brisa. Ele usava um manto branco que se
ajustava ao seu corpo. O material dava a impressão de
ser escamas. Apenas a parte superior do corpo desse
homem era visível a R. Na mão direita, ele estendia
uma espada que ondulava em chamas. Com a mão esquerda,
o homem apontava para um abismo ou caverna.

R disse que viu o diabo em pé na caverna. Ele sentiu
o calor que emanava da caverna e viu as chamas.
A princípio, o diabo lutou, resistindo ao anjo
e dando risadas diabólicas. Então o anjo sorriu
para R e falou algo, mas o garoto ouviu apenas a
palavra "Dominus". Assim que o anjo se pronunciou,
o diabo e aproximadamente dez dos seus ajudantes
correram de volta ao fogo da caverna ou abismo.
Depois de o demônio desaparecer, a palavra "SPITE"
[DESPEITO] surgiu nas barras da caverna. Enquanto
as criaturas do mal desapareciam no abismo, R sentiu
um puxão ou tranco na região do estômago. À medida
que os diabos desapareciam, ele sentiu algo se
partir e, então, ficou mais calmo. Disse que essa
foi a sensação mais relaxante que sentira desde
o começo de toda aquela experiência em janeiro.

R narrou sua experiência visual às 23 horas.
Essa era a hora aproximada na qual as manifestações
do diabo começaram na [ENDEREÇO APAGADO],
na noite do dia 15 de janeiro de 1949.

Depois da meia-noite, R conduziu outro
rosário, e os padres e irmãos responderam.
Ele estava sereno e tranquilo.

Providências foram tomadas para que o padre
Van Roo, S.J., rezasse a missa para R na capela
do hospital às 9h30 da manhã de terça-feira.

Terça-feira, 19 de abril

R foi acordado de um sono pesado e levado à capela,
onde presenciou a primeira Santa Missa desde que
se tornara católico. Também recebeu a comunhão,
no anteparo do altar, sem nenhuma dificuldade.
R prometeu rezar dez rosários ao longo do dia,
dando graças à Nossa Senhora de Fátima. Quando
os padres [ilegível] à noite, R tinha mais um

rosário para rezar, portanto os padres e os
irmãos se juntaram a R para dar as graças.

Desde as 23 horas da segunda-feira, não houve
nenhuma indicação da presença do diabo.

- Datado da Festa de São Marcos, 25 de abril de 1949.

†

A página 25 termina aqui. A página 26 encerra o diário:

Acompanhamento:
Dezenove de agosto de 1951. R, o pai e a mãe visitaram
os irmãos. R, agora com dezesseis anos, é um bom rapaz.
Seu pai e sua mãe também se tornaram católicos após
receberem a primeira comunhão no dia de Natal de 1950.

†

Datilografado em uma outra máquina de escrever:

8/11/70
Verificado a residência de (NOME APAGADO)
com a telefonista... (NOME APAGADO) vive em
(ENDEREÇO APAGADO) agora vive em (ENDEREÇO APAGADO).
O número de telefone não consta na lista.

K. Alford

THOMAS B. ALLEN

EXORCISMO

NOTA DO AUTOR

Quando a primeira edição deste livro foi publicada, inúmeras pessoas que sabiam sobre exorcismo se manifestaram e me contaram o que sabiam. Em grande parte, elas confirmaram detalhes do livro. Diversos parentes do padre Bowdern em Saint Louis me disseram que eu o descrevera com exatidão. Contudo, eu não tinha me dado conta do fardo terrível e contínuo que o exorcismo tinha sido. Eles me contaram que o padre sofrera, mental e fisicamente, em silêncio, pelo restante da vida. Ele foi um herói secreto para aquelas poucas pessoas que sabiam de sua provação como um exorcista.

†

Meu interesse por este exorcismo começou quando li um artigo de dois parágrafos na coluna Personalidades do *Washington Post*. Ele dizia que o padre Walter Halloran, S.J., em uma entrevista publicada por um jornal de Nebraska, conversara sobre um exorcismo do qual tinha participado. O padre Halloran se tornou difícil de contatar após essa entrevista. Quando o encontrei, ele era um pastor de uma igreja em uma cidadezinha no sudoeste de Minnesota. Ele concordou em conversar comigo, um pouco cauteloso a princípio, mas depois mais caloroso. Nós nos tornamos mais do que apenas escritor e fonte, nós ficamos amigos. Nos demos bem tão depressa, acredito, porque ambos somos descendentes de irlandeses e temos um vínculo jesuíta — ele era um membro da Companhia de Jesus e eu frequentei uma escola jesuíta.

Acredito que o padre Halloran pôde entender a minha curiosidade a respeito do exorcismo assim que lhe contei que tinha frequentado uma escola jesuíta. Se existe uma coisa que você aprende com professores jesuítas é a ser curioso sobre tanto o sagrado quanto o profano. E você aprende que nada, neste mundo ou no além, pode ser dado como certo.

Admiro os jesuítas há muitos anos. Acho que o leitor deve ter percebido isso. O colégio jesuíta em que me formei é o Fairfield College Preparatory School, em Fairfield, Connecticut. Além disso, frequentei a adjunta Fairfield University por dois anos.

Eu estava trabalhando em um jornal e, dada a necessidade de terminar a faculdade frequentando aulas noturnas, me transferi da Fairfield para a University of Bridgeport, na qual me formei. Minha grade curricular da faculdade lista, por ter sido transferida da Fairfield University, um curso sobre catolicismo romano. A University of Bridgeport aceitou o curso como parte das "ciências humanas".

Na época em que deixei os jesuítas da Fairfield University, a religião católica realmente fazia parte da minha natureza humana, embora não da minha vida diária. Eu já não era um católico praticante. Porém, levei comigo uma imagem nascida dos filmes da Segunda Guerra Mundial: a Gestapo abre a minha porta aos pontapés e exige saber se sou católico. Eu respondo que sim, não porque *seja* católico, mas porque já fora um, e meu catolicismo está profundamente enraizado em mim para que seja descartado. Apesar de não praticar mais a religião, não posso me livrar dela e não quero fazer isso.

Assim que comecei a fazer a pesquisa para este livro, encontrei uma oração que eu rezara repetidas vezes enquanto crescia. "São Miguel Arcanjo", ela começava, "protegei-nos no combate; defendei-nos com vosso escudo contra as armadilhas e ciladas do demônio. Deus o submeta, instantemente o pedimos, e vós, príncipe da milícia celeste, precipitai no inferno a Satã e aos outros espíritos malignos que andam pelo mundo procurando perder as almas." Eu acreditava nessa oração, palavra por palavra. Não acredito nela agora. Contudo, acredito mesmo no bem e acredito mesmo no mal.

Fui coroinha e aprendi a pronunciar as respostas estranhas e solenes em latim, respondendo *et cum spiritu tuo* quando o padre dizia *Dominus vobiscum*. Ajoelhado no altar durante a missa, eu recebia a comunhão e acreditava que o que o padre colocava na minha língua trêmula e estendida era o Corpo e o Sangue de Cristo. Frequentei as escolas paroquiais Saint Charles e Saint Patrick e aprendi minha religião a partir de histórias encantadoras e aterrorizantes contadas por freiras devotas e do formato pergunta e resposta de *O Catecismo de Baltimore*.

Na Fairfield Prep, os jesuítas me guiaram para outro mundo católico romano, onde a realidade histórica prevalecia sobre as histórias sagradas, onde tanto o professor quanto o pupilo podiam fazer perguntas que não tinham respostas prontas. Eu ainda ia à missa, embora não mais como coroinha. Os jesuítas me ensinaram latim, não porque na época era o idioma da missa, mas porque acreditavam que o conhecimento do latim era essencial para a minha educação. Eu agora podia traduzir o murmúrio cerimonioso da missa para palavras do meu dia a dia. *Dominus vobiscum. Et cum spiritu tuo* significavam apenas "que o Senhor esteja convosco. E com o vosso espírito".

Com os jesuítas, o estudo do catolicismo se tornou um curso chamado apologética, uma defesa sistemática da doutrina e da tradição católicas. Os jesuítas colocavam muito mais ênfase na análise rigorosa do catolicismo do que em santos e relíquias. Porém, os santos e as relíquias ainda estavam lá, junto com a missa e a comunhão. No topo de toda folha de papel escolar, quer o curso fosse geometria ou apologética, eu escrevia *A.M.D.G.*, as iniciais de *Ad Majorem Dei Gloriam* — Para maior glória de Deus —, o lema da Companhia de Jesus. No primeiro dia de aula, os jesuítas disseram que fizéssemos isso, e nós sempre o fazíamos. Essa instituição mística do catolicismo — graças a Deus — permaneceu em seu lugar em todas as salas de aulas jesuítas. Havia um *você*, o seu eu físico, aprendendo a viver neste mundo. E havia o *vosso espírito*, a alma, o eu espiritual, a essência da sua natureza humana.

Foi com os jesuítas que aprendi a respeito do agnosticismo. Sempre que exibiam uma palavra pela primeira vez, eles sempre mostravam as raízes: "do latim para..." ou "do grego para...". *Agnóstico* vem do grego para "desconhecido". Apreciei a palavra assim que a aprendi. De imediato comecei a perambular por aí como um aluno agnóstico do segundo ano, me sentindo orgulhoso por ter feito Deus um desconhecido, um incognoscível. Afinal, meu agnosticismo passou a ficar mais confortável, mais como uma parte real de mim do que algo que eu tenha vestido para uma certa ocasião.

Escrevi este livro como um jornalista que tenta contar uma história da maneira mais direta e minuciosa possível. Nunca antes tinha sentido a necessidade de mostrar minhas credenciais dessa maneira. No entanto, queria que meus leitores soubessem que o que eles leram foi escrito por um agnóstico criado como católico, educado por jesuítas e que ainda se pergunta a respeito do significado de *spiritus*.

THOMAS B. ALLEN
EXORCISMO

BIBLIOGRAFIA

BALDUCCI, Corrado. *The Devil* [O diabo]. Traduzido e adaptado por Jordan Aumann, O.P. New York: Alba House, 1990.

_____. "Parapsychology and Diabolic Possession" [Parapsicologia e possessão demoníaca], International Journal of Parapsychology. 8 (1966): 193-212.

BRIAN, Denis. *The Enchanted Voyager* [O viajante encantado]. New York: Prentice-Hall, 1982.

CORTES, Juan B., S.J. e Florence M. Gatti, L.L.B.[1] *The Case Against Possessions and Exorcisms* [O caso contra possessões e exorcismos]. New York: Vantage Press, 1975.

FAHERTY, William Barnaby, S.J. *To Rest in Charity, A History of the Alexian Brothers in Saint Louis* (1869-1984). [Descanso em caridade: Uma história dos Irmãos Aleixanos em Saint Louis]. Saint Louis: River City Publishers, 1984. Faherty, que dedica quatro páginas ao exorcismo no Alexian Brothers Hospital, conversou com os padres Bowdern e Kenny e teve acesso aos arquivos da arquidiocese de Saint Louis. O livro carrega o *imprimatur*[2] do vigário-geral da arquidiocese de Saint Louis. A circulação do livro é controlada pelos aleixanos e suas informações sobre o exorcismo não são amplamente conhecidas.

GAULD, Alan e Cornell, A.D. *Poltergeists*. London: Routledge & Kegan Paul, 1979.

HARNEY, Martin P., S.J. *The Jesuits in History* [Os jesuítas através da história]. Boston: Boston College, 1941.

HUXLEY, Aldous. *The Devils of Loudun* [Os demônios de Loudun]. New York: Harper and Brothers, 1953.

MCDONOUGH, Peter. *Men Astutely Trained — A History of the Jesuits in the American Century* [Homens astutamente treinados:

Uma história dos jesuítas no século americano]. New York: Free Press, 1992.

NICOLA, Rev. John J. *Diabolical Possession and Exorcism* [Possessão demoníaca e exorcismo]. Rockford, Ill: TAN Books, 1974.

_____. *Is Solemn Public Exorcism a Viable Rite in the Modern Western World? A Theological Response* [O exorcismo público solene é um rito viável no mundo moderno ocidental? Uma resposta teológica]. Pontifical Gregorian University, Roma, 1975.

OESTERREICH, T.K. *Possession: Demoniacal & Other* [Possessão: demoníaca & outras]. New York: University Books, 1966. *Possession*, publicado pela primeira vez em 1921 na Alemanha, foi publicado em inglês em 1930, com a tradução autorizada por D. Ibberson. A University Books o republicou em 1966. O livro examina de maneira convincente inúmeros casos de possessão de um ponto de vista psiquiátrico. O livro é sem igual em sua análise da possessão como um fenômeno mundial.

RAPOPORT, Judith L., M.D.[3] *The Boy Who Couldn't Stop Washing* [O menino que não conseguia parar de se lavar]. New York: Signet, edição de dezembro de 1991.

_____. *O Ritual Romano (Rituale Romanum)*, 1614. Traduzido e editado pelo padre Philip T. Weller, 1950. Foi-me permitido ler e fotocopiar páginas desta edição na Woodstock Theological Library, da Georgetown University. *Nicola* me garantiu que a sessão de exorcismo na edição de 1950 era exatamente igual a qualquer outra edição que os padres estivessem usando em 1949. Comparações das orações no *Diário* e no *Ritual* corroboram isso. Nenhuma mudança substancial no *Ritual* foi feita até o Concílio Vaticano II, que terminou em 1965.

THURSTON, Herbert, S.J. *Ghosts and Poltergeists* [Fantasmas e poltergeists]. Chicago: J.H. Crehan, 1954.

---

[1] *Legum Baccalaureus* — Bacharel em Direito. [NT]
[2] *Imprimatur* é uma declaração oficial da Igreja Católica que diz que um trabalho literário não vai contra as ideias da Igreja. [NT]
[3] *Medicinae Doctor* — Doutor em Medicina. [NT]

THOMAS B. ALLEN
EXORCISMO

FONTES

Nenhum outro exorcismo em tempos modernos foi documentado tão minuciosamente como o ocorrido em 1949 do garoto que chamei de Robbie. A fonte principal para esse registro foi o diário mantido pelo padre Raymond J. Bishop, S.J. O diário em questão pretendia ser um registro que seria usado anos depois por padres chamados para realizar exorcismos. Foi-me dito que o diário foi usado com esse propósito. No entanto, visto que a hierarquia da Igreja Católica reluta em divulgar informações sobre exorcismos, o relato foi mantido em segredo.

Obtive uma cópia do diário com o padre Walter Halloran, S.J., que ajudou com o exorcismo. Ele averiguou os escritos do padre Bishop — que, segundo ele, foram vistos e aprovados pelo próprio exorcista, o padre William S. Bowdern, S.J., que o menciona em uma carta para William Blatty em 1968, como falei no Prefácio. O diário original, juntamente com um relatório formal sobre o exorcismo escrito por Bowdern e uma declaração de uma testemunha feita por Halloran, foi apresentado a um jesuíta da província do Missouri e à arquidiocese de Saint Louis. Outro conjunto desses documentos, acredito, está nos arquivos da arquidiocese de Washington. Diversas cópias do diário foram feitas ao longo dos anos, graças ao surgimento das máquinas copiadoras. Blatty disse que vira o diário, e pelo menos partes dele aparentemente circularam entre teólogos.

O diário completo é composto por 26 páginas datilografadas com espaçamento simples. (O texto integral começa na página 203.) A cópia que consegui primeiro, com 24 páginas, foi tirada por sorte de um prédio hospitalar condenado (veja o Capítulo 14).

O diário é um dos três documentos básicos sobre o caso. Dois dos documentos são relatórios eclesiásticos nos arquivos católicos romanos que nunca serão revelados. De acordo com o arquivista da arquidiocese de Washington, as informações sobre o primeiro exorcismo estão nos arquivos secretos que só podem ser abertos pelo arcebispo de Washington. O outro relatório oficial está em um arquivo similar na arquidiocese de Saint Louis. Um padre que examinou esses documentos me disse que eles citam quarenta testemunhas da possessão e do segundo exorcismo. O diário comenta que "houve quatorze testemunhas diferentes para atestar e comprovar os estranhos fenômenos". A maioria das testemunhas está morta, mas seus relatos foram preservados no diário.

Tive a sorte de ter a cooperação do padre Halloran, que compartilhou comigo suas lembranças como participante. Quando cito *Halloran* como fonte, me refiro a essas lembranças, obtidas em inúmeras entrevistas e conversas. Outras fontes às quais me refiro serão descritas por completo na primeira aparição e então serão citadas com uma única palavra.

Existem algumas pequenas discrepâncias entre o que Bishop escreveu e o que outras pessoas lembram. Existem também buracos na história e eventuais faltas de detalhes. Usando o diário e outras fontes tentei solucionar essas discrepâncias e contornar os buracos. Avaliei as fontes e, onde houve conflitos, tentei resolvê-los usando um sistema que classificava as fontes, que iam de "testemunha ocular" (*Diário* e *Halloran*) a "relato". Esses relatos variam de descrições — passadas para outras pessoas através de testemunhas oculares — até reconstruções — baseadas em entrevistas com testemunhas oculares e outros. Bober, por exemplo, é o padre Frank Bober, que soube do primeiro exorcismo pelo próprio exorcista, o padre E. Albert Hughes. Nitka é um exemplo de uma reconstrução baseada, nesse caso, em informações reunidas a partir da comunidade jesuíta da Saint Louis University. As fontes estão listadas em **Citações**. Usando e avaliando todas essas fontes, tentei criar uma narrativa imparcial e racional sobre os eventos que desafiaram de maneira persistente a lógica e a razão.

Na época em que comecei a trabalhar neste livro, apenas dois jesuítas envolvidos diretamente com o exorcismo de Saint Louis ainda estavam vivos: o padre Halloran e o padre William A. Van Roo, S.J. Halloran concordou em me ajudar; Van Roo há muito deixara o exorcismo para trás e não queria retornar a esse assunto. Portanto, tive uma testemunha ocular viva e o diário.

Logo descobri que houvera *dois* exorcismos. O primeiro, iniciado em Maryland, terminou depressa e de maneira desastrosa. A princípio, não parecia existir testemunhas ou documentos disponíveis sobre o caso. Eu sabia que tinha que reconstruir o primeiro exorcismo para poder compreender e narrar o segundo, o que fora documentado. Ninguém, no entanto, queria conversar sobre ele. "Robbie" — agora um adulto vivendo uma vida feliz, equilibrada e produtiva — não respondeu às perguntas que enviei a ele. (Eu sabia seu nome e tinha razões para acreditar que conhecia seu endereço. Escrevi para ele, dizendo que estava escrevendo um livro "sobre um incidente que aconteceu em Mount Rainier e Saint Louis em 1949". Também disse que estava protegendo o nome da pessoa envolvida no incidente. Não recebi resposta e não insisti mais. Também não tentei contatá-lo para esta edição revisada.)

Por fim, encontrei três fontes muito confiáveis para os fatos do primeiro exorcismo: o padre Frank Bober, que me passou o que tinha ouvido do padre Hughes; e o padre John J. Nicola, que fez um estudo especial sobre o exorcismo e conversara com Hughes sobre ele. Refiro-me aos dois padres como *Bober* e *Nicola* nas citações. (Um asterisco depois de *Nicola* refere-se ao seu livro, e não às entrevistas.)

Bober, como relatado no último capítulo, foi a última pessoa para quem Hughes contou a história do primeiro exorcismo. Ele repassou os detalhes da história comigo e foi extremamente prestativo. Como muitos padres familiarizados com esse e outros exorcismos, ele acredita na necessidade de descrever de modo responsável a possessão e o exorcismo.

Nicola, contra o conselho dos seus superiores, se tornou interessado em demonologia enquanto ainda estava no seminário. Ele estudou mais de quarenta exorcismos. Não quis discutir comigo a maioria dos aspectos do caso de Robbie porque recebera permissão para acessar os arquivos secretos e não queria revelar informações confiadas a ele. Porém, ele me deu permissão para ler sua tese sobre possessão e foi bastante prestativo em esclarecer alguns pontos sobre possessão e exorcismo.

A terceira fonte de informações é um conjunto de anotações de uma palestra dada pelo padre Hughes no dia 10 de maio de 1950 na Georgetown University. Quando falei com o padre Joseph M. Moffitt, S.J., que convidou Hughes, ele se lembrou de alguém tomando notas. Com a ajuda do padre Joseph T. Durkin, S.J., o eminente historiador de Georgetown, e Jon Reynolds, curador de acervos especiais de Georgetown, obtive uma cópia das anotações até então não publicadas. Elas foram feitas pelo padre William C. Reppetti, S.J., arquivista da Georgetown University e autor da história em dez volumes *The Society of Jesus in the Philippines* [A Companhia de Jesus nas Filipinas]. Ele morreu em 1966.

As anotações (citadas como *Reppetti*) foram editadas, aparentemente no fim da década de 1970, depois de o filme *O Exorcista* ser lançado e da Georgetown University ser ligada ao exorcismo representado no filme. O presidente da Georgetown ligou para "Robbie" e lhe assegurou que a universidade não divulgaria informações que pudessem revelar sua identidade. Como parte da garantia, os nomes dos padres nas anotações de Reppetti foram obscurecidos, no caso de alguém encontrá-las algum dia. Quando examinei as anotações, pude inferir que os nomes obscurecidos eram os do padre Hughes e o do padre Bowdern.

Todas as citações no livro foram tiradas diretamente do diário ou de fontes citadas, tais como *Halloran*, que me contou com palavras que ele usou na época ou com palavras que ouviu em primeira mão. Onde tenho bastante certeza da essência ou do tema de uma afirmação, uso itálico para indicar uma citação reconstruída.

THOMAS B. ALLEN
EXORCISMO

NOTAS DOS CAPÍTULOS

PREFÁCIO

Informação sobre o público em *O Exorcista*: "Lining Up for Horror" [Fazendo fila para o horror], *Washington Star-News*, 8 de janeiro de 1974; "They Wait Hours to be Shocked" [Eles esperam horas para ficarem chocados], *New York Times*, 27 de janeiro de 1974; "The Exorcism Frenzy" [O frenesi do exorcismo], *Newsweek*, 11 de fevereiro de 1974.

Psiquiatras escrevem sobre "neurose cinematográfica": "Cinematic Neurosis: A Brief Case Report" [Neurose cinematográfica: Um breve relatório de caso], James W. Hamilton, *Journal of the American Academy of Psychoanalysis*, Vol. 6, No. 4, 569-572 (1978); "Cinematic neurosis following The Exorcist. Report of 4 cases" [Neurose cinematráfica após *O Exorcista*. Relato de quatro casos], J.C. Bozzuto, *Journal of Nervous Mental Disorders*, Vol. 161, No. 1 (1975), 43-58.

O ponto de vista de Bowdern sobre o filme: *Halloran*.

Carta de Blatty: *Blatty*.

CAP. 1: "QUEM ESTÁ AÍ?"

Descrição da família "Mannheim": "Estudo de Caso" no diário e Halloran. O peso de Robbie e seu gosto por jogos de tabuleiro estão entre os muitos fatos em "Estudo de Caso".

"Harriet" e espiritualismo: Bishop ouviu falar sobre a tia através de entrevistas que conduziu para seu "Estudo de Caso". Ele menciona o espiritualismo e o tabuleiro Ouija, mas não registra uma sessão espírita. A informações sobre espiritualismo vêm do *Spiritualist Manual* [Manual do espiritualista], edição de 1955, como citado em *Isaacs*.

Referências bíblicas: Deuteronômio (18:10-12), Levítico (20:27); o rei Saul aparece em I Samuel 28:7-19.

Psiquiatra sobre possessão: *Isaacs*.

Eventos de 15 a 26 de janeiro, incluindo citações: "Estudo de Caso", *Diário*. Morte da "tia Harriet", ibid. Comprovei a data da morte (e a falta de um testamento homologado) ao verificar as estáticas vitais e os registros sob seu nome verdadeiro no tribunal de Saint Louis.

Movimentação da carteira escolar: "Estudo de Caso", *Diário*.

Incidentes com objetos voadores e cadeiras caindo: "Estudo de Caso", *Diário*; *Reppetti*. Além disso, muitos detalhes vêm de *Diabolical Possession** [Possessão demoníaca], escrito por *Nicola*. No livro, ele não menciona o caso de Robbie diretamente e diz que estava "criando, modificando e omitindo" detalhes para proteger as identidades das pessoas envolvidas. O caso é com certeza o de Robbie. Mostrei uma cópia da descrição para *Halloran*, que confirmou ter ouvido falar sobre a maioria dos detalhes, incluindo a descrição da cadeira caindo e do vaso voador.

Comentários do psiquiatra e do médico: "Estudo de Caso", *Diário*.

Especulação do psiquiatra sobre o exame de Robbie: *Rapoport*. Além disso, *Schulze* diz que recomendou a clínica e comenta que Robbie não foi à terceira consulta.

O reverendo Schulze: O relato pessoal de *Schulze* sobre suas relações com Robbie aparece no *Parapsychology Bulletin* [Boletim de parapsicologia], No. 15, agosto de 1949, publicado pelo Instituto de Parapsicologia do dr. J.B. Rhine. Schulze, em uma entrevista de 1980, também fala sobre o caso em *Enchanted Voyager** [O viajante encantado], uma biografia autorizada de Rhine, pioneiro da parapsicologia. Rhine menciona o caso diversas vezes em correspondências desse período (J.B.

Rhine Papers, Special Collections Department, Duke University Library, Durham, N.C.). Rhine também foi a Washington para discutir o caso com Schulze. Nota: desde a primeira edição deste livro, as cartas entre Schulze e Rhine se tornaram disponíveis. Para mais informações sobre as cartas, vide *Schulze*, em Citações mais adiante.

CAP. 2: A CASA VIVA

A descrição da família sobre a condição de Robbie: "Estudo de Caso", *Diário*; *Schulze*.

O lar da família em Mount Rainier: Em 1999, em um artigo na edição No. 20 da *Strange Magazine*, Mark Opsasnick oferece provas convincentes de que Robbie vivia em Cottage City, uma pequena comunidade próxima a Mount Rainier. Opsasnick escreveu ter encontrado pessoas que disseram que a família vivera em Cottage City por muitos anos, e que o endereço em Bunker Hill, em Mount Rainier, era apenas um folclore local. O que Opsasnick não sabia era que um endereço em Cottage City apareceu no diário que eu obtivera com o padre Halloran. Retive o endereço em Cottage City em uma tentativa de proteger a verdadeira identidade de "Robbie". Opsasnick publicou o endereço, junto com os primeiros nomes verdadeiros de Robbie e da tia Harriet. Quando escrevi o livro em 1992, eu acreditava que a família morava em Cottage City quando Robbie foi levado para Saint Louis e que os "Mannheim" tinham morado em Mount Rainier antes disso. Diversos residentes de Mount Rainier me confirmaram o endereço Bunker Hill Road, 3210, e eu o usei na primeira edição de Exorcismo, acreditando que esse fora o lar da família de Robbie antes de se mudar para Cottage City. Opsasnick fez a conexão entre o endereço da Bunker Hill Road e um artigo de 1981 sobre o exorcismo publicado em um jornal semanal local. No entanto, é fato que os bombeiros de Mount Rainier em 1964 acreditavam nesse endereço o suficiente para queimar a "Casa do Diabo" até o chão, como relatei no Capítulo 14. Opsasnick também questiona a existência do diário; o texto completo foi publicado nesta edição pela primeira vez. Veja página 203.

Martinho Lutero: *Oesterreich**, que cita duas obras alemãs sobre Lutero como suas fontes.

"A princípio eu tentei uma oração...": *Schulze* em *Enchanted Voyager**.

Espiritualismo e as irmãs Fox: *Gauld**, *Spiritualist Manual*, como citado em *Isaacs*.

Relatos sobre poltergeists: *Gauld**. *Oesterreich**, *Nicola* e *Balducci** especulam sobre as possíveis ligações entre atividades de poltergeist e possessão. Todos os três também veem possíveis influências parapsicológicas agindo em alguns casos de possessão.

Schulze leva Robbie para passar a noite na sua casa: *Schulze*.

Arranhões em Robbie: Schulze, "Estudo de Caso", *Diário*.

O caso Zugun: *Oesterreich**.

Citações de Schulze: *Schulze*.

CAP. 3: "LIVRAI-NOS DO MAL"

Referências bíblicas: A luta de Jesus contra Satã: Mateus 4:1-11; Marcos 1:12-13; Lucas 4:1-13. Jesus dá o poder de exorcismo a seus seguidores: Mateus 10:1; Marcos 3:15, 16:17-18; Lucas 9:1, 10:17; Atos 5:16, 8:7. Exorcismos realizados por Jesus: Mateus 8:28-34, 15:21-28, 17:14-21; Marcos 1:21-28, 3:11-12, 5:1-20, 7:25-30, 9:14-29, 16:9; Lucas 4:31-37, 6:18, 8:26-39, 9:37-43; Atos 10:38.

Encontro com Hughes: *Bober*. Para a primeira edição do livro, entrevistei o padre Bober, que fora informado sobre o exorcismo pelo padre Hughes. Depois, em uma entrevista para o programa "In the Grip of Evil" [Nas garras do mal], do Discovery Channel (veja *Grip*), Bober revelou mais detalhes. Eles incluem os estranhos eventos no escritório de Hughes. O Diário, em "Estudo de Caso", diz que Robbie não conheceu Hughes. Essa é uma das diversas discrepâncias nos relatos sobre o envolvimento do padre Hughes no exorcismo. Na edição anterior, confiei principalmente em *Reppetti*. (As circunstâncias são um pouco diferentes em "Estudo de Caso", *Nicola** e *Schulze*. Favoreci *Reppetti* como a fonte mais próxima de uma testemunha ocular.) Hughes não deixou um registro definitivo sobre como se envolveu com Robbie e como conduziu o exorcismo. *Reppetti*, com base em anotações feitas durante uma palestra de Hughes sobre o exorcismo, é vago quanto aos detalhes. Parece incrível que Hughes não tenha conhecido Robbie antes de considerar a ideia de um exorcismo. A confusão quanto ao papel de Hughes pode ter se originado a partir da confusão do próprio padre, induzida pelo choque causado pelo ataque. O que aconteceu a ele teria afetado tanto sua mente e memória que por muito tempo o padre teria sido incapaz de fazer um relato coerente sobre sua relação com o menino. *Nicola*, sem nomear Hughes, é citado em *The Story Behind the Exorcist* [A história por trás de *O Exorcista*] de Peter Travers e Stephanie Reiff (Signet Paperback, 1974): "Um padre dali mesmo, da [arqui]diocese de Washington esteve envolvido no caso de 1949 e, de fato, sofreu um pequeno colapso como resultado [...] Ele parece não querer conversar a respeito; portanto, eu o abordo muito pouco". Nicola então narra a história sobre o ataque com a mola arrancada da cama e acrescenta: "Foi um corte profundo, que então começou a infeccionar, e ele teve que usar uma tipoia no braço por oito semanas". Um relato não confirmado diz que a aparição de Hughes no quarto de Robbie no Georgetown Hospital deu início a um frenesi, mesmo Hughes tendo entrado disfarçado de médico. Independentemente de como o ataque ocorreu, o padre não estava preparado para ele.

A conversa da mãe com Hughes: Reconstruída a partir do relato em *Reppetti*.

Comparação com o filme *O Bom Pastor*: *Bober*, citando paroquianos. Descrição de Hughes, paroquiano anônimo, citado no jornal *The Sentinel* do condado de Prince George, Maryland, 4 de fevereiro de 1981.

Como Hughes relembra a visita anos depois: *Bober* em *Grip*.

Robbie fala latim: *Nicola**, *Faherty**. Outros relatórios descrevem o garoto falando aramaico, mas os relatórios de duas testemunhas oculares, *Diário* e *Halloran*, não mencionam o fato. Falar em línguas é um sinal tradicional de possessão demoníaca e, desde o princípio, havia uma tendência em procurar por isso. *Halloran* ouviu Robbie falar latim, mas atribuiu isso ao fato de o garoto decorar o idioma durante as orações de exorcismo. A frase "O sacerdós Christi...", no entanto, teria surgido em uma hora em que Robbie sequer ouvira latim. Essa frase, que não aparece em nenhuma das orações de exorcismo, envolvia um latim complexo. Uma pessoa que a pronunciasse teria que ter um conhecimento detalhado do idioma.

O Ritual Romano: Ao longo de *Exorcismo*, todas as citações das orações pertencentes ao exorcismo, tanto em inglês como em latim, são da edição do *Ritual** usado na época. As orações foram modificadas um pouco desde então e, como parte do processo de abandono do latim na liturgia pela Igreja, são ditas no idioma local.

Notas biográficas sobre O'Boyle: *Patrick Cardinal O'Boyle As His Friends Know Him* [Patrick Cardinal O'Boyle como seus amigos o veem], reunido e editado por William S. Abell. Publicação independente, 1986.

Relato sobre a nomeação de Hughes como exorcista: *Reppetti*, o "relato em terceira pessoa não publicado".

Histórico sobre treinamento em demonologia: *Nicola*.

"Um padre frágil e velho de cabelo branco": *Kelly*. Nenhuma outra fonte menciona um segundo exorcista, mas é possível que Hughes, um pastor assistente jovem e inexperiente, tenha evitado seu próprio pastor e procurado um padre mais velho para ajudá-lo.

Georgetown Hospital: Não me foi permitido verificar os registros de internações. Porém, uma fonte muito confiável examinou os registros para mim e confirmou que Robbie foi internado no hospital, sob um nome fictício. O *Diário* não menciona o incidente no hospital, e as comunidades jesuítas da Georgetown University e da Saint Louis University não sabiam nada a respeito disso na época.

Descrição do quarto do hospital: *Hendrick*, *O'Leary*.

Ataque contra Hughes: *Reppetti*, que obteve as informações diretamente de Hughes, minimiza o ataque. "Durante uma das convulsões", dizem as anotações de Reppetti, "o padre [nome obscurecido] estava segurando o pulso do menino, mas este virou a mão o suficiente para arranhar o braço do padre com tanta gravidade que ele não pôde levantá-lo durante muitas semanas e teve que erguer a hóstia [durante a missa] com uma só mão." Fica óbvio que o padre é Hughes, já que nenhum incidente assim é relatado no *Diário*. O "arranhão" em *Reppetti*, o qual feriu Hughes com tanta gravidade, é descrito por *Nicola** como um ferimento que precisou de cem pontos, e ele também conta sobre a mola da cama usada como arma. *Bober*, referindo-se à sua lembrança do relato feito pelo próprio Hughes, também menciona o ferimento que precisou de cem pontos e a mola tirada da cama.

CAP. 4: ARRANHÕES

"**Eles estavam prontos para jogar a toalha**": *Halloran*.

Boatos na vizinhança, mudança da família: Entrevistas com vizinhos; relatos, baseados em *Bober* e no jornal *The Sentinel* do condado de Prince George, Maryland, de 4 de fevereiro de 1981 e de 28 de outubro de 1983. Esses e outros relatos colocam a família "Mannheim" em Mount Rainier, Maryland. Os bombeiros voluntários de Mount Rainier me deram o endereço onde ficava a "casa do Exorcista" até os voluntários a terem queimado. O endereço coincide com o aquele usado no artigo do Sentinel de 1983 e em um artigo do *Washington Post* do dia 6 de maio de 1985, mas, como informado nas notas do Capítulo 2, outro endereço foi mencionado no *Diário*. (Enquanto o padre Bishop compilava o "Estudo de Caso", ele conseguiu com a família um endereço que não é o da "casa do Exorcista", mas de uma a aproximadamente 1,6 quilômetro de distância. A existência de dois endereços me levou a inferir a mudança da família para uma casa nas proximidades em algum momento em fevereiro de 1949.) Registros de propriedades mostram que o terreno em Mount Rainier foi comprado em 1952 por um corretor de imóveis representando outra pessoa. Os registros mostram ainda que desde 1952 a propriedade teve os mesmos donos titulares, embora um deles tenha me contado que o dono verdadeiro gostaria de permanecer anônimo. Em junho de 1992, os donos do registro venderam o terreno por 22.500 dólares para a Maryland-National Capital Park and Planning Commission. Depois de Robert M. Arcipreste, membro da agência, comprar o terreno, um dos funcionários foi até seu escritório e falou a Arcipreste uma coisa que ele não sabia: "Você vendeu o terreno do Exorcista!". A prefeita de Mount Rainier, Linda M. Nalls, disse em 1993 que não conhecia a história sombria do terreno, mas esperava enterrar o passado ao usar a área para aumentar o playground de uma escola adjacente.

Palavras aparecendo no peito do menino: "Estudo de Caso", *Diário*; *Nicola**, *Reppetti*, *Halloran*, *Bober*, *Hatfield*, *Mann*, *McGuire*, *Nitka*, *O'Leary*, *Faherty**, *Schulze*. Nenhuma das fontes concorda completamente quanto à localização das palavras ou às datas nas quais elas apareceram. Construí uma sequência baseada principalmente no "Estudo de Caso". *Schulze* fez as observações em uma carta, datada de 21 de março de 1949, para o dr. J.B. Rhine, em seu Instituto de Parapsicologia.

Viagem para Saint Louis, morte da tia Harriet: "Estudo de Caso", *Diário*. O obituário de um jornal de Saint Louis confirma a data da morte.

Reação de Schulze: *Schulze*, carta a Rhine.

Religiões de Robbie e dos parentes: "Estudo de Caso", *Diário*.

Sessão espírita ao redor da mesa da cozinha: "Estudo de Caso", *Diário*.

Mudança para a casa de outros parentes e os incidentes no local: "Estudo de Caso", *Diário*.

CAP. 5: UMA BÊNÇÃO

Elizabeth conversa com o padre Bishop: "Estudo de Caso", *Diário*; *Halloran*. *Faherty**, que conversou com o padre Kenny, fornece um relato um pouco diferente, baseado nas lembranças de *Kenny*. É possível que a família tivesse conversado com um pastor luterano em Saint Louis e talvez ele tenha chamado Kenny. Contudo, me baseei no *Diário* e nos relatos de *Halloran*.

Descrições dos jesuítas: Observações pessoais; entrevistas com diversos jesuítas; *Harney**; *McDonough**.

Histórico da Saint Louis University: Citação de Reinert em *McDonough**.

Descrição do padre Bishop: *Halloran*; registro e obituário dos membros da Companhia de Jesus.

"**Sinos para levantar...**": *McDonough**.

Bishop visita a família, obtém informações sobre o histórico: *Diário, Halloran.*

Exorcismo de Inácio: O exorcismo é retratado em *O Milagre de Santo Inácio*, um quadro de Peter Paul Rubens. O quadro está no Kunsthistorisches Museum, em Viena.

Exorcismo de lugares e tratado sobre exorcismo: A citação é tirada de *Exorcism* [Exorcismo], editado por Dom Robert Petitpierre, O.S.B.[1] (As Descobertas de uma Comissão reunida pelo Bispo de Exeter, 1972.)

Del Rio: *Disquisitio num Magicarum*, como citado em *Gauld**.

Definição de 1906: A. Poulain, *Des Grâes d'oraison. Traité de théologie mystique*, como citado, traduzido para o inglês, em Oesterreich*.

Santa Margarida Maria: *The New Catholic Encyclopedia*; *A History of Private Life* [A nova enciclopédia católica; uma história da vida privada], Roger Chartier, editor. Vol. III. Belknap Press of Havard University Press, 1989.

CAP. 6: NOITES ETERNAS

Citações e descrições do quarto: *Diário.*

Descrição do padre Bowdern: *Halloran*; registro e obituário dos membros da Companhia de Jesus; *Faherty**.

Saint Francis Xavier Church: Observações pessoais e panfleto informativo da igreja.

Jesuíta professo: *McDonough**, discussão com dois jesuítas.

Relíquia de Xavier: Conversas com jesuítas; *The New Catholic Encyclopedia*. Informações sobre Canísio e mártires norte-americanos, a enciclopédia e *Harney**.

Eventos na casa: *Diário; Halloran.*

Nossa Senhora de Fátima: *The New Catholic Encyclopedia.*

A caixa de metal da tia Harriet: *Diário.* Visto que não consegui conversar com nenhum membro

1 Order of Saint Benedict. Indica um membro da Ordem de São Benedito. [NT]

da família, não sei nada sobre essa caixa. Registros do Tribunal de Justiça do Missouri indicam que nunca houve um testamento homologado. Portanto, a disposição dos bens da tia Harriet teria sido feita de modo informal pela própria família.

A pesquisa de Bowdern: *Halloran* é a fonte da citação "mergulhou de cabeça nos livros". Quais livros? Del Rio estaria disponível na biblioteca. A rota infestação-obsessão-possessão é bem conhecida em obras sobre possessão, e Halloran se lembra de tomar conhecimento dela na época. Bowdern, em uma carta de 1968, disse que encontrara poucas informações úteis; ele falou que pediu que um diário fosse mantido porque "seria de grande ajuda para qualquer um que no futuro se visse em posição parecida como exorcista". (Vide *Blatty*.)

CAP. 7: A EXISTÊNCIA DO MAL

Descrição das possessões de Loudun: *Bowdern*, ao fazer pesquisas na biblioteca da Saint Louis University, sem dúvida teria encontrado referências a esse famoso incidente. Soeur Jeanne des Anges, *Autobiography d'une hystérique possédée*, editado, com introdução e notas, por Gabriel Legué e Gilles de la Tourette, fora publicado em 1886 e estaria disponível, se não por seu relato sobre as possessões, pela fama psiquiátrica. Foi a partir do estudo de possessões feito por Gilles de la Tourette que veio a descoberta do distúrbio nervoso que recebeu seu nome. (Veja o último capítulo). Uma autobiografia de Surin, baseado nas suas cartas, foi publicada na França em 1926 e estaria disponível para *Bowdern*.

Alerta contra desejar possessões: A. Poulain, S.J., escrevendo em *The Grace of Interior Prayer* [A graça das orações interiores], como citado por *Huxley**.

A descrição de possessão por Surin: *Oesterreich**.

Ordens menores: As ordens menores dos ostiários, exorcistas e subdiáconos foram abolidas por um decreto papal em 1972, mas padres ordenados ainda retinham o poder de realizar exorcismos com a permissão de um bispo ou arcebispo. Leigos recebiam o direito de serem empossados como leitores e acólitos.

Panfleto sobre o caso em Iowa: O panfleto, *Begone Satan* [Vá-te embora, Satã], foi escrito em alemão e traduzido por um monge beneditino. *Halloran* diz que Bowdern leu a respeito do caso, e o panfleto era o único documento disponível.

Novos eventos na casa: *Diário*.

"Aqueles que se recusaram...": *Halloran*.

Descrição de Ritter: "His Eminence Joseph Cardinal Ritter" [Vossa Eminência Joseph Cardinal Ritter], Saint Louis Review, 1961; *Faherty**.

Referências bíblicas: "Bramando como leão": I Pedro 5:8; "Tenho prazer na lei...": Romanos 7:22-25.

Definição de possessão: *Balducci* [The Devil — O Diabo]*.

"De jeito nenhum...": *Halloran*.

CAP. 8: "EU TE ESCONJURO"

A decisão de manter um diário tomada por Bowdern: A citação é de uma carta de Bowdern para William Peter Blatty. (Veja *Blatty*.)

Descrição de Halloran: *Halloran*.

Citações e atividades: Todas as citações dos participantes daqui em diante são de Halloran, a não ser quando indicado de outro modo. As citações em itálico, como sempre, são reconstruções de conversas, com *Halloran* e outras fontes. As orações, em latim e no nosso idioma, são de *O Ritual Romano* (veja Bibliografia). As instruções dão ao exorcista opções quanto às sequências de orações. Pelo que Halloran me falou, Bowdern basicamente seguia o *Ritual*. Porém, conforme as noites avançavam, ele sem dúvida variava as orações. No *Diário*, Bishop raramente anotava quais orações estavam sendo feitas. Todas as atividades descritas vêm do *Diário*, a não ser quando citadas de outra maneira.

Salmo 53: Na versão da Bíblia do rei Jaime, esse é o salmo 54. Citações bíblicas em *O Ritual Romano* vêm da versão da Bíblia Douai, usada pelos católicos romanos até a década de 1960.

Arranhões e marcas no corpo de Robbie: *Diário*; *Halloran*; *Faherty**; *Nicola**; *Mann*; *McGuire*; *Nitka*; *Reppetti*; *Schulze*.

Cusparadas: *Diário*; *Halloran*; *Faherty**; *Nicola**; *Reppetti*.

Robbie canta: *Diário*; *Halloran*.

CAP. 9: O RITUAL

O ponto de vista de Bowdern sobre exorcismos: A avaliação vem de *Halloran* e da carta que Bowdern escreveu para Blatty. O comentário sobre ele não "facilitar as coisas para si mesmo" vem de *Faherty**.

Jejum: *Halloran*.

Referência bíblica: Mateus 17:20.

CAP. 10: O SINAL DO X

Bowdern se preparando para a missa: Liturgia romana católica da época.

Bowdern sabia que ele era o prêmio: Uma crença bastante disseminada na literatura católica romana sobre possessão afirma que o exorcista, não o possuído, é o alvo do demônio. Teólogos católicos modernistas discordam disso.

Micção: *Diário*; *Halloran*; *Nicola**. Quantidades prodigiosas de urina são relatadas repetidas vezes neste caso, assim como em outros.

A tentativa de Schulze para fazer uma intervenção: *Schulze*.

Descrição dos Irmãos Aleixanos: *Faherty**; *Hatfield*.

Visita de Bubb: "Professor Bubb and the Paranormal" [Professor Bubb e o paranormal], por John M. McGuire, Saint Louis Post-Dispatch, 9 de maio de 1988. *Halloran* também. Um físico da Washington University confirmou o interesse de Bubb pelo paranormal.

Orações feitas por Robbie: Informações sobre a primeira confissão e a primeira comunhão são baseadas nas informações em *The Little Key of Heaven* [A pequena chave do Paraíso], uma coleção de orações para crianças católicas em idade de receberem a primeira comunhão, publicada pela Catholic Publications Press. O livrinho foi usado em todo território norte-americano nas décadas de 1930 e 1940. Se Robbie não usou esta coleção, usou uma muito parecida.

Descrição de Van Roo: *McGuire*; *Halloran*. Van Roo não quis ser entrevistado para este livro.

"Eu ouvi uma risada selvagem, diabólica e aparvalhada": Padre Lucius F. Cervantes, S.J., citado em *McGuire*.

CAP. 11: AS MENSAGENS

Escrevendo no lençol: *Diário*. Citei de maneira precisa o relato desse incidente a partir do *Diário*, mas não usei o nome verdadeiro da parente em questão. Não consegui descobrir qual era o parentesco dessa mulher com Robbie. O nome verdadeiro não aparece no obituário que lista os parentes mais próximos da "tia Harriet".

Informações sobre batismo: *Handbook of Christian Feasts and Customs* [Manual de festividades e costumes cristãos], por Francis X. Weiser, S.J. New York: Harcourt, Brace & World, 1952.

Incidente a caminho da igreja e o que se seguiu: *Diário*; *Nicola**; *Faherty**; *Nitka*.

CAP. 12: UM LUGAR DE PAZ

Episódio diurno de Robbie: *Diário*.

Citação do psiquiatra: *Isaac*.

"Billy, Billy. Você vai morrer hoje à noite": *Diário*. O jovem primo não sofreu ferimento algum.

Eventos no trem: *Diário*; *Halloran*. Citação de Van Roo: *McGuire*.

Reação de Schulze: *Schulze*.

Bowdern conhece Hughes: *Diário*. *Reppetti* menciona o encontro, mas não existe nenhuma indicação de que Hughes contou a Bowdern sobre o ataque no Georgetown Hospital. *Halloran*, que testemunhou grande parte do exorcismo e foi informado por Bowdern sobre o restante dele, não tinha conhecimento do ataque até eu lhe contar. Acredito que primeiro Hughes e depois Bowdern quiseram manter o ataque em segredo para evitar que Robbie fosse tirado dos seus cuidados e recebesse tratamento psiquiátrico.

Fracasso em encontrar um lugar para Robbie: *Diário*. Não existe menção alguma sobre o aparente desinteresse de O'Boyle pelo caso; eu inferi isso.

HELL e SPITE: *Diário*; *Cortes**.

"Não partirei...": *Reppetti*.

Descrição da caverna ou abismo: *Reppetti*; *Diário*.

Pelo menos vinte arranhões: *Diário*.

250 mililitros de saliva: A estimativa vívida aparece apenas em *Reppetti*. Embora o assunto da palestra de Hughes em Georgetown tenha sido sua própria participação no caso, as anotações do padre *Reppetti* mostram que Hughes forneceu detalhes dos eventos em Saint Louis. Essas informações teriam vindo de Bowdern, que conheceu Hughes em Maryland, e do relatório eclesiástico arquivado na arquidiocese de Washington. Diversas fontes mencionam tal arquivo em Washington, embora se diga que o arcebispo O'Boyle ordenou que nenhum relatório fosse escrito sobre o caso. O padre Joseph M. Moffitt, S.J., que estava presente na palestra, me disse que Hughes leu um documento com aproximadamente vinte páginas. Por coincidência, esse é o tamanho estimado do relatório eclesiástico que Bowdern escreveu para o arcebispo Ritter. Acredito que Ritter enviou uma cópia do relatório de Saint Louis para O'Boyle e que seja esse relatório, com poucas referências quanto aos eventos em Maryland, que esteja nos arquivos secretos da arquidiocese de Washington. Portanto, Washington teria um registro de arquivo sobre o caso, mas a ordem de O'Boyle proibindo um relatório escrito ainda teria sido obedecida.

Segurando uma toalha como escudo: *Cortes**; *Reppetti*; *Nitka*.

HELL e CHRIST no peito de Robbie: *Diário*.

"Vou manter vocês acordados...": Mudei as frases registradas em terceira pessoa no *Diário* para a primeira pessoa.

Eventos anteriores ao retorno a Saint Louis: *Diário*.

Atividades do pastor de Hughes: *Diário*; *Reppetti*.

O "conhecimento imensurável" de Robbie sobre as vidas dos padres: *Nicola**; *Mann*; *Nitka*; citação de Hughes, *Reppetti*. *Halloran* não confirma isso.

Referências a outros jesuítas: Registros e obituários dos membros jesuítas.

CAP. 13: A CAVERNA

Descrição do hospital: *Faherty**; *Hatfield*.

"Ele estava com uma aparência terrível...": As lembranças do dr. Bowdern estão em McGuire. Seu filho, o sobrinho do padre Bowdern, Ned Bowdern, confirmou essa citação quando conversei com ele. Halloran não se lembra de Bowdern fazendo um jejum de pão e água (também chamado de "jejum negro"). Entretanto, a família Bowdern acredita que o padre fez um jejum negro. É óbvio que ele perdeu peso. Ele pode ter decidido intensificar o jejum em segredo conforme o exorcismo se estendia.

Descrição dos eventos no hospital: *Diário*.

Chamando um pediatra: O incidente foi contado a mim pelo filho do pediatra, cuja lembrança é a base para as citações reconstruídas. O filho disse que não sabia do envolvimento do pai no exorcismo até *O Exorcista* estrear em 1973. Depois de assistir ao filme, o médico disse para o filho que não tinha gostado, porque a película não contava a história real. Ele, então, quebrou o silêncio.

"Você gosta do quebra-nozes?": *Halloran*.

"Sou o Diabo...": Mudei as frases que estão em terceira pessoa no *Diário* para a primeira pessoa. As citações que vêm depois, "Não permitirei" etc., foram tiradas diretamente do *Diário*.

Viagem à Casa Branca: *Halloran*. Visitei a Casa Branca e caminhei pela trilha das Estações da Via-Sacra. As informações sobre o histórico da Casa Branca vieram do atencioso Matt Palmer, diretor de edifícios e instalações, e da literatura que ele me forneceu. O padre Bowdern foi o mestre de retiro da Casa Branca de 1956 a 1959.

Incidentes no quarto do hospital: *Diário*; *Faherty**; *Hatfield*.

"Minhas pernas estão doendo": *Halloran*.

Robbie ouve a *Tre Ore*: *Diário*.

Estátua de São Miguel: *Diário*; *Faherty**. A estátua está agora em um pequeno museu na sede norte-americana dos Irmãos Aleixanos em Elk Grove Village, Illinois.

Frio no quarto, Bowdern de casaco: *Faherty**; *Nitka*. Halloran não se lembra do frio. No entanto, a Quinta-feira Santa foi o último dia no qual ele se envolveu diretamente no exorcismo. Como ele mesmo conta, na manhã da Sexta-Feira Santa, "o provincial ficou sabendo que eu estava envolvido com o caso. Então, ele ligou para a universidade e mandou que o ministro [o jesuíta responsável pela disciplina dos escolásticos] dissesse a Halloran que se afastasse. Assim, eu estava fora".

Médico que não estava em "estado de graça": *Nicola**. Quando indagado a respeito do incidente, *Halloran* disse que não se lembrava disso. "Se aconteceu quando eu não estava presente", disse-me ele, "tenho certeza de que Bill [Bowdern] teria me contado. Bill tinha um excelente senso de humor."

Incidentes com o padre Widman e os irmãos Theopane e Emmet: *Diário*; *Reppetti*.

"Quer dizer, uma palavra GRANDE...": *Diário*.

Lembranças de Van Roo: *McGuire*.

Incidentes no quarto do hospital: *Diário*; *Nitka*; *Reppetti*; *Hatfield*. De acordo com o *Diário*, Robbie reclamou que as medalhas o estavam queimando, mas o *Diário* diz: "As medalhas não foram removidas. O padre Bowdern forçava o pequeno relicário em forma de crucifixo na mão de R quando este sofria um episódio".

Cuspia "com precisão espantosa" [...] a língua como a de uma cobra: *Nitka*, com o padre John G. O'Flaherty, S.J., como uma testemunha ocular, com quase toda certeza. Halloran também confirma a precisão incrível de Robbie — sempre de olhos fechados.

Robbie fala com uma voz linda e rica: *Nitka*; *Reppetti*; *Faherty**.

A visão de Robbie: *Reppetti*; *Faherty**; *Nicola**; *Nitka*. As fontes não concordam com os detalhes. Baseei isso principalmente em *Faherty**, que, como um historiador dos aleixanos, tinha acesso às melhores testemunhas dos eventos no hospital. Halloran observa que, tecnicamente, uma visão é uma aparição que pode ser vista igualmente por todos; o que Robbie teve foi um sonho ou uma visão interior.

Explosão que soou como um disparo: *Faherty**.

CAP. 14: O SEGREDO

Quarto trancado: Fontes jesuítas e aleixanas.

Schulze descobre a conversão: *Reppetti*.

Palestra de Schulze: *Schulze*, 1949.

Cartas entre Schulze e Rhine: *Schulze*.

A história vazou: O artigo de três parágrafos aparece na primeira página do jornal *The Catholic Register* de 19 de agosto de 1949.

Lembranças de O'Leary: *O'Leary*.

Histórico de Blatty: *Blatty* apresenta seu relato em *William Peter Blatty on* The Exorcist *from Novel to Film* [William Peter Blatty sobre O Exorcista do romance ao filme], Bantam Books, 1974. Uma carta de um jesuíta para Blatty, com o nome do remetente obscurecido, aparece no livro. O autor da carta é Bowdern. Tenho uma cópia da mesma. (Veja *Blatty*.)

Incidentes no set de filmagem: Entrevista com Bermingham.

Risada maníaca: Thomas J. Mullen, um ex-padre que estava no acampamento na época. Mullen foi citado em *The Saint Louis Post-Dispatch*.

Descoberta do diário em um prédio antigo: *Halloran*. Verifiquei essa história através de um advogado que está de posse das páginas do diário encontradas pelo trabalhador. O advogado conversou com as pessoas envolvidas na descoberta e fez um relatório escrito para mim. Os detalhes da descoberta foram tirados desse relatório. Informações sobre os móveis sendo levados para uma casa de repouso: "Tearing Down a Devil of a Rumor" [Demolindo um boato dos diabos], Saint Louis Post-Dispatch, 12 de julho de 1988.

Incidente em Steubenville, Ohio: *Faherty**, em uma nota de rodapé, menciona a correspondência entre o bispo de Ohio e o arcebispo Ritter. Outro padre que viu a correspondência sobre o exorcismo também tinha conhecimento sobre o pedido que veio de Ohio. Porém, fui incapaz de encontrar outras referências a isso nos arquivos do jornal ou da biblioteca de Steubenville.

Informações sobre as vidas dos jesuítas: Registros e obituários dos membros jesuítas.

Informações sobre o padre Hughes: *Bober*; *Kelly*, "The Priest Behind 'The Exorcist'" [O padre por trás de O Exorcista], *National Catholic Register*, 5 de junho de 1983.

O incêndio na "Casa do Diabo": Entrevistas com Robert J. Creamer, antigo membro do Conselho da Cidade, e com bombeiros voluntários e vizinhos que desejaram permanecer anônimos. Além do jornal *The Washington Post*, 6 de maio de 1985.

Relatório do examinador para Ritter: Um jesuíta que não participou do exorcismo, mas que, graças às suas tarefas oficiais, conhecia o caso e o relatório de Ritter.

O veredito de Halloran sobre a possessão de Robbie: *Halloran*.

"Diferença entre a concepção antiga sobre a possessão demoníaca e [...] doenças mentais": *Nicola* em sua dissertação sobre possessão.

A atitude judaica quanto à possessão: Discuti o assunto com dois rabinos, um ortodoxo e um hassídico. Eles concordaram que a possessão e o *dybbuk* já não fazem mais parte da crença judaica. Isso também foi corroborado por *The Encyclopedia of Judaism* [A enciclopédia do judaísmo], Macmillan, 1989. O exorcismo em tempos antigos era uma prática popular reconhecida. O historiador romano Josephus descreveu um judeu chamado Elazar que realizou exorcismos em civis e oficiais militares romanos inúmeras vezes.

Referências bíblicas: "Desfazer as obras do diabo": I João 3:8; "Mas se eu expulso os demônios pelo Espírito de Deus, logo é chegado a vós o reino de Deus": Mateus 12:28.

Descrença de Cortes sobre possessão e exorcismo: *Cortes**. Diversos jesuítas com quem conversei sugeriram que eu lesse Cortes. Depois de fazer isso, concluí que o consenso entre esses jesuítas era que eles tendiam a concordar com grande parte das suas conclusões e que isso era, implicitamente, um ponto de vista teológico modernista. Cortes tinha acesso a *Reppetti*, mas, por razões não explicadas nas notas sobre as fontes do seu livro, ele viu apenas uma parte do *Diário*. "Um amigo jesuíta, no entanto", as notas das fontes de Cortes dizem, "leu todo o diário e me passou o que se lembrava do restante dele e da conversa que teve em 1949 com um padre que ajudou o exorcista." Cortes também leu um breve documento feito por um jesuíta que parece ter comparecido à palestra de Hughes junto com *Reppetti*. "Acreditamos que os documentos mais confiáveis", concluiu Cortes, "são aqueles escritos por jesuítas."

Rapoport sobre as possíveis causas: *Rapoport*: entrevista no National Institute of Mental Health, onde ela é a chefe da unidade de psiquiatria infantil, e também seu livro (veja Bibliografia). A definição de escrupulosidade vem da *New Catholic Encyclopedia*.

Síndrome de Tourette: *Rapoport*. Ver também Arthur K. Shapiro e Elaine Shapiro em *American Journal of Psychotherapy* [Periódico norte-americano de psicoterapia], julho de 1982. Eles acreditam que a síndrome pode estar ligada aos exorcismos que remontam a 1489 analisados por eles.

Nicola sobre a atitude da Igreja: *Nicola*.

Citações de Thurston: Veja Bibliografia.

Citações

Blatty: Carta, datada de 17 de outubro de 1968, do padre Bowdern para William Peter Blatty, autor de *O Exorcista* e roteirista do filme homônimo. Tenho uma cópia dessa carta. Blatty cita a carta, com o nome do remetente apagado, em *William Peter Blatty on The Exorcist from Novel to Film* (New York: Bantam, 1974).

Bober: Entrevista com o padre Frank Bober; além da entrevista gravada do *Grip*.

Grip: "In the Grip of Evil", um documentário sobre o exorcismo de Robbie produzido por Henninger Media Development, com o produtor Brian Kelly. Fui um consultor e coautor do roteiro. O documentário foi transmitido pela primeira vez no Discovery Channel em 1997.

Halloran: Entrevistas com o padre Walter Halloran, S.J.

Hatfield: "Ghostly True Tales Are Part of Haunted Hospital Lore" [Verdadeiros contos fantasmagóricos fazem parte do folclore hospitalar], por Scott Hatfield, *Advance for Medical Technologists* [Avanços para biomédicos], 23 de outubro de 1989. Esse relato sobre o exorcismo no Alexian Brothers Hospital me foi fornecido, junto com *Mann* e *Nitka*, quando pedi informações a oficiais religiosos e leigos da ordem aleixana. Portanto, presumi que as três fontes eram consideradas precisas. Também me foi dado *Faherty**, outra fonte obviamente considerada precisa. Ele é um historiador jesuíta distinto.

Hendrick: Tom Hendrick, correspondente televisivo, que produziu uma curta matéria sobre o exorcismo para a Fox Television. *O'Leary* forneceu a descrição do quarto do hospital na matéria, a qual fez parte de uma séria intitulada "Beyond the Senses" [Além dos sentidos]. *Bober* e *Nicola* também aparecem nas filmagens e não contradizem a descrição do quarto do hospital. A matéria, uma cópia da qual Hendrick me deu com grande gentileza, foi ao ar em maio de 1986.

Isaacs: "The Possessive States Disorder: The differentiation of involuntary spirit-possession from present diagnostic categories" [Distúrbio de estado de possessão: a diferenciação de possessão espiritual involuntária a partir de categorias diagnósticas atuais], uma dissertação escrita por T. Craig Issacs. *Abstracts International*, junho de 1986, Vol. 46 (12-B, Parte 1) 4403.

Kelly: Winfield Kelly, que mais tarde se tornou chefe executiva do condado de Prince George e secretária de estado de Maryland. Ela soube do exorcismo a partir das fofocas na vizinhança e na época acreditou que essa era a causa da aparência doentia de Hughes.

Mann: "Setting the Exorcism Record Straight" [A verdade sobre os registros do exorcismo], por Mary Mann, *South Side Journal*, Saint Louis, Missouri, 14 de março de 1990. (O artigo apareceu originalmente em *The University of Saint Louis News* e contém diversas citações de jesuítas familiarizados com o exorcismo.)

McGuire: "The Exorcist Revisited" [O exorcista revisitado], por John M. McGuire, *Saint Louis Post-Dispatch*, 17 de abril de 1988.

Nicola: Entrevistas com o padre John J. Nicola. Nicola evitou com todo o cuidado discutir de forma direta este caso específico comigo. Todavia, como foi observado anteriormente, ele é citado em *The Story Behind the Exorcist*.

Nitka: "A Tale of Sound and Fury, Signifying Exorcism" [Uma história de som e fúria, revelando exorcismo], por Beth Nitka, *Saint Louis University News*, 24 de abril de 1981. Beth Nitka era uma universitária quando escreveu essa história para o jornal estudantil. A história se tornou um relato semioficial sobre o exorcismo; uma cópia me foi dada por fontes jesuítas e aleixanas, com a sugestão de que se tratava de um relato verdadeiro. Nitka não atribui as muitas citações na história a ninguém especificamente. "Foi tudo muito na surdina", ela me contou. Fui informado depois por um jesuíta que a fonte de Nitka foi o falecido padre John G. O'Flaherty, S.J., que esteve presente no exorcismo em vários dias. A universitária, sem revelar a fonte, disse que, ao final da entrevista, perguntou ao padre se ele acreditava em possessão. "Tudo o que tenho a dizer, minha jovem", respondeu ele, "é que é melhor você acreditar no diabo."

O'Leary: "'The Exorcist': Story That Almost Wasn't" [*O Exorcista*: Uma história que quase não aconteceu], por Jeremiah O'Leary, *Star-News* (Washington, D.C.), 29 de dezembro de 1973. O'Leary me contou que obteve seu relato de "segunda mão" sobre a cena no quarto do hospital com um padre com quem conversou em agosto de 1949.

Rapoport: Entrevista com Judith L. Rapoport, M.D., autora de *The Boy Who Couldn't Stop Washing** e chefe da unidade de psiquiatria infantil no National Institute of Mental Health.

Reppetti: Anotações feitas pelo padre William C. Reppetti, S.J., arquivista da Georgetown University, quando o padre Hughes discursou na Georgetown University em 10 de maio de 1950. De acordo com o padre Joseph M. Moffitt, S.J., um teólogo que convidou Hughes para dar uma palestra na Georgetown, Hughes leu o que parecia ser um relatório de aproximadamente vinte páginas. Ele ficou com o relatório, mas Reppetti fez anotações enquanto Hughes o lia. O padre John J. Nicola, que conversou com Hughes sobre o caso, disse que o arcebispo Patrick A. O'Boyle, da arquidiocese de Washington, ordenou que Hughes não escrevesse nada sobre o caso. Pode-se presumir que essa injunção não se estendia a um relatório eclesiástico que foi colocado nos arquivos da arquidiocese. Hughes, presumo, leu esse relatório.

Schulze: Entrevista com o reverendo Luther Miles Schulze em *The Enchanted Voyager**; relato de Schulze, feito anonimamente, no *Evening Star* (Washington, D.C.), 10 de agosto de 1949; *Washington Post*, 10 de agosto de 1949; *Times-Herald* (Washington, D.C.), 11 de agosto de 1949. Carta de Schulze, datada de 21 de março de 1949, para o dr. J.B. Rhine, departamento de psicologia, Duke University. Essa carta foi usada no *Grip*. Schulze faz um relato sobre os eventos em seu quarto em sua carta a Rhine, dando início a uma longa série de correspondências sobre Robbie. As citações de Schulze nos Capítulos 2 e 3 são dessas cartas. Elas foram obtidas por Sergio A. Rueda, que recebeu uma subvenção do Instituto de Parapsicologia para investigar o exorcismo. Rueda disponibilizou as cartas para o produtor de *Grip* e apareceu nas filmagens.

* **Consulte a referência completa destas obras aqui mencionadas na Bibliografia (página 254).**

Thomas B. Allen é jornalista desde os anos 1950. Na década seguinte, foi contratado pela divisão editorial da *National Geographic*, onde contribui como freelancer até hoje. Tem mais de quarenta livros publicados sobre os mais diversos temas, como política internacional, história dos Estados Unidos, guerras, espionagem, romances, vida selvagem e fauna marinha, incluindo alguns títulos sobre tubarões. Saiba mais em tballen.com.

RITVALE
ROMANVM
PAVLI V. PONT. MAX.

DARKSIDEBOOKS.COM

SIM
YES

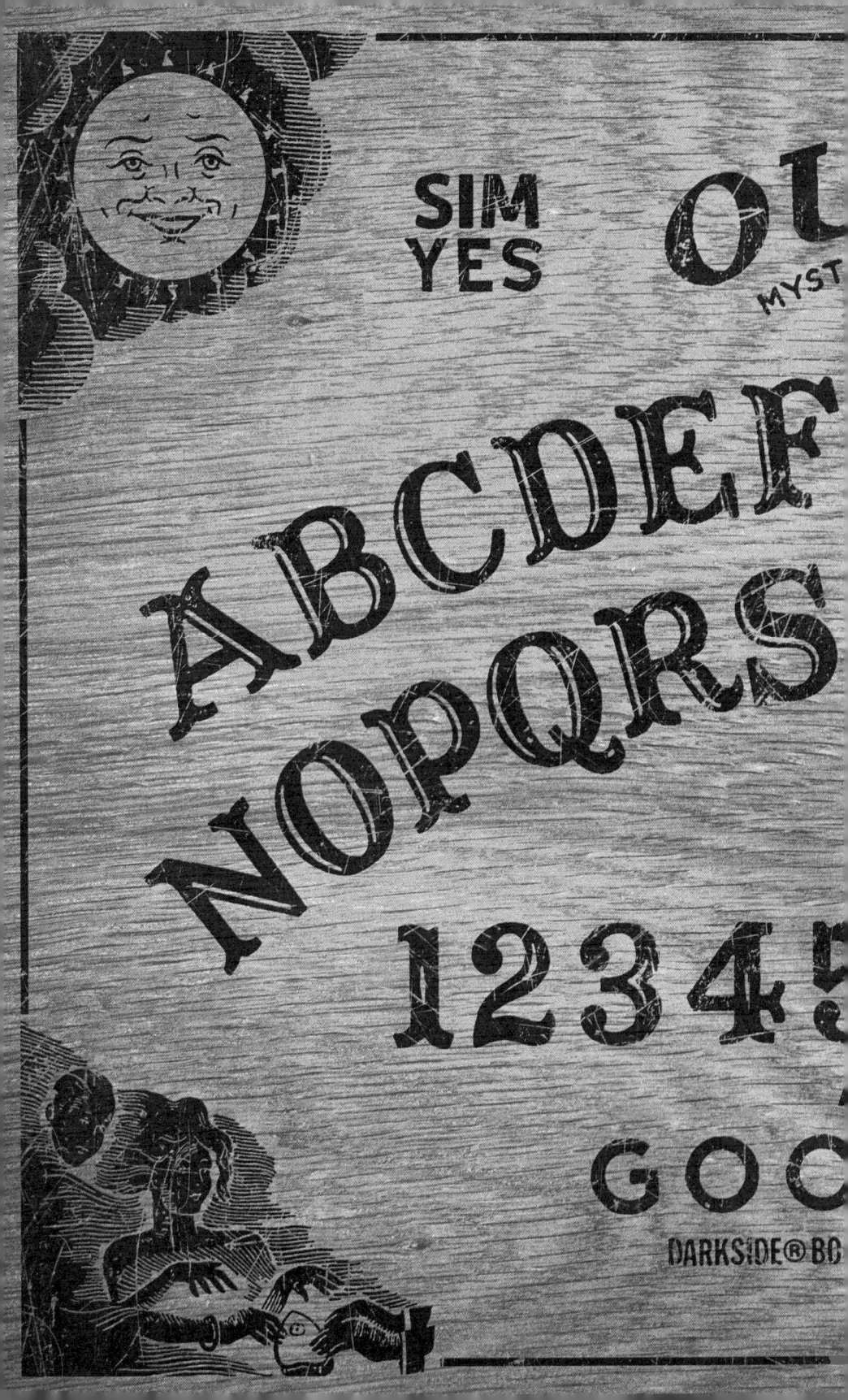

O:
MYST

ABCDEF
NOPQRS

1234

GO

DARKSIDE® BC